JN083081

アメリカ大学史における女性大学教員支援政策

坂本辰朗

東信堂

はしがき

　大学教員にとって教育と研究は不可分であり、どちらか片方に特化することは不可能である。このような意味での大学教授職の成立は、やはり近代以降のことである。だがそれは、未完の理想像として、そのより十全な実現に向けて、つねに追求されてきたものであろう。

　とりわけ、大学教員が研究者として活躍していくためには、それを支えるさまざまな学術団体が必要であった。いわゆる学会での活動は、大学教員にとっては、必要欠くべからざるものである。教育者であると同時に研究者でもある大学教員の歴史は、同時に、このような、さまざまな学術団体の歴史でもあったと言ってよいであろう。本書における筆者の関心のひとつも、まさにこの点にある。

　本書を貫くのは 50 年という時間である。すなわち、本書の舞台は、1920 年代と 1970 年代のアメリカ合衆国であり、そこには、50 年という歳月が流れている。1970 年代からさらに 50 年間を経たのが、これから私たちが生きていこうとする 2020 年代である。

　本書は、筆者がこれまで研究の対象にしてきた高等教育とジェンダーの問題について、特に、女性大学教員支援政策というテーマを設定して考えていこうとするひとつの試みである。1920 年代と 1970 年代を併置させた理由の詳細は、本書の序章をご覧いただきたいが、何よりもこの二つの時代は、高等教育史の上でも、女性史の上でも、特筆すべき年代であったのである。

　それはどのようなことなのか。

　1920 年代は、大学とは区別される高等教育という概念が現実のものとなった時代である。中等教育を修了してさらに教育を求める人々の数は、特に第一次世界大戦後に文字どおり急増していく。その結果、大学教育とは何かが改めて問われるようになる。事実、1920 年代は、今日の私たちが、大学の認証評価として知るようになる、大学教育の質保証をどのように担保するのかが模索され、そのための制度が創られていく時代であった。これに対して、1970 年代は、該当年齢人口に占める進学者数という意味でマス高等教育が

実現した時代であった。およそ過渡期、移行期というものはすべてそうであろうが、そこでは、一方で新たな高等教育を求めつつ、他方で、旧い大学教育が温存してきたさまざまな理念的・制度的な疵が顕になった時代でもあった。

女性史の上では、1920年代は、フェミニズムの第一の波の終焉の時代であった。すなわち、19世紀のフェミニズム運動の悲願であった女性参政権の樹立は、かえって、それ以降の時代のフェミニズム運動への求心力を急速に低下させていったのである。これに対して、1970年代は、そのようにひとたびは衰えたかと思われた、社会改革思想としてのフェミニズムが、第二の波として復活した時代であった[1]。

以上のような、アメリカ合衆国の大学史と女性史を交錯させ、大学教員に焦点を当てると、何が見えてくるのか。

1920年代における女性大学教員とは、ひとつのアポリアであったと言えるであろう。本書第I部第1章ですぐに明らかになるように、1920年代は、女性大学教員が、全大学教員数に占める比率という点では、歴史上のひとつのピークに達していく。その後この比率は降下し始め、同レベルに回復するのは実に1980年代であった。すなわち、少なくとも量的なプレゼンスとしては、1920年代の女性大学教員は、一定の地歩を築いたはずである。だが、以上のような上昇が、従来のアメリカ合衆国大学史研究において、ひとつの大きなインパクトをあたえたものとは認識されなかった。その理由は、一方で「教育と研究の不可分性」を全面に掲げた近代的大学教授職が確立しゆく中、女性大学教員の大多数は研究活動とは無縁の布置にいたわけであり、そのような近代的大学教授職像とは整合しないもの——いわば見えない存在——であったからである。

1970年代は、そのような女性大学教員にとって、さまざまな学会が、たんにその参入を認めるだけでなく、積極的な支援政策を策定することに方針を転換した時代であった。女性大学教員の側からすれば、文字どおり、大学教員として自立してゆく時代であった。そのような女性大学教員としての自立にとって、他のさまざまな社会運動は、相乗効果となって改革を後押しし

た。しかしながら、女性大学教員にとっては、同時に、かつてのフェミニズ
ム運動の課題項目にはなかったいくつもの問題への回答を試みることが必要
であったのである。その回答は、50年の時間を経て、現在の私たちにとっ
ても、真摯な考察を促すものであったのである。

注

1　筆者は、フェミニズムの「第三の波」あるいは「第四の波」という表現もむろ
ん、知悉しているが、遺憾ながら、歴史研究者としては、これを第一の波、第
二の波と併記することには大きな躊躇を覚える。第一の波の終焉の時代から第
二の波として復活した時代までの間に50年という時間が流れており、この二
つの事象それぞれの歴史的重要性、さらには連関も明白に確認することができ
るわけである。これに対して、「第三の波」（あるいは「第四の波」）の方は、この
ような確認が不可能であり、そもそも、その命名自体、たとえば以下のスナイ
ダーの的確な解説にもかかわらず、どのような意義があるのか、さらにそれは、
「波」として、社会改革にどのように貢献したのかが筆者にはよく理解できない
――もっとも、この後者の観点については、ポストモダン思想が最初から放擲
してしまったわけで、これを求めるのがそもそも無理ということなのかもしれ
ない。R. Claire Snyder. "What Is Third-Wave Feminism? A New Directions Essay," *Signs*,
34(1), Autumn 2008, 175-196. あるいはまた、ヒューイットらによる、歴史展望に
おける「波」のメタファーへの異議申し立て――たとえば、「波」の間には重なり
や絡み合いがあるのであり、これを分離した別個のものと理解することはでき
ない――も、筆者は一定の理解をしているつもりであるが、やはり、本書で「第
三の波」「第四の波」に言及することは控えたい。Nancy A. Hewitt, "Introduction,"
Hewitt, (Ed.), *No permanent Waves : Recasting Histories of U.S. Feminism*, (Rutgers University
Press, 2010), 5.

第Ⅱ部　1970年代の女性大学教員支援政策：受容から積極的支援へ　113

アメリカ大学史における女性大学教員支援政策

序章　本書の構想と基本的視座

１．本研究の構想

　本書は、19世紀から20世紀という世紀転換期にあらわれた、大学人たちのさまざまなボランタリー組織——たとえば、アメリカ大学教授連合（AAUP）のような一種の同業組合あるいは職能団体もあれば、各種の学術学会、さらには、アメリカ大学協会（AAU）のような高等教育連合——に着目して、女性大学教員支援政策を考察しようという一つの試みである。筆者自身はこのような手法を「仲介者的パースペクティブ（middleperson perspective）」と呼ぶことにしている。すなわち、女性大学教員支援政策の研究にあたって、従来の、①連邦・全米というマクロレベルへの着目、②個別大学・研究機関というミクロレベルへの着目、のふたつを超える研究上の展望として、この中間に位置する学術学会と高等教育団体とに着目している。学術学会・高等教育団体に筆者が着目した理由は３つある。

　第一に、学術学会・高等教育団体は、女性大学教員支援政策に関して、マクロ・ミクロ双方へ影響力を行使しうるからである。

　第二に、女性大学教員は学術学会・高等教育団体を通して、個別大学等を超える支援ネットワークの中に参入しうるからである。

　第三に、学術学会・高等教育団体そのものが、多様な機関・団体の触媒（catalyst）となって、学術学会・高等教育団体独自の女性大学教員支援政策を創造しうるからである。

2．本研究の範囲と全体の研究計画

　本書の第Ⅰ部では、主に、1920年代における女性大学教員職への支援の形成過程が扱われている。ただし、ここで問題にしているのは、「女性大学教員へ、具体的にどのような支援政策がおこなわれたのか」という観点からの分析以上に、「『女性大学教員職』そして『支援』が、どのように定義されていったのか」という観点からの分析が、筆者の主要な関心事になる。

　それはどのようなことなのか。1920年代とは、ヴェイジー、あるいはガイガーが定式化した、ヨーロッパの大学と区別される「アメリカ的大学」モデルを支える理念が、さまざまな制度や慣習として、徐々に定着していった時代である。このうち、恐らくもっとも重要な制度や慣習と筆者が考えるのが、今日の私たちが認証評価と呼ぶ、大学教育の基準あるいは標準をどのようなかたちで保証するのか、そのための制度と慣習の創設であった[1]。この認証評価への始動は、1920年代というアメリカ合衆国最初の、大学に進学する学生数の爆発的な増大とそれへの対応の時代に、さらには、後のアメリカ的なマス高等教育の時代のさきがけを思わせる高等教育の制度——特に、ジュニア・カレッジという短期高等教育機関——の発展の時代が、必然的に要求したものであった。すなわち、自称大学と峻別される、真正の大学にふさわしい「全米的な基準」を創り出すこと（あるいは「大学教育の基準化（スタンダード）」）が喫緊の課題となったのである。

　では、そのようなアメリカ合衆国高等教育史上初の、全米的な基準（スタンダード）による大学の認証評価において、「大学教育においてジェンダーに配慮すること」、すなわち、女性の学生や教員に相当な配慮を示すことが、どのように扱われていったのか。これが、本書の第一部である第1章から第3章のテーマとなる。

　本書第Ⅱ部は、1960年代末から1970年代初頭という時代を扱っている。この時代、アメリカ合衆国では多くの学術学会が、女性の地位と役割に関する委員会（以下、女性委員会と略記）を設立していった。ユニバーサル型高等教育への移行過程という時代背景のもと、若手研究者、とりわけ、階級・ジェンダー・人種・エスニシティなどの点で少数派である人々にとって、奨学金

などの経済援助の充実も不可欠であるが、学会内で一人前の研究者として認知され活動できることこそが重要であり、この意味で、女性をたんに会員として認めるだけでなく、学会活動を現実に妨げている諸要因の特定とそれらの根絶こそが喫緊の課題であるとこれらの学会では認識されたのである。

　中でも重要なのが、学術学会内に誕生した女性会派（women's academic caucus）の動向であった。たとえば、アメリカ社会学会（ASA）の会員たちが1969年に創立した女性会派はASAの中に、女性社会学者の地位と現状を調査する女性委員会を設置することに成功する。この社会学者の女性会派は、1971年、「社会における女性を支援する社会学者たち Sociologists for Women in Society（SWS）」を結成し、母学会であるアメリカ社会学会からは独立した専門学会へと発展していく。「女性会派から専門学会へ」というこの動向は、歴史学、心理学、政治学等他の学術学会でも確認できる。社会における女性を支援する社会学者たちは機関誌 Gender & Society を創刊するが、このジャーナルは現在では、トムソン・ロイター社が算出する（インパクト・ファクターを改良した）アイゲンファクター・スコアで、社会学分野ジャーナル100誌中、つねに20位以内にランクされるという確固たる地位を築くに至った。既存の学術学会内に始まった女性研究者支援は、ここに至ると、学術そのものの変革へと展開することになるわけである。

　50年弱を経過した現在、これらがアメリカ合衆国の学術学会では、女性研究者支援はどのようなポリシーとして定着するに至ったのか、それらは、現在、ユニバーサル型高等教育へと移行している日本の学術研究体制にどのような意味を持ちうるのか――これが、本書第Ⅱ部での筆者の究極の問題関心である。

　筆者はかつて、ジェンダーに関するポリシーの変更が、研究のプラクティスやクライメイトにどのように影響するのかという理論的な問題を指摘した[2]。今回の研究課題では、学会における女性研究者への積極的支援というポリシーの変更が、学会内における研究のプラクティスや、さらにはクライメイトにどのような変更を結果したのか、という観点をも導入して、四つの学会の比較分析によって、可能な限り解明したい。

　アメリカ合衆国での女性研究者支援策一般を扱った業績は、筆者の管見の限りでは存在しない。わが国と同じく、自然科学系学会女性研究者の地位と克服すべき課題についての業績は多いが、人文・社会科学系学会については、全般を俯瞰する業績はない。本研究課題で取り上げる上述の四学会については、それぞれの学会が、女性委員会設立20周年時などに課題と展望を発表しており、アメリカ歴史学会では女性委員会の報告の一部をウェッブで公開しているが、あくまでもその時点における現状報告に過ぎないといううらみがある。

　本書第II部では、以下に掲げる研究課題のもと、ケーススタディとして上記の人文学・社会科学系四学会を対象とする。

3．本研究の理論上の特色

　本研究では、アメリカ合衆国における女性大学教員支援政策を、二つの時代を併置させるという手法——史的併置 (historical juxtaposition) ——を用いる[3]。さらに高等教育史に女性史を交錯させながら、その成立と展開を辿っている。

　二つの時代とは、第一が、今日、世界中に影響をあたえつつあるアングロ・アメリカ・モデルとしての「アメリカ的大学」モデルが形成されていく1920年代であり、第二は、トロウの言うマス高等教育の時代を迎えた1970年代である。それぞれが、高等教育人口の爆発的増大の時代であり、それに伴い、大きな質的変容が結果した時代であった[4]。第一部は、アメリカ合衆国において、いわゆるアメリカ的大学というモデルの成立とともに、そこに、近代的大学教授職が出現する1920年代が時代的な対象となっている。この時代に、女性大学人はどのような状況におかれていたのか。これもすでにグレアム、カーターが明らかにしたように、女性の大学教授職の歴史は直線的進歩史観を完全に裏切るものであった。グレアムの優れた語法を借りるならば、「拡大と排除」が同時進行してゆくのであり、「拡大」のみに眼をやれば、大学教授職全体に占める女性大学人の比率は、1920年代の方が1960年代よりも大きいということになる。しかし、その1920年代にどのような「排除」が

おこなわれたのか。この 1920 年代の「排除」のポリシーやプラクティスの多くが、さすがに、1970 年代には、もはやそのままでは、通用しないものになるが、その根柢にある論理は、温存されることが多いことが分かる。

　二つの時代は、いずれも、米国高等教育史上の画期であるが、女性史の上からも、特徴のある二つの時代である。すなわち、女性研究者およびそれを取り巻くアメリカ合衆国社会という観点では、「フェミニズムの第一の波の終焉の時代」と「フェミニズムの第二の波の開始の時代」との対比ということになるであろう。ジェシー・バーナードのことばを借りれば、19 世紀から開始されていた最初のフェミニズム運動——「フェミニズムの第一の波」——の悲願であった 1920 年の女性参政権獲得の後に続く時代は、「波のように押し寄せてくる幻滅の時代」(1920-30 年)となった。すなわち、「女性参政権さえ獲得すれば、あらゆる面での社会改革が可能になる」といった期待が大きく裏切られていく時代であり、それはすぐに、戦時下体制へと組み込まれていったわけである[5]。バーナードはそれに続く 1930-60 年を「大幅な後退の時代」と特徴づけたが、それは、フェミニズム運動の求心力が急速に低下していっただけでなく、女性の問題への関心、中でも学問の世界における女性たちへの関心を希薄化させていったことをも意味していた。

4．本研究の方法論上の特色

　第一に、本研究は歴史研究であるので、刊行されたドキュメントだけでなく、すべての研究対象について、アーカイブズ文書レベルにまで遡った分析をおこなった。幸いにして、本研究の対象になった大学人たちによる組織(学術学会、高等教育団体)は、例外なく、アーカイブズにその政策文書を蓄積しており、そこにおけるさまざまな史料を分析することによって、結果として、先行研究ではしばしば見落とされてきたさまざまな史実が明らかになっていった。特に、1970 年代以降の文書については、そのすべてが公開されているわけではないものの、やはりこれらの史料は、現代の高等教育問題を研究するにあたっても、一大貯水池ということができよう。

5．本書の構成

　以上のように本書の構成は大きく二部に分かれる。以下に、それぞれの章が扱う論点を簡潔に解説しておきたい。

　第Ⅰ部の第1章「戦間期のアメリカ合衆国における女性大学教員」では、第一次大戦後、アメリカ合衆国に出現した未曾有の高等教育拡大期——文字どおり、史上最初のマス高等教育の出現——において、女性は高等教育の中に、学生として、そして教員として、どのように参入して行ったのかを扱う。そして、これまで使用されることがほとんどなかった二つの全国調査のデータをもちいて、一方では、女性大学教員の「拡大」が（全国の大学に女性が受け入れられていったこと）、同時にそこには「排除」が（教授職への女性の参入は、特定のランク、特定の学問領域に限定されていた）進行していたことを明らかにした。

　史上最初のマス高等教育の出現は、そこに、在来的な大学とは明らかにその目的や理念、構成員が異なる機関が現れてくること（高等教育の差異化）を意味する。そこにおいては、いやでも「そもそも大学（教育）とは何であるのか」が問われることになる。第2章「アメリカ教育審議会（ACE）と大学認証評価」は、この問題を直接的に扱っている。しかしながら、従来の大学認証評価研究が、各種の認証評価団体を対象にしていたのに対して、本書では、そのような認証評価団体がその業務をおこなうにあたって、準拠すべき大元の「原基準（スタンダード）」と称すべきものを策定したのがアメリカ教育審議会（ACE）であったのであり、その政策が、以降の「そもそも大学（教育）とは何であるのか」という問いの大枠、すなわち大学基準（スタンダード）を決定した——逆に言えば、何が、「非大学教育」として排除されるべきなのかを決定した——ことを明らかにしている。

　第3章「アメリカ女性大学人協会（AAUW）と大学認証評価」は、以上の第2章での成果を受けて、当時、アメリカ女性大学人協会（AAUW）が独自に行っていた、協会の会員校の認定としての大学認証評価が、上記のアメリカ教育審議会による大学基準（スタンダード）によって、どのように影響を受けたのか、という問

題を、ファカルティにおけるジェンダーの平等の問題をとりあげることで分析している。これは、今日において、「ファカルティにおけるジェンダーの平等」が、「そもそも大学（教育）とは何であるのか」と問う場合、意味を持つ（relevant）ものであるのか、を私たちに問いかけていると筆者は考える。

　第Ⅱ部は、時間的に約50年間の後である、1960年代末から1970年代を扱っている。四つの学術学会をケーススタディとして、1960年代末から1970年代初頭の時代、どのようにして、たんなる女性研究者の受け入れから、女性研究者への積極的支援へと、その政策を転換していったのかを扱っている。

　第4章「女性研究者支援政策と学術学会」は第Ⅱ部の序論として位置づくものであり、第Ⅱ部に登場する四つの学術学会に共通する問題として、この時代の二つの潮流、すなわち、一方では、高等教育をめぐる問題、他方で、フェミニズムをめぐる問題が、どのようにして相乗効果を生み、結果として、先に述べた、女性研究者の「たんなる受容から積極的支援へ」という政策を可能にしたのかを俯瞰している。

　第5章では、四つの学会の中では比較的穏健なアメリカ教育研究学会が、どのような経緯で、最初の「女性の地位と現状に関する委員会（女性委員会）」を立ち上げるに至ったのか、そこにはどのような問題が提起され、これに対してどのような勧告がなされたのかを、アーカイブズ文書を使用して明らかにしている。

　先に指摘したように、この時代は、「フェミニズムの第二の波」が、アメリカ合衆国の社会のあらゆる側面に影響をあたえていった時代であるが、そのフェミニズムの運動のスタイルとして、直接行動（activism）がしばしば採用された。これは、大学や学術学会におけるフェミニズム（アカデミック・フェミニズム）でも同様である。第6章「アメリカ心理学会（APA）と女性研究者支援政策の展開」で取り上げるアメリカ心理学会、さらには、続く章で検討するアメリカ社会学会（ASA）、アメリカ歴史学会（AHA）はいずれも、この時代、激しい直接行動に直面することになった。アメリカ心理学会は四学会の中では最大の巨大学会であるが、そこでは、女性研究者への平等な取り扱いという点では、およそ信じがたい差別が温存されていた。これを変革しようとし

た女性研究者たちはどのような行動をとったのか。そこで彼女たちは、どのような「差別問題」に直面することになったのか。これが、第 6 章のテーマである。

　第 7 章ではアメリカ歴史学会が分析の対象になっている。この学会は、第 5 章のアメリカ教育研究学会（AERA）とは対照的な位置にある学会と言えよう。19 世紀末、アメリカ合衆国建国 100 周年の佳節に呼応するように、アメリカ合衆国連邦議会の特別決議によって設立されたというその出自から明らかのように、国家の"偉大な国民の物語"づくりとつねにあゆみをともにしてきた、少なくとも 1970 年代初頭では、もっとも保守的な学術学会の一つであったと言えるであろう。まさにそれだからこそ、1970 年代初頭、同学会の最高決議機関であるカウンシルへは、ラディカル・ヒストリアンズたちが、学会の解体と再構築という苛烈な要求を突きつけるに至る。しかしながら、このような問題提起は、フェミニスト・ヒストリアンズたちにとっては、学会内における女性研究者の取り扱いの問題を、さらには、学術研究におけるジェンダーの問題を提起する格好の機会ともなった。本章では、このような歴史的背景の中、アメリカ歴史学会における女性委員会の成立とその意義を明らかにした。

　第 8 章「アメリカ社会学会（ASA）と女性のための専門学会の設立」では、第 6 章のアメリカ心理学会のケーススタディを受けて、同じく、フェミニスト社会学者たちの要求によって創立された女性委員会の問題提起と勧告が取り上げられる。しかしながら、アメリカ社会学会の場合は、学会内に女性会派を誕生させただけでなく、その女性会派が、ひとつの専門学会（「社会の中の女性を支援する社会学者たち（SWS）」）へと飛躍していったという点が注目される。本章では、この専門学会の創設にあたって尽力した何人かの女性キーパーソンの発言を丹念に分析することで、これらの人々が理想として掲げた女性研究者支援政策とはどのようなものであったのかを明らかにしている。

注

　1　本書では、accreditation を「認証評価」という訳語で統一している。筆者は、

accreditation が日本において、特に 1990 年代以降、どのように解釈されてきたのかは理解しているつもりであり、日米の高等教育史を俯瞰した際には、本書で、accreditation を認証評価と訳した場合に、この二つのことばの、いわば隔たりとでもいうべきものについても考えざるをえない。この問題については稿を改めて論じたい。

2　坂本辰朗「大学教育におけるジェンダーの問題」『教育学研究』70 (1), 2003 年 3 月, 17-28.

3　Irving Epstein（Ed.）. *Recapturing the Personal: Essays on Education and Embodied Knowledge in Comparative Perspective*（IAP Inc., 2007）.

4　アメリカ合衆国における高等教育という観点からは、両時代とも、一大拡張期であった。私たちが通常知るところの、「マス高等教育」という用語はむろん、後者の時代の産物であろうが、量的な拡大（たとえば該当年齢人口に占める進学率など）は今これを措くとして、少なくとも制度論的に高等教育という概念が姿を現したのは、やはり前者の時代ということができるのである。と言うのも、高等教育という概念が成立するためには、従来の大学概念の中に包摂されない、新たな教育機関が登場する必要があった。ジュニア・カレッジはまさに、その代表——業界団体であるアメリカ・ジュニア・カレッジ協会の結成は 1921 年——であった。ただし、そのジュニア・カレッジは、戦後になるまで、アメリカ合衆国の教育制度の布置にみずからを確立できなかった。この問題ついては、坂本辰朗「アメリカ合衆国大学史におけるコミュニティ・ジュニア・カレッジ：『地域社会の短期高等教育機関』としての存在意義をめぐって」『大学史研究』,26 号，2017 年 12 月，26-47.

5　Jessie Barnard. *Academic Women*（University of Pennsylvania Press, 1964）, pp.32-37. なお、筆者の立場では、戦時体制下での女性の"社会進出"を積極的に評価することはできない。

第 I 部

1920 年代における女性大学教員職の拡大と排除

第1章　1920年代のアメリカ合衆国における
女性大学教員
──「拡大と排除」はどのように進行したのか

1．はじめに──本章における問題の所在

(1) ハーパー学長の"期待"

　1899年10月27日の午前のことであったが、アメリカ女性大学人協会（American Association of University Women, AAUW. ただし、当時は女性大学卒業生協会という名称であった）の幹部たちは、その年次大会のために訪れたシカゴにおいて、同地に設立されてから未だ10年も経っていなかった新設大学であるシカゴ大学の学長、ウィリアム・レイニー・ハーパー（William Rainey Harper, 1856 -1906）による、「歓迎の辞」と題するスピーチに耳を傾けていた。ハーパーは、同協会に対して期待を込めて言った。アメリカ合衆国の教育の質の向上は、何と言っても、大学卒の女性が教職へ進出することによって可能になるのである。彼は、ことばを続ける。

　　私の意見では、女性にとって人生最大のキャリアとは、母親というそれの次に来るものとして、教師というキャリアなのであります。教えることを望む大学卒女性にとっては、来るべき何世代にもわたって、たとえカレッジでの地位ではなかったとしても、国の利害に直接影響をおよぼすような地位に就くための、あり余るほどの機会が、すなわち、大多数の子どもたちの教育という機会──ハイスクールでの教育すら望まないかもしれない子どもの教育の機会──が保障されているのです[1]。

　ハーパーは言うまでもなく、かつてヴェイジーが言った「アメリカ的大学」の時代の形成に絶大な力のあった一握りの大学学長のひとりであり、新構想大学としてのシカゴ大学の礎を築いた人物である。しかし、ジェンダーという観点からは、ハーパーを必ずしも手放しで高く評価することはできない。新生シカゴ大学は、男女共学制大学として開学したものの、女性の入学者数が増加するにつれ、ハーパーはこれを押しとどめるために、さまざまな"対策"を講じたのであった[2]。この点では、大学教育を受けた女性たちへの上記の"期待"も、いかにもハーパーらしいものであった。ことに、女性が教職に就くのはアメリカ合衆国の教育にとって喜ばしいはずであったが、それは、「たとえカレッジでの地位ではなかったとしても (if not in college ranks)」という限定つきでの話であった。この話を、当の女性大学教員が多数を占めていた協会の幹部たちは、どのような思いで聴いていたのであろうか。

　ハーパーは恐らくそれを予見していたのであろうが、彼がこの話をしていた20世紀への世紀転換期には、アメリカ合衆国高等教育にひとつの大きな構造変動が起こりつつあった。女性の高等教育の興隆である。それは、ハーパーを悩ませたように、学士課程に占める女性の学生の比率の上昇に始まり、その増加は徐々に女性の大学教員数にまで達するものであり、この事態は、アメリカ合衆国高等教育の構造変動と呼ぶにふさわしいものであった。それは、1910年代、さらには1920年代へと進むにつれ、もはや誰の眼にも明らかになるほど徹底したものであったのである。

　だが、このような、1920年代の女性の高等教育の拡大——それは、学生数、教員数ともに、飛躍的な拡大であった——は、それまで、辛抱強く、女性の高等教育振興を願い、そのためにさまざまな方策を執り行ってきた人々にとっては、必ずしも慶賀すべきことだけではなかった。これに伴う問題、たとえば、女性の高等教育の独自性といった問題は、19世紀以来の積年の課題であったがために、それはかえって、女性の高等教育振興の前に立ちふさがることになったのである。

(2) 女性高等教育史の中の1920年代の位置づけ

　アメリカ合衆国における女性大学教員の占める比率を時系列で辿った場合、そこに一つの興味深い事実があることに気づく。その比率は、1920年には全大学教員数の28.2%、30年に27.9%、40年には28.1%とピークを迎えた後に降下し始め、同レベルに回復するのは1980年代であったのである。このような推移は、実は、女性学生数の増加とほぼ同じ時系列的な変化に伴うものであった。すなわち、1920年代初頭、女性の学生比率は男女全学生数の実に47%強にまで到達し、以降、この比率は1950年代まで減少の一途をたどり、再び40%台を回復するのは、女性解放運動の第二の波がアメリカ合衆国の高等教育を大きく変えていった1970年代であったのである。つまり、ジェンダーという視点から見れば、アメリカ合衆国高等教育における女性の比率は直線的な増加では説明できないのである[3]。

　本章は、筆者の基本的な問題関心である、女性大学教員がアメリカ合衆国の大学の中に一定の地歩を築くようになった戦間期（1920-30年代）を中心に、女性大学教員たちがそのキャリア形成のために克服しなければならなかった最大の問題とは何であったのか、彼女たちはこれに対してどのような運動をおこなったのか、その結果、現在にまで残るどのような制度改革が実現したのかを解明すべく、まずは20年代において、研究者としての女性大学教員のキャリアを辿ろうとした女性たちの全米レベルでの動向を把握すべく、当時おこなわれた以下の三つの調査を合わせて分析することを試みようとするものである。

　①アメリカ大学教授連合（American Association of University Professors, AAUP）のW委員会（カレッジ・大学教員における女性の地位に関する委員会）が1921年におこなった調査。アメリカ大学教授連合は、頻発する学問の自由（academic freedom）への侵害——特に、大学教員への恣意的な馘首行為——に端を発した、有志教員たちの組織づくり——より具体的には、学術学会の連合体——によって成立した。組織内にはいくつかの常設委員会が存在したが、W委員会は、連合の1917年12月末の大会において、同協会

に加盟していたヴァッサー・カレッジ支部の要請によって常設委員会として設立された。「女性を上級の大学教員職に任命するにあたり、採用されている原則について、現在、カレッジ・大学のさまざまな教授分野で提供されている昇進の機会、優れた能力と学識がある女性に対して提供されるべき機会について、その他、カレッジ・大学の教授職における女性の現在、そして望まれるべき地位に関係したその他の問題」を調査し、報告するというのがこのW委員会の使命であった（AAUP *Bulletin*, IV, No. 1 (January, 1918), 8.)。

② Ph.D. 学位を取得していた千人強の女性たちを対象にしたエミリー・ハッチンソン（当時は、コロンビア大学バーナード・カレッジの経済学准教授）の 1929 年の調査[4]。この調査は、当時、ノースカロライナ女性カレッジに置かれていた研究所がおこなったものであり、女性 Ph.D. 取得者に対する調査としては、その規模や調査内容という点で、貴重なものである[5]。その数量的な分析もさることながら（もっともハッチンソン自身が認めているように、統計的な意義としては、実験群―非実験群という対照法による分析ではないため大きな限界があり、あくまでも上記の女性たちの現状を明らかにしたにとどまる）、特に女性 Ph.D. 取得者の生の声（自由記述）を丹念にすくい上げていることが、史料として注目すべき点であろう。

③ アメリカ女性大学人協会（American Association of University Women, AAUW）の幹部会員でもあった、エラ・ロン（Ella Lonn, 1878-1962. 当時はボルチモアの女性カレッジ、ガウチャ・カレッジの歴史学准教授）が単独で行った、1923 年の、女性大学教員の地位に関する調査[6]。こちらは、女性教員についての学科長の意見を調査対象にしたものである。これは、アメリカ女性大学人協会の正史にも、1920 年代の、女性大学教員職をめぐる特筆すべき事項として記載されている[7]。その成果は、協会の年次大会で発表された。この発表が大きな注目を集めたことは、同大会に出席していたカナダ女性大学人協会の代表がこれに着目した結果、同年のカナダ女性

　大学人協会の大会において、ロンに同じテーマでの発表を要請したことからも明らかである。後に詳述するように、この調査は、調査者ロンの、あるべき女性大学教員像に関する思想が如実に反映したものであり、この意味でも、同じく1920年代に行われた同種の調査の中でも異色の存在と言える。

　ところで、この三つの調査が描きだしたものをもって、1920年代の“一般的な”女性大学教員像とすることは、やはりひとつの大きな問題をはらむことになってしまうことを筆者は十分に承知している。その大きな問題とは、この三つの調査が対象としたのは、女性大学教員の中でも、研究者として一定の地歩を築いた人たち——より具体的には、原則として上級学位を取得したか、同等の実力を持つ研究者として認められた人々——である。実際には、まさにそのような女性大学教員たることを目指してキャリアを積み重ねていったにもかかわらず、挫折せざるをえなかった多くの女性たちがいたことは、次章以降でも明らかである。

　以下の各節では、まず、これらの調査がおこなわれた1920年代とは、女性の高等教育にとってどのような時代であったのか、その特徴を挙げたい。次に、1920年代におこなわれた女性大学教員にかんする三つの調査が明らかにした概要を瞥見する。最後に、これら調査の結果を合わせたときに見えてくる、全米レベルでの動向について考察をおこなう。

2．1920年代の女性の高等教育

(1) 史上最初のマス高等教育の時代としての1920年代

　1920年代は、アメリカ合衆国高等教育にとっては、学生数の大激増の時代であった。1920年の国勢調査では、大学生は60万人に迫ろうとしていた[8]。"Roaring Twenties"と呼ばれたこの時代には、カレッジ・ライフは多くの若者にとって、さほど珍しくない選択肢になりえたのである。学生数の増大は、すでに世紀末から続いていた趨勢であったが、第一次世界大戦で一時的に減

少したものの、その影響は女性の高等教育にとってはむしろ少なかった。特に女性カレッジは空前の学生数の殺到に直面していた[9]。こうして 1920 年代は、史上最初のマス高等教育の時代を迎えることになったのである[10]。このような学生数の激増に歩調を合わせるように、教員数も 1890 年から 1920 年の間に三倍強に増加——15,809 人が 48,615 に——している[11]。

　この時代は、「大学教育の時代」である以上に「高等教育の時代」であった。すなわち、この時代は、従前のカレッジや大学と、その教育階梯上は同じに位置するものの、明らかに従前のカレッジや大学とは質的に異なる教育を提供する機関が次々と現われ、これが、アメリカ合衆国高等教育の一員としての承認を要求するようになっていく。二年制の短期高等教育であるジュニア・カレッジ、さらには、教員養成カレッジ等がそれであった。それは、見方を変えれば、伝統的な大学教育のセクターから排除された領域に、新たな布置を求めた機関が現れていくことを意味したが、そのひとつが女性の高等教育であった。

　次に、政治的な意味での革新主義（Progressivism）は第一次世界大戦で終了していたが、高等教育における進歩主義はこの時代から始まることになった。女性の高等教育についてみれば、1910 年代末の第一次大戦中における女性の“社会進出”、さらに、女性参政権獲得（1920 年に全州で憲法修正のための批准完了）という時代背景の中、個別大学レベルでも——たとえば、サラ・ローレンスやベニントンといった、新たな女性カレッジの設立——また、全米レベルでも、その改革を後押しする試みがおこなわれていた。なかでも後者の全米レベルでの注目すべき趨勢として、1921 年におこなわれたアメリカ女性大学人協会の結成が挙げられよう。アメリカ女性大学人協会は、すでに 1882 年に結成されていた女性大学卒業生協会（Association of Collegiate Alumnae）が南部女性大学人協会（Southern Association of College Women）と合併してつくられた新組織であったが、これは、女性大学人たちが近代的な大学人連合へと集結し、さまざまな女性高等教育の振興運動を本格的に開始したことを意味していた[12]。

(2) 1920年代の女性大学教員の量的把握

　まず、この時代の女性大学教員の量的な把握を時系列的な展望のもとでおこないたい。しかしながら、これは実際にはそれほど容易ではない。その理由は二つある。その第一のものは、全米レベルでの代表的なデータの収集機関である連邦教育局が、すべてのタイプの機関について教員の性別を時系列で系統的に調査していたわけではないからであり、さらに、もう一つの全米レベルでのデータである国勢調査の方は、職業カテゴリーとして「大学教員」のみが設定されていないからである[13]。第二の理由は、これまでのいくつかの代表的な研究で使用されてきた連邦教育局のデータは、実際には、原データを教育局の方で集計・加工して公表した数値に基づいており、この集計・加工の過程でどのような操作がおこなわれたのかが不明であるということである。

　これらの問題を克服しようとした現代の研究者カーターは、女性大学教員数の推移を時系列的に分析するために、連邦教育局が収集した原データを丹念に掘り起こし手作業で集計していった。その結果、明らかになったのが以下の**表1-1**である。

　すなわち、私立大学を取ってみれば、女性カレッジの全教員の7割以上が一貫して女性教員で占められているのに対して、共学大学ではその比率は2割未満なのである。さらに私立公立ともに、教員養成カレッジでは女性教員の比率が過半数を占めている。また、ジュニア・カレッジ（二年制の短期大学）は1920年代以降、量的に急速に発展してゆくアメリカ合衆国高等教育界の新興勢力であるが、この時期の私立ジュニア・カレッジは実際には大多数が女性の二年制カレッジ（とりわけ、カトリック系のそれ）であったことに注意すべきであろう[14]。

表1-1　大学種別に見た女性教員の比率 (1900年-1930年)

	1900	1910	1920	1930
私立				
四年制女性	71.4	75.2	74.5	72.4
四年制男性	0.6	0.6	0.7	0.4
四年制共学	19.6	18.4	19.1	17.6
プロフェッショナル・スクール	n.a.	n.a.	6.2	5.5
教員養成	45.6	54.5	62.2	58.4
師範学校	(c)	(c)	(c)	(c)
ジュニア・カレッジ	(b)	(b)	74.6	57.7
公立				
ランドグラント (a)	7.9	9.4	14.1	17.3
その他の四年制	7.9	7.6	18.6	21.1
教員養成	63.4	65.9	53.1	54.6
師範学校	(c)	(c)	67.3	67.1
ジュニア・カレッジ	(b)	(b)	49.1	45.1
全高等教育機関の女性教員の比率	24.1	22.5	28.2	27.9

(a) 白人のためのランドグラントのみ (b) 四年制に合算 (c) 教員養成に合算

出典：Susan Boslego Carter. "Academic Women Revisited: An Empirical Study of Changing Patterns in Women's Employment as College and University Faculty, 1890-1963." Ph.D. Dissertation, Stanford University, 1981, 18.

3．アメリカ大学教授連合の調査 (1921年)

(1) 女性大学教員の学問分野・職階の分布

　アメリカ大学教授連合の調査 (1921年) は、まず、前節で言及した、女性大学教員の全国的な数の把握を補うという意義がある。すなわち、女性大学教員の学問分野別分布や職階別の分布を見るために有力な情報を提供してくれるものである。これは、会員大学、すなわち、アメリカ大学教授連合に教員が加盟している176校を対象にした質問紙調査であり、145校からの回答を得ている。教授連合がまとめたデータ中、共学制大学104校の女性教員数の学問分野・職階別分布を引用したい (**表1-2**) [15]。

　まず、学問分野として、大学の中のどの学科に所属しているのかを訊いて

表1-2　共学制大学104校の女性教員数調査 (1921 年)

	教授		准教授		助教授		講師	
	男性	女性	男性	女性	男性	女性	男性	女性
教養	2,147	95	623	71	903	106	1,319	544
教育	190	9	42	17	49	15	38	43
工	431	0	162	3	275	4	478	14
医	826	4	267	3	352	14	876	17
法	224	0	13	0	16	0	22	1
商	54	1	17	0	43	3	109	26
農	348	0	139	0	267	2	218	12
ジャーナリズム	18	0	4	0	11	3	10	4
音楽	130	19	14	5	18	13	120	14
神学	81	0	4	2	5	3	13	1
家政学	1	53	1	34	0	95	0	243
体育	46	9	15	10	27	34	77	100
軍事科学	64	0	6	0	56	0	34	0
合計	4,560	190	1,307	145	2,022	292	3,314	1,019

出典：A. Caswell Ellis, "Preliminary Report of Committee W. on the Status of Women in College and University Faculties." *AAUP Bulletin*. VII, No.6, 23.

いる。「教養」は、アメリカの四年制大学の中では、もっとも伝統的であり、かつ、代表的な学科であるから、男性女性ともに、ここに属している教員が最大のコーホートとなっている。ただし、まさにそれであるがゆえに、女性にとってはアクセスが困難であったと予想される。この調査でも、予想どおりの結果となっている。これとは対照的に、新興の学問分野である家政学は、基本的に女性教員が占めている。ただしここでも、下位職階への偏りは著しい。全体として、学問分野・職階ともに、ジェンダーによる著しい偏りが明らかである。教授職 4750 名のうち、女性は 190 名で比率は 4% であるが、家政学と体育を除くと、この数字は 3% 未満に落ちてしまう。調査対象の共学大学では女性の学生が 31% 強を占めるにもかかわらず、女性教員は教授から助教授までを含めても 7.9% に過ぎない。分野別では教養がもっとも低く、調査対象校中 27 校 (26%) ではこの分野に一人の女性教員もおらず、12 校ではおのおの一人のみという状況であった[16]。

　以上の二つの表が明らかにした趨勢は、以下に見る「女性Ph.D.取得者調査」「ロン調査」を分析する場合もその前提として銘記すべきことである[※]。

　[※]このアメリカ大学教授連合調査について、これだけしか言及しないのは、原史料を読まれた研究者からは、きわめて不十分という批判を受けるかもしれない。筆者もまた、初期稿ではさらに細かな言及をおこなったのであるが、結局、すべて廃棄してしまった。原史料では、W委員会のエリス委員長による調査結果の分析が掲載されている。ただし、エリスが極めて率直に告白しているように、ジョン・デューイ、さらには、女性の高等教育第一世代の代表であり、アメリカ女性大学人協会の発起人の一人であるマリオン・タルボットを擁していたこの委員会は、実際には一度も集まって議論をしていないのである。エリスがまとめた原稿を、委員会メンバーに回覧して同意を求めるということをやって、"委員会の報告"にしたというのであるが、これもエリスが正直に掲載しているように、この"委員会の報告"には、二人の委員から強い異論が寄せられた。結局のところ、これをW委員会の意見として読むことは無理と筆者は判断した。

4．女性Ph.D.調査（1929年）

(1) 女性Ph.D.取得者概数

　本調査をおこなったのは、ノースカロライナ女性カレッジに置かれた女性専門職に関する研究所（Institute of Women's Professional Relations）であった[17]。
　まず、この時代のPh.D.学位取得者の概数について見ておきたい。
　1909-10年度において、女性のPh.D.取得者数は全体の約9.9%を占めるに過ぎなかった。この数値は、1919-20年度には15%に上昇し、1929-30年度には13%、1939-40年度は同じく13%となっており、1949-50年度には再び9.5%に下降している[18]。
　女性Ph.D.取得者調査は「アメリカ合衆国のカレッジ・大学からPh.D.学位を取得した女性卒業者の専門職としての生活に関する研究」という標題のもと、1924年6月、全米の39カレッジ・大学において、1877年から調査時点までにPh.D.学位を取得した女性卒業者1,875名（それぞれのカレッジ・大学の

教務あるいは同窓会オフィスの協力のもと、氏名・住所を特定し、調査票を発送。有効回答数は 1,025 名。なお、1877 年とは、アメリカ合衆国で最初に女性に Ph.D. 学位が授与された年である）を対象にしておこなわれた。

　調査項目は、Ph.D. 学位取得理由、Ph.D. 学位取得前および後の職や職階（その職名・勤務地・就職年・年俸・職務内容）、学位取得後おこなった研究について、出版された業績、所属学会、スカラシップやフェローシップ受給の有無など、きわめて広範囲にわたっている。

　具体的な調査結果を分析する前に、まず、調査対象になった女性 Ph.D. 取得者の出身大学および出身大学院について瞥見したい。これは、この時代、女性大学教員たちが、どのような大学から輩出されていったのかについての基本的な知識として押さえておくべきことであるからである（なお、以下では、この調査からの引用は頁数をカッコ内に入れて示す）。

　女性 Ph.D. 取得者の出身大学上位 10 校は以下のとおりであった（なお、＊印は女性カレッジを示す）。①＊ヴァッサー 75 名、②コロンビア（＊バーナードおよびティーチャーズ・カレッジを合わせた数）55 名、③＊マウント・ホリヨーク 53 名、④＊スミス 52 名、⑤＊ウェルズレイ 50 名、⑥シカゴ 41 名、⑦＊ブリンマー 40 名、⑧コーネル 37 名、⑨＊ガウチャ 29 名、⑩＊ラドクリフ 39 名（21 頁）。

　この時代、女性の高等教育の主要な担い手はすでに女性カレッジではなく共学制大学であった。連邦教育局の統計によれば、1910 年時点で、女性カレッジは全教育機関のわずか 15％を占めるに過ぎなかった[19]。にもかかわらず、この調査では、セブン・シスターズと呼ばれた 19 世紀に成立の起源を持つ女性カレッジ 7 校にガウチャを加えると、全体の 40％弱の女性 Ph.D. 取得者が 8 校の女性カレッジで学士課程を修了していることを明らかにしたのである。すなわち、後に女性で大学教員となる人々のきわめて多くが、女性カレッジの出身者なのであった。

　女性 Ph.D. 取得者の出身大学院の上位 11 校（30 名以上）は以下のとおりであった。

　①コロンビア 171 名、②シカゴ 144 名、③イェール 95 名、④コーネル 82 名、

⑤ペンシルベニア 73 名、⑥＊ブリンマー 72 名、⑦＊ラドクリフ 46 名、⑧ジョンズ・ホプキンス 43 名、⑨ウィスコンシン 42 名、⑩ミシガン 30 名、⑪イリノイ 30 名。こちらは、上位 5 校で 45％の Ph.D. を授与していることになる（22 頁）。上位 10 位に入る大学にうち、ブリンマーとラドクリフを除く 8 校は、「Ph.D. のチャンピオン」と呼ばれたアメリカ大学協会の創立メンバーであるから、この数字は当然予想されるものであった。なお、イェールについては大学院レベルでしか男女共学制を実施していなかった。また、同じく多数の Ph.D. 学位を授与していたプリンストンは女性の入学をまったく認めていなかったため、ここにはあらわれていない。

　次に、女性 Ph.D. 取得者が、いつ、学位を取得したのかを 10 年刻み（ただし、1894 年以前はほぼ 20 年）で集計すると、1877-1894 年が 22 名、1895-1904 年が 117 名、1905-1914 年が 278 名、1915-1924 年が 602 名となる。すなわち、19 世紀末以降は、10 年ごとに女性 Ph.D. 取得者が倍増していることが分かる。

　では、当時の女性大学教員のキャリア形成の初期の段階で何が問題であったのか、この「女性 Ph.D. 取得者調査」が明らかにした注目すべき点、三点を以下に見ていきたい。

(2) Ph.D. 学位取得理由および Ph.D. 取得後に就いた職種

　Ph.D. 学位取得理由として質問票にあらかじめ挙げられていた理由は、「研究対象への強い興味」、「さらに教育を受けたかったから」、「さらに知識を得たかった」、「研究法のトレーニングのため」、「就職に必要であった」、「昇進のため」、「その他［具体的に］」の中から複数選択可で選ぶものであった。本調査の著者ハッチンソンによれば、このうち、最初の四つは「理想主義的（idealistic）理由」であり、最後の二つは「実利的あるいは職業的理由」ということになろう。このように二分して時系列的に分析してみると、きわめて興味深い結果があらわれた。1890-1894 年が、Ph.D. 学位取得理由の大きな分岐点となっているという事実である。すなわち、1877-1890 年の間に Ph.D. 学位を取得した女性たちは全員、「理想主義的理由」のみを挙げており、1890-1894 年の間に Ph.D. 学位を取得した女性たちになって初めて、「理想主義的理由」

に「実利的あるいは職業的理由」を組み合わせて挙げる者があらわれ、これ以降、後者が増大していき、1920-1924年の間にPh.D. 学位を取得した女性たちに至ると、ついに両者の数は逆転する(29頁)。すなわち、たとえ、か細い道であったとはしても、Ph.D. 学位を実際に役立てるための職へアクセスできることを1920年代に学位を取得した女性たちが認識するようになっていたのである。

　さて、これら1,025人の女性Ph.D. 学位取得者たちが就いた職種は、大きく、教職(大学および中等学校)が597名、行政職・管理職が110名、研究職が81名、その他の職が77名、そして、収入を得る仕事をしていない女性が160名という内訳であった(52頁)。教職が突出しているのは、この時代の——正確にはそれ以前の世紀転換期から続く——傾向であった。この傾向は、実は、大学卒女性についても真——ただし、就職先は大学ではなく中等学校が多い——なのであり、先に言及したアメリカ女性大学人協会は、何度も、「教職以外」の職種の開拓のため——ただし、大学教員とそれより下の教育機関の教員を一緒にして扱うのは、本来、無理な話であった——研究調査や提言をおこなってきたのである[20]。教職に就いた597名は、その専攻分野を人文・自然・社会科学と三分してみると、それぞれ、204名・223名・170名となり、著しいインバランスは認められなかった(ただしこのことは、同一専攻分野の中での偏りや職階上の偏りがない、ということを必ずしも意味しない。以下の(4)を参照)。同じことを研究職の81名についてみれば、今度は、2名・60名・19名と、自然科学分野が圧倒的に高くなった(53頁)。

(3) 婚姻状況と就職状況

　調査時点において、女性Ph.D. 学位取得者たちの約4分の3(764名)が未婚であった(17頁)。前述のように、調査母集団の中で、最大のコーホートは調査時点から10年前までに学位を取得した比較的若い世代——さらに、年度別の学位取得者の総数は、1915年の40名から1924年の90名まで、基本的には毎年、漸増し続けている——に属する女性であるが、それにもかかわらず、この数字は、当時の女性人口一般における婚姻状況とは大幅に異なるも

のである[21]。この数値を本調査の著者は、「なぜ、未婚率が高いか」ではなく、「既婚女性 Ph.D. 学位取得者たちは、どのような属性をもつのか」という観点から以下のように分析している。まず、既婚者を、「収入ある仕事についていない」102 人（グループⅠ）と「妻として、そして多くの場合、母としての責任に加えて、収入あるなにがしかの仕事についている」119 名（グループⅡ）に分けて見ると、前者グループⅠのうち約 20％が結婚後に Ph.D. 学位を取得しているのに対して、後者グループⅡの場合、この比率は 33％ 強ということになる。すなわち、「結婚後に Ph.D. 学位を取得した方が、収入ある仕事につく可能性が高い」ということにある。さらに、1916 年から 1920 年の間に結婚した Ph.D. 学位取得者たちの約 5 分の 3 が仕事と結婚を両立させており、この数値はより調査時点に近い 1921 年から 1925 年の間に結婚した Ph.D. 学位取得者たちについてもほぼ同じである。これに対して、1911 年から 1915 年の間に結婚した Ph.D. 学位取得者たちでは 3 分の 1 弱であった。したがって、仕事と結婚を両立可能性は、より近年になるほど高くなっていると言える（90-91 頁）。

(4) 大学での雇用状況

　では、これらの女性 Ph.D. 学位取得者たちが就職した大学での雇用状況はどのようなものであったのか。回答があった 597 名の内訳が**表 1-3** である。

　表 1-3 では「大学」と「カレッジ」では職階の分布が対照的（前者では、女性の大学教員は職階が下の方に多く分布しているのに対して、後者では逆に教授という職階が最多数となっている）であるが、これはすでに本章の第 2 節で説明したように、後者の「カレッジ」の大多数が女性のカレッジだからである（55 頁）。これに対して、前者の「大学」の大多数は共学大学なのであり、そこで助教授以上の職階をえた女性は、自然科学分野に多いことがわかる。

　では、本調査での重要な質問項目の一つである、「Ph.D. 学位取得前および後の職や職階」についての回答はどうか。すなわち、Ph.D. 学位取得は職階の上昇につながっているのか。本調査の結果は、「大学」「カレッジ」の双方とも、職階が下になればなるほど、Ph.D. 学位取得の効果は大きかったことを示し

表1-3　分野別・職階別に見た女性Ph. D. 学位取得者

職階	女性 Ph.D. 学位取得者数			
	全分野	人文学	自然科学	社会科学
全機関	597	204	223	170
大学	187	46	80	61
教授	22	7	9	6
准教授・助教授	98	26	44	28
講師	54	12	23	19
助手	3	-	2	1
その他	10	1	2	7
カレッジ	221	117	119	85
教授	143	55	49	39
准教授・助教授	32	42	56	34
講師	17	8	5	4
学科長他	13	7	2	4
その他	16	5	7	4
メディカル・スクール	5		5	
教授	1	-	1	-
助教授	1	-	1	-
他	3	-	3	-
ソーシャル・ワーク	2	-	-	2
師範学校	18	5	4	9
中等学校	57	32	14	11
公立	34	15	10	9
私立	17	14	2	1
無回答	6	3	2	1
個人教授他	7	4	1	2

出典：Emilie Josephine Hutchinson. *Women and the Ph. D.: Facts from the Experiences of 1,025 Women Who Have Taken the Degree of Doctor of Philosophy since 1877.* Institute of Women's Professional Relations. Bulletin no.2. (North Carolina College for Women, 1930), 55.

ている。たとえば、「大学」についてみれば、Ph.D. 学位取得前および後で職階に変動があったと回答した女性たちを、それぞれの職階別に人数を集計すると、教授職の場合は 2 名（前）が 4 名（後）に、准教授の職の場合は 13 名（前）が 37 名（後）に、講師職の場合は 22 名（前）が 69 名（後）となっている（57 頁）。

　他方で、このような Ph.D. 学位取得の効果は中等学校段階ではさらに大きく、学位取得前に中等学校で教えていた 141 名は、取得後には 58 名となっている[22]。つまり、これらの女性教員は、まず中等学校で教職をえてから

Ph.D. 学位取得をめざし、その後に大学教員となった人々であった。

(5) 女性 Ph.D. 学位取得者たちが直面した諸課題

　先にも述べたように、本調査は、女性 Ph.D. 取得者に対する調査としては、その規模や調査内容の詳細さという点で、史上最初の本格的なものであり、特に、女性 Ph.D. 取得者の生の声を数多く収録しているという点で貴重な史料である。ただし、そのような女性 Ph.D. 取得者の語りの分析としては、やや弱いと筆者は判断せざるをえない。

　それはどのようなことか。本調査への回答者は言うまでもなく、すべて女性である。その女性が、自身の、あるいは現在の他の女性研究者の直面した諸課題について語っているのであるが、そこには、明らかにジェンダーの視点が見え隠れしていることが分かる。にもかかわらず、本書に現れる自由記述の分析には、遺憾ながら、そのようなジェンダーの視点への執筆者ハッチンソン自身の自覚的な問いかけがほぼ皆無である。

　たとえば、本調査では、「Ph.D. 学位への準備は学士課程修了直後に開始すべきだと思いますか（"Should preparation for the Ph.D. degree follow immediately after college?"）」という質問をしており、多くの女性研究者がその回答に自由記述を付しているが、ここでのハッチンソンの分析は、「学士課程修了直後に開始する場合と、いったん社会に出る（仕事に就く）場合とでは、その女性がおかれた環境や境遇によって一長一短がある」という、きわめて月並みな結論に集約されてしまっている。事実は、自由記述の中には、そのような「一長一短説」を、ジェンダーの観点から再検討している（「男性の場合は〜となろうが、自分（女性）の場合はそのようなことは到底、考えられない…」）ものもあり、このような回答こそが注目されるべきであった。

　(4) で見た、以上の数量的な概観を裏付ける証言をいくつか引用しておきたい。

　まず、家庭と仕事という女性の二重の役割とその間の葛藤についての証言は、数多く聴かれるが、本調査であらわれた一つの傾向としては、この指摘は前世代の女性 Ph.D. 学位取得者の方からより多く聴かれる、ということで

ある。たとえば、1877-1915年の間にPh.D.学位取得した女性（生理学・講師）は、「努力を長年にわたって持続させるためには幸福な生活というものが不可欠なのであるが、これは、専門職・研究職に従事する男性には可能であっても、女性にはあまりにも多くの場合不可能なのであり、結果として、実験室のために家庭と子どもを諦めざるをえない」(171頁)としている。同じ時代にPh.D.学位取得した別の女性（英語学・准教授）は、「実際に子どもを産み育て、月並みな収入の家庭で主婦として多岐にわたる義務をこなすとなると、女性の業績には重大なブレーキがかかってしまう」(179頁)としている。これに対して、より新しい世代に属する女性Ph.D.学位取得者たちの中にはやや楽観的な証言もあり、たとえば、1915-24年の間にPh.D.学位取得した女性（生理学・調査時点で収入を得る仕事なし）は、「学問的関心と家庭の義務の双方を持つ女性にとって、Ph.D.学位取得はすばらしい計画です。自分のもてる精神的能力を一時的に抑制して静かに熟成させることができるからです」(116頁)としている。にもかかわらず、同じ時代にPh.D.学位取得した別の女性（ラテン／ギリシア語・教授）は、「Ph.D.学位取得準備は学士課程修了後、すぐに始めるべきです。女性は結婚してから、学位論文に必要な集中的な学習の時間を取ることはできないでしょう。他方で男性は、切迫した家庭の要求にこたえることはまれでしょうし、必要な場合は大学院での学修に必要な時間をとれるからです」(124頁)としている。

　女性が職階や職務上の下位に甘んじていることを示す証言は数多くあり、たとえば、1915-24年の間にPh.D.学位取得した女性（天文学・調査時点で収入を得る仕事なし）は、「大きな天文台でおこなわれる研究においては、女性はきまって計算係の地位に追いやられるかその傾向があります。計算係が男性のために仕事の大部分をやり、成果は男性のものにされてしまいます」と証言している(114頁、強調は原文のまま)。また、1915-24年の間にPh.D.学位取得した女性は、本来の専門は教育学であったが大学図書館員をしており、その理由は、「夫がこの大学の講師で、自身、家事よりもこちらの仕事が好きだからです。給料は低いのですが、それは、この大学で教員の妻がつくことを許された特別制度だからなのです。仕事にはラテン語、フランス語、ドイ

ツ語、スペイン語の知識が必要なのですが、これらができる図書館員を 3,000 ドルでも探せないので、私がやることを許されているというわけです(私の給料は 1,800 ドル)」(196 頁)。ここで問題になっているのは、善意で解釈すれば、「同一家族からの複数人の登用は、いわゆる身内びいきによって人事がゆがめられる恐れがあるから、これを規制すべきである」という考え方である。しかしながら、この規制が、夫 - 妻の間にまで適用されると、ほぼ必ず、女性の不利益になるわけである。夫と同じ Ph. D. 学位を持ちながら、大学教員としては就職できない——ここで史的併置を適用すれば、1920 年代に見られる、このような同族者雇用禁止規則(anti-nepotism rule)の矛盾は、やがて、1970 年代になると、厳しい批判の対象になるのである。

5．エラ・ロンによる調査(1923 年)

(1) ロン調査の概要

　この調査は、1923 年に、それまでにおこなわれた類似の調査を参照しながら、エラ・ロンが単独でおこなったもの——たとえば、表 1-2 に掲げた AAUP 調査の結果は報告書の中で直接引用されている——である。まず、調査者であるロンについて、その経歴を見てみたい[23]。

　エラ・ロン (1878-1962) は、今日でも、南北戦争期の歴史についての著者として、未だその命脈を保っており——最新の研究書でもその業績がしばしば引用される——これはやはり女性研究者としては例外に属する。ロンは 1878 年インディアナ州ラ・ポルタで生まれる。1900 年、シカゴ大学で Ph.B. を取得。これは、哲学を専攻したという意味ではなく、履修要件が B.A. より軽い速習学士号である。ハイスクールの教師を転々として勤めていたが、おそらくはみずから学歴不足を痛感したのであろう。ペンシルベニア大学に戻り、1909 年に修士号 (A.M.)、1911 年には博士号 (Ph.D.) を取得している。その後、最初の大学の教歴を、当時、ノースダコタ州にあったファルゴ・カレッジ (1911-12 年) で得ているが、わずか 1 年で辞任している。当時のファルゴ・カレッジの『大学学報』を見ると、歴史学科に属すると同時に、女性学生部長

職をも兼務していたことがわかる[24]。これは、ロンにとっておそらくは、気が進まないポストであったと思われる。ポスト・ドクトラルとして 1913-14 年、ベルリン大学およびソルボンヌ大学で研究を続けている。帰国して、グリンネル・カレッジ助教授（1914-18 年）で再び大学の教歴を得るが、ここではドイツ語担当であった。1918 年、ようやく 40 歳で、ボルチモアの名門女性カレッジであるガウチャの歴史学科にポストを得るが、今度は講師というポストで、恐らくは悲哀を味わったことと推察される。その前年には、彼女の最初の著書（博士論文）である *Reconstruction in Louisiana after 1868* が老舗出版社であるパトナム社から刊行されていたはずであり、にもかかわらず大学教員としては再び一から出直しというのは――さらに、最終的にはガウチェの准教授で教歴を終えていることも――、やはり性差別の存在を思わざるをえまい。しかし、これ以降は、研究者としては順調に業績を積み重ねていく。米国学術団体評議会（American Council of Learned Societies）が編纂した著名な人名事典である *Dictionary of American Biography* （21 Vols.）に 34 項目もの執筆担当をしていることからもその一端が分かるように[25]、南部史の分野で、特に南北戦争と再建期を専門とする著名な研究者として認められる。同時に、本章でも登場した、アメリカ大学教授連合、アメリカ女性大学人協会等、学外の団体でも積極的な活動をおこなっていく。学術団体では、アメリカ歴史協会、南部歴史協会（初の女性会長、1945-46 年）に属してさまざまな役職を務めている。

　さて、ロン調査では、調査項目の工夫などで、今までにない、いくつかの特徴があるが、最大の特徴は、最初から調査対象大学および学科を限定していることである。これは確かに、ひとりの調査者がおこなったものであるから、サンプル数を限定する必要があったとも考えられるが、そこにはむしろ、調査者ロンの、あるべき女性大学教員についての思想を強く反映したかったという、積極的な理由があったと思われるのである。本章において、歴史叙述の常道である年代順記述の原則を取らずにロン調査を最後に置いたのは、この理由により、敢えて視点の異なった調査として扱うためである。

　それはどのようなことなのか。

　第一に、調査は、アメリカ大学協会（AAU）のリストに掲載されている 70

大学が対象であった。本書次章で詳しく見るように、1920年代のアメリカ合衆国では、今日、私たちが「認証評価(accreditation)」として知るようになる、大学教育の質的保障のための制度あるいは機構が立ち上げられ一応の完成を見つつあった時代であり、いくつもの団体・機関が、「中央政府による一元的管理を排除しつつ、いかにして、全米的な大学基準の創設とその普及が可能なのか」という難問に、それぞれの回答を提示していった。その中でも、アメリカ大学協会がおこなった事業は1910年代初頭という最初期に属するものであり、かつ、同協会が公表した「認定大学リスト」は、もっとも選抜的で権威のあるものとして、後発の多くの団体に影響をあたえていた。すなわち、このアメリカ大学協会のリストから漏れた大学の少なからずが、やがては"自称大学"として、アメリカ合衆国高等教育界から排除されるという運命にあったのである。そして、この意味での"自称大学"の多くが女性カレッジで占められていた。ところが、そのような女性カレッジこそが、実際には多くの女性の大学教員が勤務するところであったから、アメリカ大学協会のリストを採用するということは、これらの女性カレッジに勤務する女性の大学教員をいわば最初から門前払いして見えない存在として扱うことになるわけである。これらの門前払いされたカレッジに共通した最大の特徴とは、「研究機能の不在、すなわち、研究者としての大学教員の不在」ということではなかったのか。このように見ると、本節以下でロンがみずからおこなった本調査について分析している内容が端的に理解されよう。簡潔に言えば、「研究者でなければ大学教員ではないのであるから、これらの女性教員は排除すべきである」ということになろう。これこそが、ロンが意識的に行ったことなのである。

　第二に、この調査では大学での学科を学術的な部門に限定している。その結果、家政学、体育、音楽、美術、農業、そして教育という部門を、ロンのことばを引用するならば、「厳しく排除した。これらの部門が重要ではないとか科学ではないということではなく、学術的部門についての事実を浮き彫りにしたいと願ったからである」と。本章前出のアメリカ大学教授連合の調査でも明らかなように、家政学、体育、音楽は、多くの女性大学教員が

進出している学問部門であり、特に、この時代の新興の"女性による学問"であった家政学は、ほぼ100％、女性教員で占められていた。ロンはこれを、学術的ではないという理由ですべて排除したのである。その反面、ロンはまた、もともと"男性化した"学問部門(鉱山学、エンジニアリング、獣医学、薬学、法学、歯学など)についてもこれを排除する。こうして残った学術的な部門とは、結局のところ、伝統的にアメリカ合衆国の大学のなかで正統的とされた学問分野であり、大学組織的にはリベラル・アーツの学科として組織されていたもののみを対象にしたということになる。この理由は、先に瞥見したロンの女性大学人としての、さらには正統的な歴史家としてのキャリアが雄弁に物語っていると言えよう[26]。

　こうして、調査対象大学の全教員数は 7,400 名、このうち女性教員は 677 名 (約 9％) であった[27] (以下、本調査からの引用は頁数をカッコ内に示す)。

(2) 調査項目と結果

　この調査は学科長に対する意識調査であり、全部で 14 項目を訊いている。以下の**表 1–4** はその単純集計の結果である (6 頁、無回答があるため、回答総数はすべての設問項目で同一ではない)

表1–4　女性教員についての学科長の意見

1. 学科の昇進制度は、男性と女性とに同じように運用されているか。
　はい、68; いいえ、6.
2. 男女候補者に甲乙つけがたい場合、女性よりも男性候補者が優先されるか。
　はい、60; いいえ、27.
3. 女性の方が素養も人格も優秀であった場合にも、男性が優先されるか。
　はい、27; いいえ、47.
4. 男性教員は教授陣に女性を入れない方がよいと思っているか。
　はい、46; いいえ、45.
5. 教授能力という点で、女性教員も男性教員と同じであると思うか。
　はい、55; いいえ、32.
6. 学生をより勉強させるという点で、女性教員も男性教員と同じ力があると思うか。
　はい、29; いいえ、34.
7. 男性学生は女性教員より男性教員を好んでいるか。
　はい、65; いいえ、15.

8. 女性教員も男性教員と同等に、上級クラスを教える機会をあたえられているか。
　　はい、41; いいえ、25.
9. 平均すると、労働時間が長いのはどちらか。
　　同じ 59　男性 5
10. 女性は男性と同等に学内委員会の委員に任命されているのか。
　　はい、53; いいえ、17.
11. 学内委員会では同様によい仕事をしているか。
　　はい、43; いいえ、13.
12. 学問的生産性という点で、女性教員は男性教員と比べ遜色がないか。
　　はい、15; いいえ、55.
13. 大学生活や大学の発展といった大きい問題に対して、女性教員は男性教員と同様に積
　　極的な関心をもっているか。
　　はい、40; いいえ、30.
14. 女性教員は現代の社会的・市民的・経済的問題に対して、男性教員と同様に発言をし
　　ているか。
　　はい、40; いいえ、44.

　この結果は、当時、大学への就職や昇進にあたって、女性を排除しようと
するきわめて露骨な政策が当然のようにおこなわれていることを明らかにし
ている——たとえば、昇進制度は、形式的には男性と女性とに同じように運
用されているのであるが、実際には、多くの場合、男性に有利に運用される
ようにできている——だけでなく、それを公然と語ること自体も許容されて
いたことを明らかにした。しかしながら、調査をしたロンにとっては、この
問題は想定内のことであったようである。調査があぶり出そうとしたのは、
むしろ、「なぜ、そうなのか」という点であった。この点で、本調査は、そ
れぞれの項目に寄せられた自由記述も丹念に分析している。

　たとえば、調査項目1から3の雇用や昇進については、「自身の学科内で
はなく、また、教授より下の職階であるならば、女性教員も可」「少数ならば、
女性も大学全体に資するところが多い」といった意見があったことから、「大
多数の男性にとって、少なくとも建前上は、その数が限られ、かつ、職階が
下であれば、女性を嫌っているわけではない」としている。また、調査項目
4から7の授業者としての資質や力量に関する設問では、「教育という仕事
が女性の仕事だと、みなされたくないから」という理由が挙げられている(7
頁)。

　本調査を企画したロンは、男性大学教員の「伝統・慣習・偏見」への固執を指摘すると同時に、このような「伝統・慣習・偏見」を支える議論を分析している。その中で特に彼女が注目するのが、「結婚という永遠の問題、そしてこれにともなって言われる、（女性には――引用者注）プロとしての真剣さが欠如しているという議論」であった。すなわち、学科長からの回答として、「男性ならば、結婚して辞めてしまい（結果として煩雑な人事をおこなわねばならないために――引用者注）私を窮地に陥れるというようなことはない」という意見、さらにはもっと露骨に、「通常、若い人ならば男女を問わず、やがては結婚する。そうなれば、男性はもっと懸命に働くよう期待される。女性は仕事を辞めることが期待されている。ここが重要な点で、この態度が、仕事の初めの頃にも影響するのである」など。これらは前出の「女性Ph.D.学位取得者調査」が明らかにした、家庭と仕事という女性の二重の役割とその間の葛藤が引き起こす問題である。

　ロンが注目するもう一つの点は――そして彼女自身、一定程度という条件付で、事実として認めているのであるが――調査項目12・13・14に関連した、女性の学問的生産性と社会問題への関与である。「男性は専門職としての真剣さという点でよりひたむきであり、教職をライフワークとすることをより強く願っており、学問研究へのかかわりもより精力的である」という回答が、また、「男性と比べ、大学というキャリアのために高い代償を喜んで払おうとする女性はまれであり、研究に没頭しようという女性もまれである」（7頁）という言明が引用されている。

　以上のロンの分析を読むと、それはどうしても、彼女が辿った、女性大学教員としての自身のキャリア・パス――ただし、彼女は一度も結婚していない――の中で彼女が痛感した問題と重なってしまうように筆者には思えるのである。「学問的生産性という点で、女性教員は男性教員と比べ遜色がないか」という問いかけに対して、恐らくロンほど、身をもってイエスと答えた女性大学教員はいなかったであろう。ロンはまた、実にさまざまな「現代の社会的・市民的・経済的問題に対して」、果敢とも言えるほど発言をしている。女性だけあるいは女性が多数派のグループの中に身をおくのではなく、男性と伍

して女性大学人としてのキャリアを積み重ねていくことこそ、喫緊の課題である——このことは、本調査の総括としてロンが執筆した以下の「対応策と提言」にきわめて具体的にまとめられている。

(3) 対応策と提言

　本調査は、女性大学人たちを多数糾合したアメリカ女性大学人協会をバックにしたものであったわけであり、この調査の結果を受けて、組織としての対応策の模索とそのための提言をおこなっている。それらは多岐にわたっているが、主要な点は、おおよそ、以下の三つにまとめることができよう（10-11頁）。これらの提言のある部分（特に②）は明らかに、ロン自身が女性大学教員のキャリアを積む中で痛感した課題であったに違いなかろう。

①大学院で教育を受け博士号を取得した女性の数の増加。これは、一方で、将来的には大学教員職が Ph.D. という上級学位をますます要求するようになっていくであろうし、他方で、女性 Ph.D. 学位取得者数が絶対的に少ない現状では、この数を増やす努力をすべきである。そのためには、Ph.D. 学位取得候補者が現れるのを待っていては遅すぎるのであり、たとえば、中等学校レベルで教えている才能ある女性を発見し、これを将来の女性大学教員候補として育て激励してゆくことが必要である。

②女性大学教員が研究者として第一級の価値ある研究を生み出すこと。これまで女性たちが社会事業や慈善事業において優れた業績を上げてきたことは十分評価するものの、この方面にエネルギーを注ぎすぎるのは禁物である。「仕事のための仕事を——優れた学問研究のための学問研究を（for the work's sake–for good scholarship's sake）」を目指すべきである。

③アメリカ女性大学人協会は、女性大学教員増加のための一時的なキャンペーンではなく、着実な調査・研究によるデータの収集と分析をおこなう必要がある。また、このような組織としての研究活動の成果を、他の大学人の関連団体との協力のもとで、積極的に普及させてゆくことも考えるべきである。さらには、女性大学教員によって生み出された優れ

た研究の公表を支援する研究出版助成策も検討されるべきである。ちなみに、同協会が 1932 年に全米教育研究学会 (National Society for the Study of Education) との提携のもと、リベラル・アーツ教育改革についての調査報告[28] を出版したことは、本提言実現の一つであったが、いずれも対処療法ではなく、長期の展望に立った正統的な改革であった。

6. おわりに

以上、本章が取り上げた、1920 年代におこなわれた複数の調査を合わせ読むことで明らかになった、女性大学教員についていくつかの論点をまとめておきたい。

まず、1920 年代という時代は、高等教育の拡大期であり、それは当然、女性の学生や教員の拡大期でもあった。女性 Ph.D. 取得者は特に急速に増大した。このことは、1905-1914 年間の取得者が 278 名であったのが、1915-1924 年間の取得者は 602 名であったことからも、より新しい世代の女性たちが、続々と大学院の教育を志していったことを意味している。これらの女性 Ph.D. 取得者には、すでに明確に大学教員への就任あるいは昇任のための資格として Ph.D. 学位を位置づける趨勢が認められる。にもかかわらず、婚姻状況という点では、これらの人々は、当時の女性人口一般における婚姻状況とは大幅に異なり、むしろ、「女性の大学卒第一世代」(1870 年代から 80 年代にかけて大学教育を経験した世代) の人々と共通する属性を持っている女性たちが多かった。このことは敢えて言うまでもなく、女性大学人にとって、家庭と仕事の両立が困難であったことを意味している。

以上のような増加と拡大の趨勢が認められるものの、それは、女性の大学教員の高等教育のメインストリームからの排除あるいはマージナル化をも伴っていた。すなわち、特定のタイプの大学 (女性カレッジ、教員養成大学) へ女性教員が集中し、男性大学はむろんのこと、共学大学への女性の参入は著しく制限されていただけでなく、下位の職階への女性教員が集中することに

なった。これは、かつてグレアムが定式化した、女性の高等教育をめぐる
「拡大と排除」の過程を裏付けるものであった[29]。すなわち、女性の高等教
育は「拡大と排除」が同時進行していく過程として見ることができるのであ
る。たとえばこの時代、ワシントン大学では、第一次大戦終了後の学生数増
加とインフレ、これに追いつかぬ資金調達によって、不安定で低賃金の新職
階 Associate（最下位の職階・任期制・他職階への昇進なし）を設置している。結果
として、女性教員 1,400 名の実に半分以上がこの職階に"隔離"されている[30]。

　次に、女性教員が就職した大学においては、とりわけ、共学制大学におい
ては、「伝統・慣習・偏見」にもとづいた、女性の教員への偏った評価やそ
れにもとづく差別——とりわけ、採用や昇任の機会に関する差別——が、質
問紙調査への回答の際になかば公然と語られていた。それはむしろ、差別が
おこなわれていたというよりも、それがさしたる差別とは認識されていな
かったことを意味しており、問題はより深刻であった。女性の教員への偏っ
た評価は、女性の教員としての教育の能力や研究の力量という、大学教員と
しての評価の根幹にかかわる領域で認められるが、これらを支えたのが、結
婚と家庭を持つことへのダブル・スタンダードと 男性の基準を女性にあて
はめる思考法であった。

　1920 年代は、女性大学教員職の拡大にとっては、二つの潮流が交叉する
時代であった。すなわち一方では、第一次大戦中という緊急事態が女性教員
の雇用を促し、多くの大学で女性たちが教員として雇用されるに至った。こ
の趨勢は、戦後の教員不足——とりわけ、大学外のもっと報酬のある職と競
合して男性を確保することが困難であったこと——によって、継続されるこ
とになった。さらに、教育・音楽・家政学・公衆衛生といった"女性的"学
科が急速に拡大していき、これもまた、女性教員の雇用を促進することになっ
た[31]。他方で、大多数の女性大学人たちをそこに糾合してきた女性参政権獲
得運動が終熄し、多くの人々を牽引してきた女性の地位をめぐる社会改革へ
の志向性は消失していった。ジェンダーに関する諸問題を思考し、これに大
きな変革をもたらすはずの第一歩であった女性参政権の獲得は、それ自体が、
両性の平等の達成であるかのように捉えられてしまった[32]。このような中で、

女性大学教員たちは、真正の平等を求める模索をおこなってゆくことになるのである。

注

1　William R. Harper. "Addresses of Welcome." *Publications of the Association of Collegiate Alumnae* Series III, (February, 1900), 3-4.

2　Barbara Miller Solomon. *In the Company of Educated Women* (Yale University Press, 1985), 58-59.

3　Patricia Albjerg Graham. "Expansion and Exclusion: A History of Women in American Higher Education," *Signs*, Vol. 3, No. 4, 759-773. および Susan Boslego Carter. "Academic Women Revisited: An Empirical Study of Changing Patterns in Women's Employment as College and University Faculty, 1890-1963." Ph.D. Dissertation, Stanford University, 1981.

4　Emilie Josephine Hutchinson. *Women and the Ph. D.: Facts from the Experiences of 1,025 Women Who Have Taken the Degree of Doctor of Philosophy since 1877.* Institute of Women's Professional Relations. Bulletin no.2. (North Carolina College for Women, 1930).

5　筆者の知る限り、ハッチンソンのこの調査を参照している近年の研究は、Mary Ann Dzuback. "Women and Social Research at Bryn Mawr College, 1915-40." *History of Education Quarterly* 33 (4), (Winter, 1993), 579-608. のみである。Gillian Elliott Smith. "The Woman Doctorate, Her Doctoral Study, and Postdoctoral Career Development." Ph.D. Dissertation, Iowa State University, 1983. は同じ質問項目を使用して 1980 年代の実態を明らかにしようとした。

6　Ella Lonn. "Academic Status of Women on University Faculties." *Journal of American Association of Universality Women* XVII, No.1, (January 1924).

7　Marion Talbot and Lois Kimball Mathews Rosenberry. *The History of the American Association of University Women 1881-1931* (Houghton Mifflin, 1931), 202.

8　"Lifestyles and Social Trends: Important Events of the 1920s" *American Decades* Ed. Vincent Tompkins. Vol. 3: 1920-1929. (Gale, 2001).

9　William Allan Neilson. "Overcrowding in Women's Colleges'." *Nation* (May 13, 1925), 539-540.

10　David O. Levine. *American College and the Culture of Aspiration 1915-1940.* (Cornell University Press, 1986), 39.

11　US. Bureau of the Census. *Bicentennial Edition: Historical Statistics of the United States, Colonial Times to 1970 Edition,* Part 1, (Washington, D.C., 1975), 383. 女性教員数を記すと、1890 年が 3,105 人（ただし推計値）、1920 年が 12,808 人である。

12　アメリカ女性大学人協会の 20 世紀初頭の活動の一端については、坂本、「20世紀初頭のアメリカ合衆国における女性高等教育」、坂本、『アメリカ教育史の中の女性たち』(東信堂、2002 年)、205-248 頁を参照。

13　Carter, "Academic Women Revisited," 13-16.

14　Sister Mary Mariella Bowler. *A History of Catholic Colleges for Women in the United States of America* (The Catholic University of America, 1933). を参照。

15　A. Caswell Ellis. "Preliminary Report of Committee W. on the Status of Women in College and University Faculties." *AAUP Bulletin* VII, No.6, (Oct., 1921), 21-32. Alexander Caswell Ellis については、A Guide to the Alexander Caswell Ellis Papers, 1893-1960. Dolph Briscoe Center for American History, The University of Texas at Austin. https://legacy.lib.utexas.edu/taro/utcah/03238/cah-03238.html を参照。エリスの Committee W. への関与の理由の詳細は不明であるが、恐らくは、彼が熱心な女性参政権論者であったことが関係しているのであろう。

16　A. Caswell Ellis. "Preliminary Report of Committee W. on the Status of Women in College and University Faculties." *AAUP Bulletin* VII, No.6, (Oct., 1921), pp. 23-24.

17　政治家としてのウッドハウスについては、Suzanne O' Dea Schenken," Woodhouse, Chase Going," *From Suffrage to the Senate : An Encyclopedia of American Women in Politics.* ABC-CLIO, 1999, 719-720. を参照。

18　National Center for Education Statistics. *120 Years of American Education: A Statistical Portrait* (January 1993), 75. 実数は、1909-10 年度 399/44 (男性 / 女性, 以下同じ)、1919-20 年度 522/93、1929-30 年度 1,946/353、1939-40 年度 2,861/429 であった。

19　Solomon, *In the Company of Educated Women*, 44.

20　たとえば ,Mary Van Kleeck. "A Census of College Women." *Journal of the Association of Collegiate Alumnae* 11 (9), May 1918, 557-590.

21　高学歴者に未婚者が多いという事実は、すでに世紀転換期から問題にされてきたところであったが、1902 年におこなわれた、「故意に結婚を避けて子どもを持つことを嫌う (中略) 男性および女性は、人種への罪を犯している」とするローズヴェルトの主張と「人種自滅 ("race suicide")」という用語は、その後、広範囲に流布されることになり、社会問題視されるようになった。*Presidential Addresses and State Papers of Theodore Roosevelt. Part Two, With Portrait Frontispiece.* (F. Collier & Son, 1905), 508-10. それはとりわけ、産児制限とその支持者たち、ひいては、出産率が低いとされた大学卒女性たちに向けられるようになったのである (Patricia Palmieri, "From Republican Motherhood to Race Suicide: Arguments on the Higher Education of Women in the United States," in *Educating Men and Women Together: Coeducation in a Changing World* Edited by Carol Lasser, (Urbana and Chicago, University of Illinois Press, 1987), 57-58.)。

22　Hutchinson. *Women and the Ph. D.*, 57. ただし、このような Ph.D. 学位取得の効果を必ずしも支持しない研究もある。Marion O. Hawthorne. "Women as College Teachers." *Annals of the American Academy of Political and Social Science*, Vol. 143,（May 1929）, 146-153.

23　ロンについてのもっとも詳細な研究は、LaWanda Cox. "Ella Lonn," *Southern Studies*, 20（2）,（Summer 1981）, 102-110. である。本論文での記述も、このコックスの研究に多くを負っている。コックスは晩年のロンと親交があった研究者であるが、当人の性格や気質をも知ったうえで、ロンが長く務めたガウチャ・カレッジのアーカイブズで史料を調査した上で書かれたこの論文は、さすがによい記録となっている。なお、本文でも言及したが、ロンは、専門の南部史だけでなく、当時のさまざまな「社会的・市民的・経済的問題」に対しても、特に、本調査がおこなわれた以降の時代、活発に発言をおこなっている。たとえば、女性参政権が認められた直後に刊行されたメリーランド州の公民科の副読本である Ella Lonn. *The Government of Maryland*（Baltimore, Maryland League of Women Voters, 1921）では、第 1 章を Woman's Share in Politics. に充てている。

24　*Fargo College Bulletin*, 3（2）, August 1912, 6.

25　*Dictionary of American Biography Index Volumes 1-20*,（Charles Scribner's Sons, 1937）.

26　筆者が別の機会に明らかにしたように、アメリカ女性大学人協会は一貫して、リベラル・アーツこそが大学教育の代名詞であると考え、その会員大学を認定するにあたっても、リベラル・アーツ以外の学位を認めようとしなかった。注 12 の坂本の論文を参照。

27　Lonn, "Academic Status of Women University Faculties," 5-11.

28　Guy Montrose Whipple and Kathryn McHale.（Eds）. *Changes and Experiments in Liberal-Arts*. NSSE Yearbook, Volume 31 Issue 2.（NSSE, 1932）.

29　Graham. "Expansion and Exclusion," 761-762.

30　Margaret A. Hall. "A History of Women Faculty at the University of Washington, 1896-1970." Ph.D. Dissertation, University of Washington, 1984, 3.

31　これらの指摘は、本章でも引用したアメリカ大学教授連合の調査（表 1-2）でも指摘されている。Caswell A. Ellis. "Preliminary Report of Committee W. on the Status of Women in College and University Faculties." *AAUP Bulletin* 2（6）, 25.

32　Nancy Woloch. *Women and the American Experience*（Knopf, 1984）, 356-357.

第2章　大学の認証評価はどのように　　　定義されていったのか
──アメリカ教育審議会（ACE）と大学認証評価

1．はじめに

　1922年4月のことである。アメリカ教育審議会（American Council on Education, ACE）の理事長のケイプン（Samuel P. Capen, 1878-1956）は、シュトゥットガルトからの書簡を受け取った。同書簡によれば、同地のローメンなる人物が、ワシントンD.C.の大学から政治学博士（Doctor Rerum Politicarum）の学位を授与されたのであるが、この人物は、「大学（ホッホシューレ）に行ったこともなければ、未だかつてアメリカを見たこともない」はずである。いったい、どのような経緯でこの学位が授与されたのか、至急知らせてほしいとのことであった[1]。

　ケイプンはただちに調査をし、その結果を送っている。問題の学位は、当地にあるオリエンタル大学が授与したもので、この大学はディプロマ・ミル、すなわち偽学位製造所として、こちらの大学関係者では知らない者がいないほど悪名高い存在である。したがって、ミスター・ローメンが授与された学位はアメリカではまったく無価値である。「オリエンタル大学のような機関がどうして存在し、その活動を続けていられるのか、貴殿には理解しがたいことと思います。ヨーロッパの国ではどこでも、このような機関の存在はありえません。しかしながら、アメリカ合衆国では、政府による大学の監督というものがまったくないのです」。アメリカ合衆国では、まともな人や団体は、このようなディプロマ・ミルをもはやまったく信用しないから、ダメージは軽微である。しかし、これらのディプロマ・ミルの海外進出となると、その害は大きくなる。アメリカ合衆国の大学教育一般に疑いを生じさせ、アメリ

カの大学教育そのものの評判が損なわれるからである。つい最近、オリエン
タル大学への告発が初めて行われ、同時に、その設立認可状を無効にするた
めの手続きがおこなわれているところである[2]。

　ケイプンがこの書簡をしたためていたのは、第一次大戦が終了し、アメリ
カ合衆国の大学キャンパスには、出征し、あるいは後方支援業務に従事して
いた教職員・学生が戻ってきた後、今度は、未だかつてなかった規模の新入
生が、州立大学、私立大学を問わず殺到した時代であった。前章で確認した
ように、一見すると戦争とは無関係のような女性カレッジもまた、超満員の
状態に陥っていた[3]。通常私たちが知っているようなマス高等教育は1960年
代以降の事象であるが、1920年代は、アメリカ合衆国史上最初の、大学教
育の拡張期であったのである。それは、戦後のアメリカ合衆国に訪れた空前
の好景気によって支えられるものであった。

　以上のような大学教育の量的拡大は、その質的保証のために不可欠な、認
証評価という理念と制度を生み出した。すなわち、ケイプンも述べているよ
うに、「政府による大学の監督というものがまったくない」状態では、これ
に替わる、高等教育の質保証の仕組みがない限り、ディプロマ・ミルが跋扈
することになり、それは事情を知らない善意の第三者に重大な被害を及ぼす
ことになる。

　ディプロマ・ミル跋扈は架空の話ではなく、この時代、ケイプンは、文字
どおり、あとからあとから現れるディプロマ・ミル問題への対処を迫られて
いた

　上記の問題が起こる少し前の1921年7月、コロンビア大学バーナード・
カレッジの学科長であったギルダースリーブ（Virginia Crocheron Gildersleeve,
1877-1965）のもとに、センテニアル・ステート大学から書状が届けられた。「本
学理事会は貴殿の学識ならびに功績を認め、満場一致で、貴殿に名誉法学博
士の学位を授与することを票決いたしました」で始まるこの書状には、名誉
学位授与の条件として、「コロラド州からの本大学設立認可状には、すべて
の卒業生および学位取得者に、最低25ドルの学位取得料を課すことが定め
られております。よって、学位記の費用をまかなうための最低限の学位取得

料の送金をお願いいたします」とあり、「現時点では、学位授与式典は予定されておりません」ので「本学位を受け取るために出席される必要はありません」と書かれていた[4]。

　先のヨーロッパからの通信者とは異なり、バーナード・カレッジの中興の祖であり、自身もすぐれた英文学者でもあったギルダースリーブは、当時のアメリカ合衆国の高等教育界の事情を知悉していた。彼女はただちに、この書簡をケイプンに送り、「この書状にあるような法学博士学位の露骨な販売」を中止させるべくアメリカ教育審議会に善処を求めた[5]。これに対してケイプンの返書は、対策としては、①全米的立法、②州レベルでの関係法規の改善、③責任ある教育関係機関による偽大学の調査と報告書の公刊、の三つが考えられるが、アメリカ教育審議会としてはこのうちの③について、訴訟も含めて検討したいとした上で、「合衆国では、大学を名乗る者を起訴することがありえること自体が、われわれにとって、とりわけ海外では、重大な損失となっております。これに終止符を打つ諸対策がただちにとられるべきです」[6]と書簡を結んでいる。

　アメリカ合衆国教育史における認証評価は、19世紀末から元来は中等教育（ハイスクール）の領域で始まり、教育階梯の上方へ拡張されていく。本章が対象とする1920年代は、認証評価についてのさまざまな理念と制度が混在していたカオス的な状況から、今日、私たちが知るような認証評価の理念と制度が析出されてくる時代であり、同時にそれは、認証評価を通じた大学教育ヒエラルキーが形成されていく時代でもあった。そして、以下で筆者が詳細に実証するように、全米的な大学教育の認証評価という趨勢に決定的な役割を果たしたのがアメリカ教育審議会であったのである。

2．本章における問題の所在

　大学認証評価は、アメリカ合衆国で始まった大学教育の質保証のための制度である。前節で確認したように、19世紀末に萌芽を見るこの制度は、本章が対象とする1920年代にその形を整えていった。すなわち、1920年代は、

「認証評価とは何か、その定義があたえられていく」時代であった。

　従来、この大学認証評価の成立過程の研究は、地域的あるいは全米的なボランタリーな非政府団体の活動を中心にしたものであった。実際、認証評価史研究の古典であるハークルロードのモノグラフから、ストゥープスとパーソンズの教育百科事典への解説に至るまで、そこに登場するのは、各種認証評価団体であった[7]。

　アメリカ合衆国における大学認証評価は、地域的あるいは全米的なボランタリーな非政府団体の活動で維持されていることは疑いがないことであり、この意味で、しばしば、中央政府が一国の大学教育の質保証をおこなっていく「ヨーロッパ方式」と対照的に理解される。この理解はむろん、間違いではないが、本章での筆者のそもそもの問題意識は、もしも認証評価が全米的な制度として機能するのであれば、さまざまな非政府団体がボランタリーにおこなっていた認証評価活動は、いかにして、全米的な統一的基準を獲得しえたのか、というものである。換言すれば、ここで言う全米的な「基準」を決めたのはいったい誰であったのか、というものである。本章で筆者が着目したのは、これらの個別の認証評価団体ではなく、アメリカ教育審議会である。この団体は、もともと、第一次大戦中、高等教育機関への財政的配分問題に端を発して発足したものであったが、1920 年代になると、多くのボランタリーな非政府団体を傘下におさめる一大団体として機能するようになった。それは、高等教育関係諸団体のたんなる情報交換サロンであったのではなく、アメリカ的高等教育という巨大なシステムの形成、すなわち、一大高等教育ヒエラルキーの構築という作業のための不可欠な機関となったのである。本章との関係で言えば、当時存在したさまざまな非政府団体が採用する「基準」の大元の「原基準」ともいうべき「全米的カレッジ基準」を創りあげるのに決定的な力を発揮したのである。

　アメリカ教育審議会と認証評価の関係を指摘した研究は、管見の限り、ホーキンズが最初である[8]。ただし、アメリカ教育審議会が本格的にアメリカ合衆国界にその影響力を発揮するのは 1930 年代のことであり、ホーキンズもまた、これに多くの紙幅を費やしている。本章では、アメリカ教育審議会が

1920 年代におこなった、認証評価に関する事業のうち、いわば表の事業と
裏の事業の二つを取り上げ、分析していく。これらはいずれも、アメリカ教
育審議会が公刊した出版物に中にはもちろん、これまでの先行研究でもまっ
たく言及されなかったものであるが、上記のように、この時代に、今日、私
たちが知るような認証評価のコンセプトと制度が成立していく過程を理解す
るためには不可欠な作業であると考えるからである。

　以上のような基本的な問題意識を踏まえた上で、本章は以下の構成をとっ
ている。

　まず、アメリカ教育審議会が大学認証評価事業に乗り出していくまでに、
当時存在した、大学の定義をめぐる問題、とりわけ、中等教育と高等教育の
アーティキューションという観点からみたこの問題解決のために導入された、
「教育の基　準化」という理念とそれを実現しようとした制度が、初期の大学
認証評価事業にどのような影響をあたえたのかを確認する。

　地域認証評価諸団体を含めて、高等教育諸団体の代表が一堂に会する機会
を提供し、認証評価理念と制度の議論のための共通のプラットフォームを提
供することから始まったアメリカ教育審議会の事業は、審議会みずからが直
接、個々の認証評価作業そのものにかかわることなく、全米的な認証評価過
程に絶大な影響力を及ぼすようになる。すなわち、「全米的カレッジ基準」
の策定であった。ではどうして、これが可能になったのか。本章では、次に
この問題を見てゆく。

　アメリカ教育審議会は他方では、「全米的カレッジ基準」を足元から掘り
崩す存在、すなわちディプロマ・ミルの廃絶運動に深く関与していった。そ
こにおいて、アメリカ教育審議会は何を非大学教育として退けたのであろう
か。本章の最後では、この問題について、一事例を検討することで考察して
ゆく。

3．全米的認証評価の展開

(1)「大学評価」へのさまざまな試み

　19世紀末から各地域で続けられてきた、中等学校と大学・カレッジ双方に対する認証評価の活動は、20世紀になり、大きな転機を迎えることになった。すなわち、もはや地域ではなく、全米的な規模での認証評価活動の始動であった。

　1900年、ハーバード、コロンビア、ジョンズ・ホプキンズなど、Ph.D. 学位をもっとも多く授与していた諸大学が結成した、アメリカ大学協会（Association of American Universities, AAU）は、大学・カレッジの認証評価の歴史を画するものであった[9]。アメリカ大学協会がもっとも関心を払ったのはアメリカ合衆国の Ph.D. 学位の国際通用性であった 。しかしながらその企ては、「大学とはどのような教育機関なのか」を定義することなしにはありえない。同協会は、1913年11月の年次大会で、ある大学の卒業生が大学院に進学した際に、最終的な学位取得までにどの程度の期間を要するのかという観点から、A、B、Cの三つのグループに分け、これを区分せずに並べたアメリカ大学協会の「認定大学リスト」を発表した[10]。以降、アメリカ大学協会による認証評価はもっとも権威あるものとして、全米の大学に受け入れられていくと同時に、同じように全米的な団体が、それぞれが独自の基準で認証評価を開始していく。

　一方、連邦教育局も、大学の教育を評価するという問題に早くから多大の関心を持っていた。連邦教育局は、元来、全米的な教育情報の収集と普及を主要な任務としていたが、たとえば全米の大学数（あるいは学生数・教員数等）を把握するという場合をとっても、その作業は、「大学とは何か」が明確でない限り、不可能であったからである。連邦教育局は、その1886-87年度の『教育長報告』で初めて、全米の女性カレッジを「A区分」（真正の女性カレッジ）と「B区分」（セミナリーやアカデミーなど中等教育なみの女性"カレッジ"）に分けて掲載するという方針を採用した[11]。この二区分制がうち切られた1910年、教育局は高等教育専門官というポストを創設、前アリゾナ大学学長であった

バブコック (Kendric Charles Babcock, 1864-1932) をこれに任命した。その任務とは、女性カレッジだけでなく合衆国のすべての大学を対象にした分類をおこなうというものであったのである。それはアメリカ合衆国の 950 余大学のうち 344 大学を対象に、クラス I、II*、II、III、IV の五つに分類したものであった。このクラス分けは、先に見た、アメリカ大学協会のそれをさらに一歩押し進めたものと言ってよく、事実、クラス I の分類基準が「当該大学で学士号を取得した学生が、大学院に進学した場合、通常は一年で修士号取得が可能な大学」、クラス II は「卒業生が修士号取得まで、通常、一年以上かかる大学」──クラス II* は、クラス II の中でもきわめてクラス I に近い大学──であることから明らかなように、大学院へ進学した卒業生のアチーブメントで大学を分類しようというものであった。この分類作業は極秘に進められたものの、作業完了直前に、暫定的にクラス分けしたリストがジャーナリズムの世界に漏洩することになり、新聞報道を見た全米各地の大学から連邦教育局に激しい抗議が殺到し、バブコックのリストは公式発表を妨げられることになった[12]。この事件に懲りた教育局は、以降、少なくとも公式には、みずからが大学を評価するという試みから手を引くことになったのである。それでも教育局は認証評価には多大な関心を寄せ、「認証評価を受けた高等教育機関」リストを何度も出版している[13]。すなわち、1917 年を皮切りに、連邦教育局は 1920 年代末までに、*Accredited Higher Institutions* と題された教育局 *Bulletin* を全部で 5 回も出版しているが、どの広報にも必ず、「連邦教育局あるいは連邦政府が、大学・カレッジの分類や認証評価をおこなうものではありません」云々という注意書きがゴシック文字で印刷されている。この広報の内容は、前出のアメリカ大学協会や地域諸認証評価団体がそれぞれ公表したリストを集約したものにすぎず、それは、全米統一の基準でアメリカすべての大学・カレッジを分類しようと考えていた者たちにとっては、いかにも不満が残るものであったであろう。そして、この、連邦教育局の高等教育専門官として働いた者たち──バブコック (初代高等教育専門官、1910-1913) を皮切りとして、ケイプン (第 2 代、1914-1919)、そして、ズーク (George Frederick Zook, 1885-1951。連邦教育局の高等教育専門官としては第 3 代、1920-1925)──こそ、全

米的認証評価事業のキーパーソンたちであり、彼らはまた、アメリカ教育審議会を舞台として、全米的認証評価事業の創設に辣腕を振るうことになるのである[14]。

(2) カーネギー単位（ユニット）と認証評価

　中等教育、大学教育の基準化（スタンダード）という問題に大きな影響をあたえたもう一つの勢力が、20世紀初頭から設立が開始されたフィランソロフィー団体であった。中でも、1905年に設立されたカーネギー教育振興財団（Carnegie Foundation for the Advancement of Teaching）は、それらの草分けであった。同財団の最初の事業は、退職大学教員へ年金を支給することであった。年金制度が未発達であった当時、この事業は、多大な注目を集めた。アンドリュー・カーネギーの自伝に拠れば、彼がこの制度を発案したのは、東部地域のある大学の理事に就任した際の体験によるものという。その大学の教員給与があまりにも安いことを知り、加えて、年金がないために、教員は高齢になっても大学を辞めることができずに、安い給与で働き続けねばならないことが、大学教育の質を低下させる恐れがあること、などを知ったカーネギーが発案した制度であったという[15]。カーネギー年金の発足によって、大学教員であれば掛け金をいっさい払うことなしに、退職時から生涯年金を受給できる（本人が死去した際には、その配偶者に対して生涯年金が支払われる）ことになったのである。しかしながら、このためには、当該大学が、財団が定める基準、すなわち、「カーネギーの大学基準」を満たしていることが必要条件であった。すなわち財団は、当時、数多く存在した「自称大学」「弱小大学」と真正の大学を峻別し、後者のみに財政援助をあたえようとしたのである。

　「カーネギーの大学基準」の最初の条項は、当該大学が「少なくとも6人のフルタイムの教授を持ち、リベラル・アーツ・アンド・サイエンスの全4年の教育課程をもち、通常の4年のハイスクール、アカデミーの準備教育あるいはこれに匹敵するものを入学要件としていること」であった。そして、入学要件として示された「全4年のハイスクール、アカデミーの準備教育」の具体的な中身について、同財団は「単位（ユニット）」という概念を導入した。ここでは、

ハイスクール、アカデミーなどの中等教育学校で、学生は、1 回につき 40 分 -60 分の授業を 1 週間に 4-5 回、年間で 36-40 週受けるものと想定されている。ある科目を 1 年間に 120 時間学習した場合に 1 単位（ユニット）があたえられる。単位（ユニット）は、実際に必要とされる授業時間の総計にもとづいて計算されるのであり、授業の準備に必要とされる家庭学習の時間は計算されない。高校での 4 年間の教育課程は最低で 14 単位なければならないのであり、これを上記の計算法で算出したのである[16]。

　カーネギー単位（ユニット）の公表は、その後のアメリカ合衆国の中等教育、大学教育の双方に決定的な影響をあたえた。それは、中等・高等教育間の接続関係を改善し、ひいてはアメリカ合衆国全体の教育制度に統一をもたらす、アメリカ的教育制度の構築のために、教育内容の基準化（スタンダード）を提唱してきた人々が築いてきた成果の総決算とも言うべきものであった[17]。すなわち単位制という考え方によって、学校での学習が全米的に基準化（スタンダード）されることになったのである。「学習の成果を時間によって基準化（スタンダード）する」という発想そのものはカーネギー単位（ユニット）以前にも存在したが、カーネギー教育振興財団はこれを大学教員への年金支給プログラムに組み込んだために、きわめて短期間に多数の大学によって採用されることになり、同時に中等教育学校の側の卒業要件として採用され、中等・高等双方の教育を規制することになった。

4．全米的カレッジ基準（スタンダード）実現に向けて

(1) カレッジおよび中等学校の基準（スタンダード）に関する全国会議委員会の創設

　以上のような諸団体の認証評価作業の動向に対して、1906 年に結成された、「カレッジおよび中等学校の基準（スタンダード）に関する全国会議委員会（National Conference Committee on Standards of Colleges and Secondary Schools. 以下、全国会議委員会と略記）」は、これを俯瞰し、全米的カレッジ基準（スタンダード）を検討しようとした最初の団体であった。この団体は、その前年、全米州立大学協会（National Association of State Universities）の年次大会で発議されたものであり、地域認証評価三団体——ニューイングランド協会、南部諸州協会に加えて、ミドルステート・カレッジ・

学校協会——に、ニューイングランド・カレッジ入学認定協会 (New England College Entrance Certificate Board)、カレッジ入学試験協会 (College Entrance Examination Board)、カーネギー教育振興財団、および連邦教育長 (職権によるメンバー) を加え、これを全米州立大学協会の代表が会長となって統率するという組織であった。

　全国会議委員会はその憲章に「本委員会の目指すところは、入学の基準（スタンダード）、大学・カレッジ・中等学校に共通の関心となる諸問題、およびその他参照すべき問題を考察することにある」[18] としたが、その基本的優先関心は、以下に見るように、年次大会の議事録に明瞭に現れている。

　1908 年の年次大会では、前出のカーネギー単位（ユニット）が議題に上がっているが、そこでは実務的な関心以上に、単位（ユニット）の定義そのものを議論の俎上に載せている。1911 年の年次大会でも、同じく学習成果を規定する "hour" "count" "point" "exercise" "period" といった概念定義が取り上げられており[19]、各年度とも全体として、議論が微に入り細を穿っているという印象が強い。言い換えれば、カレッジおよび中等学校の「入学そのほかの基準（スタンダード）を決定する」という以上に「基準（スタンダード）に関して、その基本理念や概念までも議論する」という姿勢を見てとることができるのである。

　この全国会議委員会には、先述のアメリカ大学協会は最初から加盟していない。1909 年の年次大会では、アメリカ大学協会への加盟呼び掛けが決議されるが[20]、同協会はこれを受諾しなかった。同じように、アメリカ高等教育界の基幹組織のひとつアメリカ大学教務部長協会 (American Association of Collegiate Registrars) も勧誘したが[21]、これにも加入を断られている。

(2) アメリカ教育審議会による全米的カレッジ基準（スタンダード）の創設

　アメリカ教育審議会はその創設時から、審議会内部に創られた 7 つの委員会の一つとして「学習機会に関する委員会 (Committee on Opportunities for Study)」をもっていたが、1919 年 7 月 21 日の執行委員会で、この委員会の仕事を引き継ぐために、「情報と基準（スタンダード）に関する常設委員会を任命すること。この委員会は、地域的、全国的な基準化（スタンダード）団体と連携を図ることを任務とする」[22] こ

とが決議されている。

　では、アメリカ教育審議会は前述の全国会議委員会をどのように認識していたのか。全国会議委員会の存在は 1920 年 5 月 7 日のアメリカ教育審議会執行委員会で議論になるが、その結果、「カレッジを基準化している諸団体の基準を統一するという仕事を、カレッジおよび中等学校の基準に関する全国会議委員会に引き受けてもらう可能性について、その検討を理事長に一任する」[23] という結論になっている。これを受けて理事長のケイプンは、全国会議委員会をワシントン D.C. に招いて、アメリカ教育審議会と合同で、全米の認証評価諸団体を結集した、カレッジの基準化についての会議を開催する案を全国会議委員会に通知する。そして、全国会議委員会の 1921 年 3 月 10 日の年次大会にみずから出席し、当該案を説明した。年次大会ではかなり長い議論がおこなわれたが、最終的に、アメリカ教育審議会の要請を受諾する[24]。こうして、1921 年 5 月 6-7 日、認証評価システムの構築にかかわる関係者を初めて一堂に集めて開催された大学教育の基準づくりに関するワシントン D.C. 会議は、基準化のための制度模索への始動となったのである[25]。

　このワシントン D.C. 会議の結果、アメリカ教育審議会内のカレッジ基準委員会は、「基準についての統一見解の策定をおこない、二年以内にこれを当該団体で採用できるのかを検討する」[26] という作業を開始した。そこに集結したのは、ニューイングランド協会、ノースセントラル協会、南部諸州協会をはじめとして、当時存在していた 5 つの地域認証評価団体に 2 つの宗教教育協会の各代表、エンジニアリング教育推進協会代表、インディアナ州教育省代表、さらには連邦教育局代表――高等教育専門官のズーク（George Frederick Zook, 1885-1951）――を加えた全部で 10 人の委員会であり、委員長には南部諸州協会の代表であり当時の高等教育界の重鎮、さらに、バンダービルト大学学長のカークランド（James H. Kirkland, 1893-1937）が就任し、これにアメリカ教育審議会のケイプンが事務局長として入り、年内の報告書完成に向けて作業を開始した。

　アメリカ教育審議会カレッジ基準委員会は、本来は全国会議委員会との

共同委員会であったはずであるが、実際にはその力関係において、この時点で全国会議委員会を完全に圧倒していた。事実、アメリカ教育審議会は理事長のケイプンが委員会に入ったのに対して、全国会議委員会からは誰も入っていない。

アメリカ教育審議会内のカレッジ基準（スタンダード）委員会は同年の秋には報告書を提出したが、ここには、1920年代初頭におけるアメリカ合衆国の大学が採用すべき基準（スタンダード）についての基本的な考え方がきわめて明瞭に提示されており、先に見た「カーネギーの大学基準（スタンダード）」を参照しつつも、以降の認証評価の基本的方向性を規定するものであった。

まず、「カレッジとは、非プロフェッショナルの学士号学位を授与するすべての高等教育機関を意味する」と定義した上で、「最小限度の必要条件」として、8つの原則および基準（スタンダード）を勧告した。すなわち、(1) 入学者は、認証評価を受けた中等学校で4年の課程を修了した者であること、(2) 卒業には、最低120セメスターアワー相当の履修を必要とすること、(3) 適切な教員組織を有していること。おおむね、100人の学生に対して最低8人（8学科）のフルタイム教員が必要。教授となる者は、定評ある大学院で最低二年間の教育を受けたものでなければならない。学科長は博士号あるいはこれに相当する学位取得者であることが望ましい。一人の教員が1週16時間以上授業を担当すること、あるいは講義科目は除き30人以上のクラスをつくることは教育的効率性を危うくするものとみなすべきである、(4) 年間5万ドル以上の収入が必要。うち、2万5千ドルは学生納付金とは別の安定した収入源——大学基本財産が望ましい——から得るものでなければならない、(5) 相応の土地建物等の施設をもち、それらを効率的に運用しなければならない。とりわけ、最低8千冊の蔵書を持つ専門的図書館が必要、(6) カレッジの組織の中に予科を含んではならない、と続いた後、(7) カレッジの評価にあたり、以下の点に力点が置かれるべきである。カリキュラムの特徴、授業の効率性、通常学位授与の基準（スタンダード）、名誉学位授与について慎重であるかどうか、機関の品格、さらに学生を定評ある大学院・プロフェッショナル・スクール・研究機関へと成功裡に準備をさせているかどうか、最後に、(8) 認証評価団

体が正規に任命する委員が審査をおこない報告書を提出するまで、いかなる
カレッジも認証評価されたものとはみなされない、と結んでいる[27]。

　委員会の議事録や委員たちと事務局の往復書簡等、アメリカ教育審議会の
内部文書を見ると、この最終報告書が出されるまでにその方向性を決定した
キーパーソンとは、当時の連邦教育局の高等教育専門官ズークであったこと
が明らかである。彼は、委員会が議論をおこなうにあたって最初に参照した、
当時存在した認証評価団体のそれぞれが定めていた基準を一つに集約した人
物であった。さらには、委員会の報告書草案が出来上がった段階で、ケイプ
ンに対して、「私たちの勧告は『カレッジの認証評価にあたっての原則およ
び基準（スタンダード）』とすべきです」（下線は原文のまま）と述べ、「カレッジの具体的な定義
を試みるにあたり、やや踏み込み過ぎたか、というのが私の意見です。現段
階には、これこそまさに必要なことではないでしょうか」[28] としているので
ある。「踏み込み過ぎた」内容とは、具体的な数値目標であろう[29]。カレッジ・
大学における「最低 120 セメスターアワー相当の履修」は、この時代、ほぼ
定着してきており、この審議に参加した団体でもそれを前提としていた。し
かし、前述の (1) から (5) に示された他の数値は、ここに書き込まれること
によって、まさにアメリカ大学の「基準（スタンダード）」になったのである[30]。

　4 年制カレッジの教育基準（スタンダード）問題が決着すると、ここからは漏れてしまっ
た教員養成カレッジの基準（スタンダード）の制定、さらには、当時、アメリカ合衆国高等
教育界の新興勢力として徐々にその存在が注目されていたジュニア・カレッ
ジについても、同様の基準づくりが進められていく。この作業は、上述の
基準（スタンダード）委員会の内部に小委員会として、それぞれ、教員養成カレッジ、ジュ
ニア・カレッジを担当する部会が作られ、すでに作成された 4 年制カレッジ
の基準（スタンダード）を参照しながらおこなわれていく[31]。

　先に見た全国会議委員会の議論とアメリカ教育審議会のカレッジ基準（スタンダード）委
員会の議論を比較すると、ズークの発言の意味がよく理解できよう。両者
ともに、大学教育の「基準（スタンダード）」を模索しているのであるが、全国会議委員会は
「基準（スタンダード）に関して、その基本理念や概念までも議論する」という姿勢を堅持し
ていた。しかしながら、このような姿勢はアメリカ教育審議会の委員会がも

はや受け入れるものではなかった。彼らが必要としたのは、「基準」を策定することにとどまらず、それを、各種認証評価団体が実務に採用できる「具体的な数値目標」として示すことであった。それは、この時点では「踏み込み過ぎたか」かもしれないが、「これこそまさに必要なこと」であったのである。

　こうした中、全国会議委員会は、その年次大会は継続していたものの、その存在意義はますます薄いものになっていった。1919年には、最大の地域認証評価団体であるノースセントラル協会が全国会議委員会を脱会している。1922年にはニューイングランド協会も脱会を決定する。

　1922年5月10日、カレッジ基準委員会が最後の作業を完了しようとしていたまさにそのとき、ケイプン理事長はバブコック（連邦教育局の高等教育専門官を辞任した後に、アメリカ大学協会の会長に就任）に以下の親展扱い書簡を送っている。

　　　貴殿はお気づきと思いますが、これは、安楽死のケースと言えましょう。（合同でのワシントンD.C.会議を呼び掛けるという──引用者注）礼儀は尽くしました。カレッジおよび中等学校の基準に関する全国会議委員会は静かに活動を停止するか、地方支部としてその名前を掲げることになるでしょう。カレッジ基準委員会はまだこのことを知らないわけですが、これこそが現在、おこっていることです。このようなやりかたをすることに、貴殿はご賛同いただけると思います[32]。

　この書簡に対して、バブコックは同じく親展扱いの以下の返書で応えている。

　　　仰せのとおり、「礼儀を尽くした」わけです。そもそも、全国会議委員会とその活動は、アメリカ大学協会に比べると、よけいなものだと私は思っていました。しばらく前のことですが、ノースセントラル協会で、全国会議委員会との関係を続けていくのか議論がおこったとき、私はきわめて率直に、これ以上関係を続けても、ノースセントラル協会は何ら

得るところがないし、全国会議委員会の側も同じことだと申し上げたことがあります。この結果、ノースセントラル協会は全国会議委員会の会員であることを止めました。

　　他の多くのボランタリーで実験的な教育団体の仕事をアメリカ教育審議会が静かに引き継いでいかないとしたら、それはむしろ驚きというものでありましょう[33]。

　こうして、全国会議委員会は、1922年の年次大会で、そのすべての機能をアメリカ教育審議会のカレッジ基準^{スタンダード}委員会に委譲して解散することを決議する。全国会議委員会メンバーの各認証評価団体は、アメリカ教育審議会に移動することになった[34]。アメリカ教育審議会の側は1923年9月22日の執行委員会にて、全国会議委員会の決議を受け入れることを、さらには、全国会議委員会に残っていた活動資金の92.31ドルをも受け入れることを決議している[35]。

　アメリカ教育審議会は「連合の連合」であるから、これが定めた基準^{スタンダード}は、傘下にあるすべての団体が参照すべきものとなる。委員会の報告書・年次大会での決議は、アメリカ教育審議会機関誌 *Educational Record* にて逐次広報されていく。同誌は創刊以来、毎号のように認証評価関係の論考を掲載し、かつ、毎年一度、傘下にある団体が公表した認定大学を集約し州別に整理した一覧の掲載を始める。これは、アメリカ教育審議会自身が認めるように、多くの遺漏があったものの、アメリカ合衆国大学史上初めての「全米的大学リスト」──掲載された大学・カレッジについては、認証評価によって一定の質的保証が担保されているとアメリカ教育審議会が内外に公式に宣言するものであったのである。

5.　ディプロマ・ミル廃絶への運動とアメリカ教育審議会

(1) アメリカ教育審議会とディプロマ・ミル

　ディプロマ・ミルとは、以上のような全米的大学認証評価へのアメリカ教

育審議会の努力を根柢から無効にする存在であったから、アメリカ教育審議会はこれを警戒、注視し、着々と情報収集を続けていた。

　アメリカ教育審議会アーカイブズ文書中、ケイプンのフォルダの中には、1921/22 年度にアメリカ教育審議会がディプロマ・ミルであると判断した大学を一覧にした文書があり、その数は、すでに消滅あるいは活動を停止したそれを含め、実に 56 校にのぼる[36]。この数を、すでに本論文で言及したアメリカ教育審議会の 1922 年度の「全米的大学リスト」に記載された大学数348 校と比較すると、その問題の大きさが理解できよう[37]。とりわけ、アメリカ教育審議会が事務局を置いていたワシントン D.C. は、ディプロマ・ミルの暗躍の舞台ともなっていたわけであり、これらを野放しにしておくことはできなかった。

　コロンビア特別区がディプロマ・ミル暗躍の舞台となったのは、ひとつには、同地はアメリカ合衆国の首都であったからということもあるが[38]、最大の理由とは、コロンビア特別区においては、大学を設立すること、すなわち、設立認可状によって法人格を取得することがきわめて容易であったことである。実際、同地での「学術機関」の設立には、(1) 5 人以上の発起人を集め、(2)機関名、設立の目的、就任・設置予定の理事会メンバー名、教授数、教授科目等を記した申請書を、(3) 申請手数料 95 セントを添えて法務登録官に提出すればよく、実質的審査はまったくなく、「誰でも大学が設立可能」の状態であったのである[39]。この、きわめてずさんな設立要件を根本的に改めるべく、連邦議会には 1910 年代初頭より、一連の改革法案が上程されたものの、成立には至らなかった。

(2) リサーチ大学のケース

　アメリカ教育審議会の事務局には、きわめて頻繁に、全米の大学、とりわけ、ワシントン地域に所在する大学についての情報照会の書簡が到着している。これに対して、アメリカ教育審議会がディプロマ・ミルと判断した際には、照会者にはその旨を伝えている。この中で、アメリカ教育審議会がもっとも警戒したのがリサーチ大学 (Research University) であった[40]。

　リサーチ大学の設立者はレイピーア (Louis Win Rapeer, 1879-1941) という人物である [41]。彼は、1902 年にインディアナ州立師範学校を卒業した。そのまま教師になることなく、シカゴ大学に進学し、1904 年に理学士の学位を取得する。その後さらに、ミネソタ大学で 1907 年に修士号を、さらに 1913 年にコロンビア大学ティーチャーズ・カレッジで Ph.D. 学位を取得する。学歴を獲得する中、彼はさまざまな職歴も経験している。すなわち、ミネアポリスにおける校長職 (1904-8 年)、ワシントン大学シアトル校助教授 (1909-10 年)、ニューヨーク市立カレッジ講師 (1910-11 年) などと目まぐるしく、学位取得後も、イリノイ大学サマースクール講師 (1914 年)、ペンシルベニア州立カレッジ教育学科長 (1914-17 年) など、さらには、ポルト・リコ大学学長 (1917-18 年)、ノース・カロライナ大学講師 (1918 年) 等を経て、ワシントン D.C. に National School for Social Research を設立 (1919-20 年)、翌年これをリサーチ大学として再出発させている。教育関係の短期の仕事を次々に替えていったレイピーアは、伝統的な大学人、とりわけ大学学長からは、ある種の疑念を持たれてもやむをえない異色の存在であろう。他方で、以下で詳細に見るように、レイピーアによるリサーチ大学の構想は、みずからのキャリアを積み重ねていく中での経験に、その着想を得ていること――より高い学歴を必要とするにもかかわらず、在来的な大学教育の形式ではそれを満たすことができない膨大な人々の存在、大学レベルの通信教育の可能性、大学サマースクールの急速な発展、教員養成教育の構造変動の進行 (師範学校から教員養成カレッジ、さらには教育大学院へ) など――が明瞭に読み取れるのである。

　レイピーアは、*School & Society* 誌 1923 年 8 月 11 日号に、彼のリサーチ大学の理念と実践を公表する [42] (以下、本論文からの引用は頁数を括弧内に示す)。この論文は、アメリカ大学教授連合 (American Association of University Professors, AAUP) の機関誌にもその短縮版が転載されており [43]、当時、多くの大学関係者の注目を集めたことであろう。彼はまず、これまでの大学をもはや、学生の要求、さらには社会の要求にあっていないものとして、「学生を、ほとんど価値のない雑多な科目へと縛りつけ、彼らの時間の大部分を、カレッジでのほとんど無駄な時間に費やすよう強制する伝統」(156) を手厳しく批判する。

不要な科目を履修することに費やされてきた時間はすべて、リサーチ大学では人生の根本的な問題に関連した諸科目の学習に充てられる。その目的とは、「社会的効率性をとおしての社会的幸福ということである」(160)。

　ワシントン D.C. という都市は他にはない特徴をもっている。ここには、6万人を超える連邦政府の被雇用者が住んでいる。女性の労働人口比率が高いことも特筆されるべきで、これらの人々の教育的需要はきわめて大きい。他方で、同じく連邦政府等の公的機関で働いている、専門的知識・特殊技術をもつ人々の数も膨大である。加えて、文化都市ワシントン D.C. には世界最大の議会図書館をはじめ多数の博物館・美術館など、教育・学習に利用できる知的資源も無尽蔵である。

　リサーチ大学は新構想大学である。第一に、「これまで大学は研究に多大の時間と資源を費やしてきたが、自身の教育の問題についてはほとんど何も研究してこなかった」(159)。しかしながら、「今日、私たちには新たな心理学があり、これは、カレッジの教授法および学科目の選択とその編成の改革に用いられる」(159)。第二に、「学生は生活することによって生活の仕方を学ぶべきであり、(中略) 実際に現実に直面することで学ぶべき」(159-160) なのである。

　この二つの指導理念に忠実であることを求めつつ、リサーチ大学は以下のように運用されている。

- 4 学期制 (12 週 × 4 期) を採用。1 科目 1 学期あたり 10 ドルの授業料。
- 入学時に心理テストと職業ガイダンスをおこない、当該の学生に最適な科目履修を決定。
- 一科目につき週一回 2 時間の授業 (休憩時間を引くと 110 分)。授業開始時間は午後 4 時 30 分からの夕刻・夜間課程が主流。
- 教員の大多数は連邦政府等に勤務する専門家。教員もまた、実務家として、実務のかたわら学生を教えることで、その知識・技術は常に新鮮で現実との乖離がない。
- 図書館・博物館でのリサーチが必修。

- ビジネス、教育、リベラル・アーツの三学科。これに多くの関連科目を開設。
- 通信制課程も併設する。ただし修了には、一定期間内の学内滞在(residence 通常の課程あるいはサマースクールのいずれか)と最終試験が義務。
- リサーチ大学には設立時の大学基本財産はない。また、大学基本財産増加の競争には加わらない。それは、私学の場合はドナーの、公立大の場合は政治的派閥の意向におもねることになり、大学のアカデミック・フリーダムにとって危険であるからである。

　レイピーアの語るところには、1920年代初頭における教育革新のための最新の言説が散りばめられている。ボビットや、彼がその下で学んだ当時のコロンビア大の教授陣たち──カテル(キャッテル)やソーンダイク、デューイなど──の影響もまた認められる。レイピーアの斬新さは、これを大学教育の理論へと援用しただけでなく、それをみずから実践して見せたことである。連邦政府の雇用者や現職教員と、政府内の専門家を、教育＝学習の課程で結びつけるために、基本的に通常は夕方夜間の授業を中心として、これにサマースクールでの学修を組み合わせるというアイデア──当時のリサーチ大学が使っていた広報惹句では、「政府雇用者の政府雇用者による政府雇用者のための大学」──も興味深い。しかしながら、彼の新たな実践が、真正の大学教育のそれと認知されるかどうか──これこそが、リサーチ大学の命運を決するものであったのである。

　リサーチ大学への新聞報道を辿っていくと、その創設期から1927年4月までは、いくつかの例外を除き、地元新聞である二大紙『ワシントン・イブニング・スター』紙と『ワシントン・ポスト』紙には好意的な記事があふれている。さらに両紙は、その定期的な地元学校・大学短信の紙面で、他大学──ジョージタウン大学、アメリカ・カトリック大学、ギャローデット大学など──と同格にリサーチ大学の近況を報道するようになる。それらは、リサーチ大学がハード面でもソフト面でも着実に発展していく様子を髣髴とさせるものである。商業カレッジを大学の中核として設立するなどの新コー

スの開講 [44]、リサーチ大学が企画し海軍放送研究所の協力をえておこなった北米への試験放送について [45]、新たに日本語学習のコースを開設したこと [46]、大学がリースで入居していた建物を 7 万ドルで買い取ったこと [47]、その他、教員人事、名誉学位授与、市民向け無料講演会開催、あるいは卒業式典の模様についてなどである。著名人の同大学訪問記も数多く、たとえば、シカゴ大学のジャドソン学長が 1921 年 5 月に同大を訪問している [48]。ユダヤ系アメリカ人の新聞 *Jewish Advocate* 紙に至っては、「新大学、さまざまな機会を提供——高等教育を正しく民主化」という記者による大学訪問記を掲げ、「その博愛的サービスと効率性に、個人として共鳴したい。高等教育における新しい進歩的理念の成功」 [49] と絶賛しているのである。

　しかしながら、アメリカ教育審議会は最初からリサーチ大学を真正の大学とは認めなかった。

　レイピーアは 1921 年 10 月、全米の大学に対して、リサーチ大学が出した単位・学位を認証してくれるよう書簡を送る [50]。その結果、1921 年末から 1922 年にかけて続々と、全米の大学からアメリカ教育審議会へ、リサーチ大学についての情報照会が届くようになる。これに対してケイプン理事長は一貫して、同大学を警戒し関係を断つよう熱心に忠告している。それらの書簡は、ケイプンがどのような大学観を抱いていたのかを垣間見せてくれる。

　1921 年 11 月 9 日付のタフツ・カレッジ学科長宛ての親展扱い書簡でケイプンは言う。「リサーチ大学を運営している人物は、意図的に詐欺をおこなおうとしているのではないと私は思います。彼は、幅広い経験と該博な知識の持ち主です。にもかかわらず、彼が企てていることは、現時点で、この国の指導的カレッジが認めるであろうものではありません」 [51] と 。これが、1922 年 4 月 19 日付コロラド・カレッジ学長宛ての親展扱い書簡では、さらに手厳しくなる。

　　彼には、波乱万丈の長い学問的な過去があり、その道程で、役に立ち興味深い多くの作品を生み出しました——もっとも、そのいくつかはお話にならぬ酷いものでしたが。3、4 年前でしたか、ポルト・リコでの (大

学学長という──引用者注）ポストを失ってから、彼はソーシャル・リサーチのための学校を始めました。その数ヶ月後、コロンビア特別区のいい加減な法人法を利用して、この機関を大学へと──あくまでも書類上の話ですが──変更したというわけです。現在、彼は、この機関で教える多くのパートタイム教師を雇っています。しかしながら、授業の大部分は、彼あるいは彼の妻がやっているようです。この大学は、私が見るところ、何ら大学基本財産を持っていません。ドクター・ズークと私は、本機関について慎重な調査研究をおこないましたが、連邦教育長に対して、連邦教育局が編纂している大学統計一覧に（リサーチ大学を──引用者注）掲載しないよう、すでに勧告をおこなっています。ということは、教育長報告での大学一覧がもとづいている、きわめてささやかでずぼらなカレッジの定義にすら適合しないということです[52]。

　1922 年 11 月 3 日付のブリンマー・カレッジの学事担当者宛の書簡（同じく親展扱い）の中ではケイプンはレイピーアを、「異彩を放つがあまり信用できない人物」とまで酷評するに至っている[53]。リサーチ大学がどのように革新的な教育活動をおこなっていようと、この時点では 8 つの原則および基準（スタンダード）がアメリカ教育審議会主導ですでに創られており、数値目標を定めた (1) - (5) のすべてにおいてリサーチ大学は"失格"と判断せざるをえなかったわけである。ましてや、大学基本財産をもたないことをむしろ矜持としている"大学"をアメリカ教育審議会が認めるはずがなかったのである。

(3) リサーチ大学の告発へ

　ディプロマ・ミルの根絶のためには、第一に、既存の偽大学の運営を停止させること、第二に、典型的なザル法であった前述の、ワシントン D.C. の法人法を根本的に改訂し、教育機関の設置認可そのものを規制するという二つが必要であった。いずれも、1910 年代から指摘されてきたことであったが実現できなかった。それが、1920 年代に入り、ようやく時が熟してきたのである。

　既存のディプロマ・ミルの運営を停止については、女性で初めて連邦検事に就任した副検事のマッコール (M. Pearl McCall, 1876-1977) がこれに関心を抱いた [54]。この辣腕の法律家は、1923 年、まったく学修を伴わないで学位を"授与"（手数料として 50 ドル -100 ドルを徴収）していたオリエンタル大学の学長を告発、逮捕し、足掛け 3 年後の 1926 年 1 月、禁固 2 年および罰金 1,000 ドルの実刑判決に追い込んだ。これは全米的のみならず国際的なニュースにもなったほどであった [55]。この告発・逮捕のために、マッコール検事へ、オリエンタル大学について一貫して詳細な情報を提供したのがアメリカ教育審議会、とりわけ、ケイプンの後任の副理事長マン (Charles Riborg Mann, 1869-1942) であった。このマッコールが次に標的にしたのがリサーチ大学であった。1926 年 2 月 24 日、アメリカ教育審議会副理事長、ロバートソン (David Allan Robertson, 1880-1961) は、合衆国検察官の要請で大陪審に出頭し、レイピーア告発のための証言をしている [56]。彼は、この時期に、ディプロマ・ミルについての論文二本を公表しており [57]、この問題の専門家として、以降、頻繁に、マッコールと連携をとってゆく。

　ワシントン D.C. の法人法の根本改訂が発議されたのが、1926 年 11 月 11 日、商工会議所で開催された専門家会議であった。ここでは、時期連邦議会に上程のための法案原案が討議されている。召集メンバーは、ワシントン D.C. の大学教育部会の委員長、ワシントン市教育委員会の委員長、アメリカ・カトリック大学、ジョージタウン大学、ジョージ・ワシントン大学の各代表、連邦能率局の代表、そして、マッコール検事であった。すなわちこの会合は、新法人法案上程のためのものであると同時に、当面のディプロマ・ミル撲滅運動の現状報告のためのものでもあったのである。

　1927 年 4 月 4 日、『イブニング・スター』紙はその一面で、「リサーチ大学首脳、郵便詐欺で告発」として、学長のレイピーアおよび教務部長が告発されたことを報じた [58]。郵便詐欺 (violation of Sections 3929 and 4041 of the revised Statutes of the United States) とは、同法の条文 ("conducting any lottery, gift enterprise, or scheme for the distribution of money") にあるように、もともと、懸賞等を装って金品を詐取する目的で郵便を使うことを禁じた法律であり [59]、これを無価値な偽学位を

販売・送付したことへ"援用"したものである。当時は、ディプロマ・ミル告発はこの方法が常套であった。この報道は、当時のワシントン市民たちにとっては、青天の霹靂というべきスクープ記事であったかもしれない。しかしながら、ディプロマ・ミル廃絶の運動を続けて来た関係者たちにとっては、これはむしろ予定されたものであった。そこには、以上に見たようにアメリカ教育審議会が最初から深く関与していたのである。

　この法案および開催された聴聞会の内容の分析は、本章の課題を超えるものであり、別の機会に譲りたい。しかし、聴聞会でのリサーチ大学教務部長証言によれば、告発が行われる以前の1926年の夏ごろから、リサーチ大学の学生あるいは元学生、教員が、マッコールによって次々と召喚され、リサーチ大学について尋問されるという事案が発生していた[60]。リサーチ大学の関係者も、司法の側が、大学に対して嫌疑をかけていたことにすでに気づき始めていた。この後、連邦議会での審議がどのように進もうと、告発の事実が地元紙で大々的に報道された時点で、リサーチ大学の命運は尽きていたのである。

6．おわりに――全米的大学認証評価形成にアメリカ教育審議会が果たした役割

　以上見たように、アメリカ教育審議会は、1920年代のアメリカ合衆国高等教育界における認証評価理念と制度の形成に、きわめて重要な役割を果たした。すなわち、アメリカ教育審議会は、具体的な認証評価の実務にはいっさいかかわらなかったものの、それら個々の大学認証評価が依拠する「全米的カレッジ基準^{スタンダード}」の策定に、積極的に関与していったのである。

　この過程においては、最強力の大学認証評価団体であったアメリカ大学協会だけでなく、連邦教育局の意向が強く反映していた。アメリカ教育審議会は、アメリカ大学協会と連邦教育局を仲介し触媒として機能していった。しかも、「全米的カレッジ基準^{スタンダード}」の策定という点で、これら三つを実質的に動かしていた三人とは、いずれも一度は連邦教育局に高等教育専門官として深く関与した三人――バブコック、ズーク、ケイプン――であったのである。

　彼らは、カレッジの具体的な定義を試みるにあたり、当時としては画期的な、極めて多岐にわたった具体的な数値目標を掲げた「全米的カレッジ基準^{スタンダード}」を作り上げるのに成功した。そのために彼らは、すでに全米的カレッジ基準^{スタンダード}実現に向けて尽力を重ねていた先行団体である全国会議委員会を「安楽死」させることも厭わなかった。

　ディプロマ・ミルは、アメリカ教育審議会のこのような努力を根底から無効にするものであったから、アメリカ教育審議会がこれを撲滅するためのキャンペーンに加わったこと自体は驚くことではない。

　では、リサーチ大学は、他のディプロマ・ミルと同様に、まったく教育・学習の実体のない、幽霊大学であったのか。すでに見た、レイピーアが理想として掲げたような大学教育の授業の実態があったのかどうか——これを歴史的に検証することは恐らく不可能であろうが、先に引用したケインの書簡で彼自身が認めたように、何らかの授業の実態はあったと考えられるのである[61]。筆者の調査からは、ひとつの興味深い事実が判明している。すでに見たように、リサーチ大学は1921年に新たに日本語学習のコースを開設したわけである。時代は、ワシントンD.C.での軍縮会議が開かれていたわけであり、日本および日本語への注目もそれなりにあったはずで、「実際に現実に直面することで学ぶ」ことを理念に掲げるリサーチ大学が、この新コースを設置したのもうなずけるものであろう。当時の地元新聞の大学短信によれば、リサーチ大学で「ゴンゴロウ・ナカムラが水曜夕刻に日本語のクラスを開始した」[62]という記事が見られる。リサーチ大学の側の1923年4月発行の広報資料によれば、「本年度通年で、学生3人の日本語クラスが開講された。講師は日本大使館から派遣された優れた人物であり、一流の大学から学士号と修士号を取得している」[63]とある。この人物はおそらくは、名護市出身の法律家で後にカリフォルニア州日本人社会の指導者となった仲村権五郎（1890-1965）のことであろう。そのゴンゴロウ・ナカムラは、当時、ワシントンD.C.で発行されていた市住所人名録にみずからを「リサーチ大教師」と記入していたのである[64]。ということは、どのような形態にせよ、リサーチ大学でナカムラが担当する日本語の授業がおこなわれていたと推測してよかろう。

リサーチ大学は、その創立理念と運用方針を見るかぎり、それなりに革新的な高等教育を目指してはいた。しかしそれは、少なくともアメリカ教育審議会あるいはその主催した認証評価を討議する委員会に集ったキーパーソンたちが経験した大学教育と比べれば、お粗末なものと映ったことはおそらく確かであろう。いわゆるキャンパスを持たない建物ひとつの大学という存在——ただし、このような大学は、当時（さらに今日でも）、さほど珍しい存在ではなかったはずである——も、この印象に拍車をかけたはずであろう。しかし、彼らが何よりも固執したのは、彼ら自身が、「全米的カレッジ基準（スタンダード）」として創り上げた大学像そのものが毀損されることであり、これこそが、リサーチ大学をディプロマ・ミルとして力ずくで排除した理由であったと思われるのである。

　以上の“真正の”大学・カレッジのための基準（スタンダード）作りについての物語には、ここで、若干の補足あるいは後日談を記しておくことが必要であろう。

　1922年、ケイプンはアメリカ教育審議会を辞任し、バッファロー大学（現在のSUNYバッファロー）の学長に就任する。1846年創立の同大学は、基本的には多くのプロフェッショナル・スクールがそれぞれの運営をおこなっており、中央の統一的行政組織を欠いた、総合大学としては名ばかりであった。それが、20世紀の十年代になってようやく、総合大学としての再建が目論まれ、そのための土地の入手等が開始される。大学学長としてケイプンに期待されたのは、まさに、そのような一大総合大学としてかたちを整えていくことであったのである。この事業は、彼のそれまでのキャリアを考えれば、きわめて適切であったと評価できるであろう[65]。

　だがケイプンは、バッファロー大学の図書館司書養成課程の認証評価を受けた際に手酷く理不尽な扱いを経験することになった。彼はその経験を、教育の基準（スタンダード）化運動を論難した全米州立大学協会における講演（1927年）で取り上げている。同課程はバッファロー大学の教養学科が運営しており、これまで長きにわたってバッファロー地域の図書館に司書を供給しており、図書館教育の優秀性で地域ではつとに知られていたのである。ケイプンの主張に拠

れば、スタッフは、地域の図書館で働く厳格な訓練を受けた司書をパートタイム教員として配置、これに加えて、教養学科の専任の中から選ばれた特に優秀な教員グループから成っていたのであるが、

　　さて、図書館司書養成の基準（スタンダード）化をやっている委員会がやってきて私たちに言うには、「二つのことを行っていただかない限り認証はできません。本コースを大学院レベルに乗せていただくこと、それから、技術的訓練を担当するこれこれの数の専任スタッフを雇っていただくことです」[66] ということであった（強調は筆者）。

　この改善命令に対するケイプンの反論については、ここに書く必要はなかろう。だが、カレッジ・大学教育の基準（スタンダード）作りにあたって、「これこれの数の専任スタッフ」といった具体的な数値目標を設定した「原基準」を創り出したのは誰あろう、ケイプンが理事長を務めていた時代のアメリカ教育審議会ではなかったのか。こうしてケイプンは、みずからを背教者（アパステイト）という大時代的なことばで呼び、「私たち大学の指導者たちにとって——特に、つねにそれぞれがおかれた環境に対して流動的で敏感でなければならない、ここにおられる（全米州立大学協会に属する——引用者注）大学指導者の皆様にとって、私たちが滅ぼされる以前に、この運動と闘うのは今を措いてないと信じるものであります」[67] と激烈な調子で講演を結んでいる。
　では、もう一方の基準（スタンダード）作りの旗手、ズークはどうであったのか。彼は、1925 年、連邦教育局の高等教育専門官を辞任し、アクロン大学学長に就任する。学長としての任期は 1933 年までであるが、この期間は同時に、地域認証評価団体として最大のノースセントラル協会の高等教育委員会の事務局長をも兼務し、認証評価事業との関係を続ける。そのノースセンラル協会は 1930 年代に入ると、突如、これまでとは異なった基準（スタンダード）での認証評価を発表する。基準（スタンダード）として挙げられている諸基準を瞥見するだけで、そのあまりの変貌に誰でも驚くことであろう。すなわちそこには、具体的な数値目標が完全に消えてしまっているからである。

　以上のことは、すでに本章冒頭でも指摘したように、1920 年代とは、「認証評価とは何か、その定義があたえられていく」時代、すなわち認証評価事業の黎明期であったから、この時代に作られたカレッジ・大学の教育に関する基準（スタンダード）が、わずか 10 年ももたなかったとしても、それはそれでやむをえない、ということなのかもしれない。

　大学教育の質を、「これこれの数の専任スタッフ」で担保しようとする発想について、1920 年代において、これにまったく従わないとすれば、それはもはやまっとうな大学とは認められないことになり、偽大学として放逐されてしまうことになる。だが、具体的な数値目標を設定するという発想は、やはり無理があったのであり、1930 年代のノースセントラル協会の豹変はそれを物語るものであった。

　次章で私たちは、アメリカ女性大学人協会の、女性の高等教育の振興を目指した取り組みとしての認証評価が、上述の時代的文脈の中で、高等教育のメインストリームからどのような評価を受けたのかを見ていくことにしたい。それは、前述のリサーチ大学とは異なった意味で、新たな高等教育の実現を目指した女性大学人たちが陥ったアポリアについて考えることにもなるのである。

注

1　Karl Schlinghoff to Sekretariat der Universität Washington, March 29, 1922. Records of the Office of Director Capen, 1919-1922, Box 31, Folder 5, American Council on Education Records, 1918-2004, Hoover Institution Archives, Stanford University.

2　Samuel Paul Capen to Karl Schlinghoff, April 25, 1922. Records of the Office of Director Capen, 1919-1922, Box 31, Folder 5, American Council on Education Records, 1918-2004.

3　William Allan Neilson. "Overcrowding in Women's Colleges." *The Nation*, Vol. 120, No. 3123,（May 13, 1925）, 539-540. 著者はスミス・カレッジ学長であった。

4　Centennial State University to Virginia C. Gildersleeve, July 16, 1921. Box 31, Folder 5, Records of the Office of Director Capen, 1919-1922. American Council on Education Records, 1918-2004.

5　Virginia C. Gildersleeve to Samuel P. Capen, September 26, 1921. Box 31, Folder 5, Records of the Office of Director Capen, 1919-1922. American Council on Education Records, 1918-2004.

6　Samuel P. Capen to Virginia C. Gildersleeve, October 1, 1921. Box 31, Folder 5, Records of the Office of Director Capen, 1919-1922. American Council on Education Records, 1918-2004.

7　Fred F. Harcleroad. Accreditation: History, Process, and Problems AAHE-ERIC/Higher Education. Research Report No. 6. 1980.; J.A. Stoops & M.D. Parsons. "Accreditation in the United States." *Encyclopedia of Education*. Ed. James W. Guthrie. Vol. 1. 2nd ed. New York: Macmillan Reference USA..

8　Hugh Hawkins. *Banding Together: The Rise of National Associations in American Higher Education, 1887-1950*（Johns Hopkins University Press, 1992）.

9　Harcleroad. *Accreditation*, 23.

10　The Association of American Universities. *Journal of Proceedings and Addresses of the Fifteenth Annual Conferences* 56-62.

11　*Report of the Commissioner of Education, 1886-1887* 643, 645.

12　Richard Wayne Lykes. *Higher Education and the United States Office of Education 1867-1953*（U.S. Government Printing Office, 1975）, 29-34, 45-46, 49-51. なお、坂本、「20 世紀初頭のアメリカ合衆国における女性高等教育改革——その基本的矛盾と対応」、坂本『アメリカ教育史の中の女性たち』（東信堂、2002 年）第 4 章において、筆者は連邦政府教育局の "暴走" について、その経緯をやや詳しく辿っている。

13　Samuel Paul Capen. *Accredited Higher Institutions* Bureau of Education, Bulletin, 1917, No.17.; George F. Zook. *Accredited Higher Institutions* Bureau of Education, Bulletin, 1922, No.30.

14　三人のうち、ズークは、『タイム』誌の表紙にもなったアメリカ合衆国高等教育界の名士であり、一般には、第二次大戦後のアメリカ合衆国の高等教育についての歴史的提言となった、1947 年の大統領高等教育委員会を率いた人物として知られるが、本来、その仕事は、高等教育の認証評価事業の立ち上げと普及という歴史的文脈において、よりよく理解できると筆者は考える。リーケンの学位論文 John W. Rieken," George Frederick Zook: Educational leader in a crucial decade," Ph.D. Dissert, Georgia State University, 2005. はタイトルどおり、a crucial decade（ここでは、第二次大戦後の 10 年）におけるズークの活動を対象にしたもので、本章の対象の時代についての論述はほとんどない。ズークを対象にしたもう一つの学位論文 Fred W. Buddy, "George Frederick Zook: An analysis of selected contributions of an American educator," Ed.D. Dissert, The University of Akron, 1990. では、バディはズークの生涯を丹念にたどっている。ただし、バディの関心は必ずしも高等教育の認証評価にあるのではないので、アメリカ教育審議会のアーカイブ

ズ文書の探索もこの方面にはまったく向けられていない。

15　Andrew Carnegie. *Autobiography of Andrew Carnegie* (Houghton Mifflin, 1920), 268-269.

16　Carnegie Foundation for the Advancement of Teaching. *First Annual Report* (Author, 1906), 38-39. たとえば、平面幾何学は通常、1週間に5回、通年で授業がおこなわれるから1ユニットとなるが、立体幾何学や三角法は、それほど多くの授業数をかけないから0.5ユニットとなる。

17　Marc A. VanOverbeke. *The Standardization of American Schooling: Linking Secondary and Higher Education, 1870-1910* (Palgrave Macmillan, 2008), 143-170.

18　この憲章は1908年の年次大会で承認されている。National Conference Committee on Standards of Colleges and Secondary Schools. *Minutes* April 17, 1908.

19　National Conference Committee on Standards of Colleges and Secondary Schools. *Minutes* January 28, 1911.

20　National Conference Committee on Standards of Colleges and Secondary Schools. *Minutes* October 9, 1909.

21　National Conference Committee on Standards of Colleges and Secondary Schools. *Minutes* March 24, 1917.

22　American Council on Education. Minutes of the Meeting of the Executive Committee. July 21, 1919. Box 1090, Folder 1. American Council on Education Records, 1918-2004. Hoover Institution Archives, Stanford University.

23　American Council on Education. Minutes of the Meeting of the Executive Committee. May 7, 1920. Box 1090, Folder 1. American Council on Education Records, 1918-2004. Hoover Institution Archives, Stanford University.

24　American Council on Education. Minutes of the Meeting of the Executive Committee. December 4, 1920. Box 1090, Folder 1. American Council on Education Records, 1918-2004. Hoover Institution Archives, Stanford University.

25　この会議についての新聞報道は、"Talk College Standards," *Washington Post,* (May 8, 1921), 8.

26　American Council on Education. Minutes of the Meeting of the Committee on College Standards. November 26 and 27, 1921. Box 37, Folder 6. American Council on Education Records, 1918-2004. Hoover Institution Archives, Stanford University.

27　American Council on Education. "Report of the Committee on College Standards," *Educational Record* 3 (3), July 1922, 210-214.

28　George F. Zook to Samuel P. Capen, November 8, 1921. Box 37, Folder 6. American Council on Education Records, 1918-2004. Hoover Institution Archives, Stanford University.

29　全国組織であるアメリカ教育審議会が具体的な数値目標まで —— とりわけ、基本財産の額まで —— を掲げてよいのかという議論は、1923 年 5 月の年次大会で激しい議論が行われた。その結果、各認証評価団体の実際の業務について継続して情報を収集し報告することが決議されている。"The Annual Meeting." *Educational Record*, 4 (3) , July 1923, 85-86.

30　ここに挙げられている基準（スタンダード）を各地域認証評価団体のそれらと比較してみると、アメリカ教育審議会はさほど高い基準（スタンダード）を設定したわけではなく、それはむしろ、すでに諸認証評価団体が設定した基準（スタンダード）の協約という性格をもっていた。たとえば、南部諸州カレッジ・中等学校協会は、基本財産は最低 50 万ドル、図書館蔵書について最低 1 万冊を要求している。同じ項目について、北部中部カレッジ・中等学校協会は、それぞれ、最低 20 万ドル、図書館蔵書については数値を挙げていない。さらに、教員資格については、前者が「大学院課程 1 年修了」、後者が「修士号取得」を最低条件としている。なお、この両団体についていえば、1920 年代に入る前に、基準（スタンダード）の整備・向上を完了しており、さらには、3 年に一度の認証評価再申請すら決定していた。Calvin Olin Davis. *A History of the North Central Association of Colleges and Secondary Schools, 1895 1945*. (The Association, 1945) , 66-69. さらには、David Steven Webster. "The Origins and Early History of Academic Quality Rankings of American Colleges, Universities, and Individual Departments, 1888-1925." Ph.D., University of California, Los Angeles, 1981. も参照。

31　先に言及した連邦教育局の Accredited Higher Institutions の 1926 年度版は次のように指摘している。1921 年になって初めて、カレッジ、ジュニア・カレッジ、教員養成カレッジのスタンダードについての一般的合意 (general agreement) がなされた。それ以前は、各種の認証評価団体が、それぞれの明確な、あるいは不明確な基準（スタンダード）を用いて、「カレッジを承認し、受け入れ、認知し、あるいは認証評価してきた。ある場合は、当該の機関が、ノースセントラル協会および南部協会によって、その明確に定義された要件を満たしていると実際の調査で確認されたがゆえに、認証評価リストに掲載されていた。しかしながら、ある機関が当該の認証評価団体の管轄する地域に存在するという理由だけで、好意によってリストに掲載される場合がしばしばであった」（傍点は引用者）と。Ella B. Ratcliffe. *Accredited Higher Institutions*, Bureau of Education Bulletin, 1926, No. 10, 1926, 2-3.

32　Samuel P. Capen to Kendrick C. Babcock, May 10, 1922, Box 79 Folder 2. American Council on Education Records, 1918-2004. Hoover Institution Archives, Stanford University.

33　Kendrick C. Babcock to Samuel P. Capen, May 18, 1922. Box 79, Folder 2. American Council on Education Records, 1918-2004. Hoover Institution Archives, Stanford University.

34　National Conference Committee on Standards of Colleges and Secondary Schools. *Minutes* March 12, 1922.

35　American Council on Education. Minutes of the Meeting of the Committee on College Standards. September 22, 1923. Box 37, Folder 6. American Council on Education Records, 1918-2004. Hoover Institution Archives, Stanford University.

36　Samuel P. Capen. Diploma Mills, 1921-22. Box 31, Folder 5. American Council on Education Records, 1918-2004. Hoover Institution Archives, Stanford University.

37　"Accredited Higher Institutions." *Educational Record* 3 (2), April 1922, 151-172.

38　「ワシントン」「リンカン」あるいは、「連邦」「アメリカ」「中央」といった語を名称の中に含むディプロマ・ミルが数多く存在した。言うまでもなく、アメリカ合衆国大学史をよく知らない国内外の"顧客"に対して、国家（連邦）が"認可"あるいは"関係"している大学であると錯覚させるためであった。

39　House of Representatives, Seventieth Congress, First Session. 1928, 4.

40　アメリカ教育審議会のアーカイブズ文書の中では、リサーチ大学は特別に独立したフォルダの中に集められており（ただし、学長のレイピーアとの書簡は、これ以外のフォルダにも見ることができる）、アメリカ教育審議会がこれを注視したことを伺わせることができる。Box 66, Folder 4 Research Universities[sic] 1927. American Council on Education Records, 1918-2004. Hoover Institution Archives, Stanford University.

41　以下の経歴について、煩雑になるのでいちいち典拠史料を挙げることを省略するが、筆者は、レイピーアのポルト・リコ大学学長就任の事案を除いてすべて、史料によって裏づけをとった（ポルト・リコ大学学長就任の事案については、レイピーアが家族とともにポルト・リコに向けて出航したことは確認している）。

42　Louis Win Rapeer. "A New Type of University." *School & Society* 18 (450), August 11, 1923, 156-162. *School & Society* 誌は、レイピーアが学んだコロンビア大学の教授であったカテルが編集責任者であり、いわゆる進歩主義教育への傾斜が強いジャーナルであった。この論考の掲載、さらには、AAUP 機関誌への転載も、恐らく、カテルの幹旋・紹介によるものであったのであろう。

43　Louis Win Rapeer. "Research University." *Bulletin of the American Association of University Professors*, 9 (7), November 1923, 15-16.

44　"New Course at University: Research to Have College of Commerce as Integral Part," *Washington Post* September 4, 1920, 8.

45　"Continent Hears Songs Sung Here by Wireless," *Evening Star* January 8, 1921, 5.

46　"Research University Has Japanese Course: Embassy Here Will Provide Instructor in Language," *Washington Post* October 16, 1921, 38.

47 "Building Is Acquired by Research School," *Washington Post* May 14, 1922, 47.

48 "H. P. Judson Visits Research College [sic]: President of Chicago University at Capital Institution," *Washington Post* May 8, 1921, 42.

49 "New Type of University Offers Opportunities," *Jewish Advocate* September 23, 1926, 3.

50 Louis Win Rapeer to Various Colleges and Universities. October 22, 1921. Box 66, Folder 4. American Council on Education Records, 1918-2004. Hoover Institution Archives, Stanford University. なお、同時期（1921 年 11 月 6 日）に出版された新聞報道によれば、「先週までの 2 週間で、リサーチ大学はすでに 35 大学と相互認証関係（mutual accrediting relations）を締結するに至っている。これらの大学は全国に亘っている」とのことであった。"Research Raising Fund for Permanent Home: Faculty Votes Unanimously for Move–Accrediting Relations With 35 Colleges," *Washington Post* November 6, 1921, 52. このようなかたちでの認証評価は当時、存在したことは疑いがない。ただし、アメリカ教育審議会は、「そのような認証評価は一昔前のそれであり、無駄な労力とさまざまな不都合が生じているので、今や『全米的 基 準』に準拠した大学認証評価が創設されたのだ」、と言うことであろう。この報道の真偽を確認することはきわめて難しいが、以下に見るように、結果としては、レイピーアのこの書簡が、アメリカ教育審議会をして、リサーチ大学をディプロマ・ミルとして追放する決断をさせることになったと思われるのである。

51 Samuel P. Capen to Frank G. Wren（Confidential）, November 9, 1921. Records of the Office of Director Capen, 1919-1922, Box 31, Folder 4. American Council on Education Records, 1918-2004. Hoover Institution Archives, Stanford University.

52 Samuel Capen to C. A. Duniway（Confidential）, April 19, 1922. Records of the Office of Director Capen, 1919-1922, Box 31, Folder 5. American Council on Education Records, 1918-2004. Hoover Institution Archives, Stanford University.

53 Samuel Capen to Edith T. Or1ady, Registrar, Bryn Mawr College（Confidential）, November 3, 1922. Records of the Office of Director Capen, 1919-1922, Box 31, Folder 5. American Council on Education Records, 1918-2004. Hoover Institution Archives, Stanford University.

54 マッコールへの死亡追悼記事は、"Pearl McCall, 100, Dies, Former U.S. Prosecutor," *Washington Post*, January 27, 1977, B16. を参照。この記事の中でも、ワシントン DC におけるディプロマ・ミル規正法の成立に果たした彼女の功績が挙げられている。

55 "Founder of Oriental University Arrested: H. P. Holler Under $3,000 Bail on Charge of Violating the Postal Regulations." *Washington Post*. February 21, 1922, 3.: "'University' Head under Indictment." *Japan Advertiser*, Tokyo, July 20, 1922, 10.; "Oriental University Charter is Revoked by Judge Scott." Bee（Danville, Virginia）, December 21, 1923, 5.; "Income of $17,000 Credited to Head of 'Diploma Mill'." *New York Tribune*. December 11, 1925, 2.; "Dr. G.F. Zook Testifies Against Oriental U. " *Washington Post*. December 11, 1925, 13.; "New Yorkers Named in 'Diploma Mill' Case." *New York Times*. December 10, 1925, 16.; "Oriental U. Head Gets 2-Year Term and Is Fined $1,000. " *Washington Post*. January 10, 1926, 2.

56　David A. Robertson to R.H. Simpson　（American University Union, London）, February 26, 1926.

57　David A. Robertson. "Degrees for Dollars," *Educational Record* 7, January 1926, 11-24; "The Educational Underworld," *North Central Association Quarterly* I, September 1926, 246-52.

58　"Fraud by Mails Laid to Research University Heads: Grand Jury Returns Indictment Against Rapeer and Mrs. Saunders," *Evening Star* April 4, 1927, 1. ちなみにロバートソンは、この記事の切抜きを、実に多方面の関係者に送付して、警告を促している。Box 66, Folder 4 Research Universities[sic] 1927. American Council on Education Records, 1918-2004. Hoover Institution Archives, Stanford University. さらに、『イブニング・スター』紙のスクープの翌日、『ワシントン・ポスト』紙もまた、リサーチ大学告発の記事を掲載している。"Fraud in Mails Charged to Research U Heads: Institution Unable to Grant Diplomas, Allegation to Grand Jury," *Washington Post* April 5, 1927, 23.

59　The Statutes at Large, December 1889 to March 1891, Vol.XXVI, 466.

60　*Degree- Conferring Institutions: Hearings Before the Subcommittee on Judiciary of the Committee on the District of Columbia House of Representatives, Seventieth Congress, First Session, on H. R. 7951*（U.S. Government Printing Office, 1928）, 83.

61　先に見たようにケイプンは、その書簡で、「現在、彼は、この機関で教える多くのパートタイム教師を雇っています。しかしながら、授業の大部分は、彼あるいは彼の妻がやっているようです」と書いている。まことに皮肉なことであるが、アメリカ教育審議会（26 Jackson Place）とリサーチ大学（20 Jackson Place）はその所在地が至近距離に位置しており（審議会の方があとから引っ越してきた）、ケイプンは恐らくは、眼と鼻の先にあるリサーチ大学への人の出入りなどは日常に目撃していたと思われる。なお、念のために記しておけば、「彼の妻」のフランセス・チャンドラー・レイピーア（シカゴ大学ラテン語教授のチャールズ・チャンドラーの長女）は、『リサーチ大学要覧』には M.A. 取得の「家政学科長」という身分で掲載されている。*Research University 1920-1921 General Announcement*（Author, 1921）, 3.

62　"Research University," *Evening Star* October 23, 1921, 21. なお、別の新聞記事に拠れば、講師のゴンゴロウ・ナカムラを紹介したのは在ワシントン D.C. 日本領事

館であったという。これについては、筆者は裏づけをとれていない。"Research University Has Japanese Course: Embassy Here Will Provide Instructor in Language," *Washington Post* October 16, 1921, 38.

63 *Research University Record Bulletin of the Faculty Endowment Committee* April 1923（Author, 1923）, 5.

64 Washington, District of Columbia, *City Directory*, 1922, 1172. 参照。なお、ジョージ・ワシントン大学の大学要覧によれば、ナカムラは当時、南カリフォルニア大学を卒業後、ジョージ・ワシントン大学のロー・スクール第3学年に登録して勉学を続けていたようである。*George Washington University Bulletin* 21（1）, March 1922, 319.

65 ケイプンの経歴については、バッファロー大学の教養学科長であったパークがケイプン追悼のために書いた Julian Park. *Samuel P. Capen, 1878-1956, University of Buffalo Studies*, 24（1）, 1957. を参照。この60頁ほどの短い伝記は、むろん、基本的には拡大版追悼記事であり、祝典大学史の一種ではあるが、それでも、ケイプンのきわめて多彩な経歴をよくまとめていると評価できる。

66 Frederick James Kelly（Ed.）*The Influence of Standardizing Agencies in Education*,（Saint Paul, University of Minnesota, 1928）, 17.

67 Kelly, *The Influence of Standardizing Agencies*, 28.

第3章　1920年代のアメリカ女性大学人協会（AAUW）による大学認証評価

1. はじめに

　1921年3月、女性高等教育の振興をめざしていた大学卒女性たちの二つの組織、女性大学卒業生協会（Association of Collegiate Alumnae、1882年創設）と南部女性大学人協会（Southern Association of College Women、1903年創設）は合併して、アメリカ女性大学人協会（American Association of University Women、新会長はエイダ・カムストック Ada Comstock, 1876-1973）という新たな連合を結成することになった[1]。

　大学史家ホーキンズは、19世紀末から20世紀初頭において、アメリカ合衆国の多種多様な高等教育機関がそれぞれのボランタリーな大学間の連合を結成していく一大動向とその背後のイデオロギーを、連合主義（associationism）という概念で説明しようとした[2]。連合主義とは、(1)高等教育における多元主義の尊重、(2)高等教育の自律と同時に連邦の高等教育政策への影響力の行使、(3)連合を結成する大学間における質的な水準維持と協調によるシステムの形成、といった要素からなるが、これらは総じて、「アメリカ社会における高等教育の場についての複数のビジョン」を提示するものであった。このような連合主義は、本章が対象とする第一次大戦後の1920年代、アメリカ合衆国高等教育が一大拡張期に入るとますます加速していった。

　連合主義は、今日のアメリカ合衆国の、さらには日本の高等教育界に残る、認証評価という理念と制度を生み出した。すなわち、ある大学の教育・研究等の水準を、大学人たちが結成したボランタリーな非政府団体が基準（スタンダード）の認

定をおこない、そこで適格判定がおこなわれた場合のみ、当該大学をその団体のメンバーとして加えることによって高等教育全体の水準の維持さらには向上がはかられる。基準^{スタンダード}の認定を受ける当該大学の側は、この団体への加盟が一つのステータス、あるいはさらなるステータスへの試金石となる──この、高等教育における認証評価という制度は、19 世紀末から徐々に形を整え滑走の時代を経て、本章が対象とする 1920 年代には飛翔することになった。すなわち 1920 年代は、認証評価についてのさまざまな理念と制度が混在していたカオス的な状況から、今日、私たちが知るような認証評価の理念と制度が析出されてくる時代であり、同時にそれは、認証評価を通じた高等教育ヒエラルキーが形成されていく時代でもあったのである。

　1920 年代は同時に、女性の高等教育にとっても、大きな分水嶺の時代であった。女性参政権獲得という時代背景の中、女性の高等教育人口は飛躍的に拡大していく。個別大学レベルでもまた全米レベルでも、女性の高等教育の改革を後押しする試みがおこなわれていた[3]。なかでも後者の全米レベルでの注目すべき趨勢が、論文冒頭で述べた、アメリカ女性大学人協会の結成であった。これは、女性大学人たちが近代的な大学間連合へと集結し、女性高等教育のさまざまな振興運動を本格的に開始したことを意味していた。

　女性の高等教育の振興を目指す者にとっても、その大義を実現するためには、全米的に、さらには連邦レベルまでに影響力をおよぼすことができる組織の構築が不可欠であったのである。しかしながら、アメリカ女性大学人協会は結成と同時に、まさに上記の連合主義にしたがった組織の再構築をめざさねばならなかった。とりわけ、上記の (3) は困難な課題であった。というのも、ここでの「質的な水準維持」とは、あくまでも、女性高等教育の振興との関係で説明され現実の制度として機能しなければならなかったからである。

　本章ですぐに見るように、アメリカ女性大学人協会は、個別大学における女性の学生、さらに女性大学教員への配慮の有無、ファカルティにおけるジェンダーの平等という問題を協会への加盟認定の審査基準として加えた。本章の基本的な関心は、おもに以下の二点である。

(1) アメリカ女性大学人協会による認証評価は、加盟大学の審査の過程で、ジェンダーに関するどのような問題を、とりわけ、女性大学教員をめぐるどのような問題を顕在化させたのか。

(2) アメリカ女性大学人協会による認証評価は、前述の「認証評価の理念と制度の析出過程」と「認証評価を通じた高等教育ヒエラルキーの形成」の中でどのように評価されたのか。

　アメリカ女性大学人協会は、大学間連合という点では、ホーキンズが取り上げている合衆国最古のそれとされるランドグラント・カレッジ・大学協会よりもさらに旧い設立（1882 年）であり、この意味では、彼が定式化した連合主義を論ずるにあたっても、本来は見落とすことができない存在のはずである。

　以上のように、本章は、一方で、認証評価形成過程の研究、他方で女性大学人の連合の研究という二つが折り重なる領域を対象にする。前者についての先行研究は数多いが後者についてはきわめて少ない[4]。とりわけ、アメリカ女性大学人協会の正史の中でも、厳格な加盟審査が行われたこと、1920 年代に会員大学が大きく増加したことが指摘されているにとどまり[5]、審査過程の詳細への言及——もとより公開されるべき性格のものではないので当然であるが——はない。本章では、アメリカ女性大学人協会アーカイブズ文書中、主にカレッジ・大学認定委員会ファイルおよび個別大学の認証評価関係ファイルを使用しこの過程を明らかにする[6]。なお、アメリカ女性大学人協会の認証評価が当該大学あるいはその地域の人々にどのように認識されていたのかを見るために、当該大学の大学便覧、地元紙の報道を史料として採用した。さらに筆者はすでに、20 世紀初頭のアメリカ女性大学人協会の会員獲得政策について論考を発表しており、これを先行研究として使用する[7]。

2．高等教育連合の成立と認証評価

(1) アメリカ大学協会の結成

　ホーキンズの言う連合主義の史上最初の出現は、すでに前章で見たように、1900年、ハーバード、コロンビア、ジョンズ・ホプキンズなど、Ph.D. 学位をもっとも多く授与していた諸大学が結成した、アメリカ大学協会（Association of American Universities）に見ることができる。この団体の初期の会議録の目次を瞥見するだけで、アメリカ大学協会が、アメリカ合衆国の高等教育の質保証に、特に、Ph.D. 学位の国際通用性をいかに重要視していたかが判明するものであろう[8]。そこから、アメリカ大学協会が、国内における大学の分類や基準づくりの作業に着手したのは当然であった[9]。多くの論者が認めるように、高等教育認証評価の歴史の一つの分水嶺——19世紀に開始された認証評価が、新世紀になって、新たな発展段階を迎えた——であったとされるわけである[10]。すなわち一方では、中等教育機関の分類や基準づくりという形で開始された各地域レベルの認証評価が徐々に上方へと伸びていき、高等教育をもその対象とするという動向が進んでいたのであるが、アメリカ大学協会の設立に至って初めて、全米レベルでの高等教育認証評価が開始されたことになる。以降、アメリカ大学協会による認証評価はもっとも権威あるものとして、全米の大学に受け入れられていく。

(2) フィランソロフィー財団による大学選別

　教育文化事業支援のために20世紀初頭に次々と設立されたフィランソロフィー財団もまた、「大学とはどのような教育機関なのか」という関心を抱いていた。とりわけ、1905年に設立されたカーネギー教育振興財団は、その後の類似の財団の教育文化事業支援の一つのモデルになった。前章で確認したように、同財団はもともと、退職大学教員への年金支給団体として設立された。この場合、年金受給資格がある大学を選別すること、すなわち、20世紀初頭のアメリカ合衆国にあまたに存在した"大学"から真の大学を峻別する必要があった。カーネギー教育振興財団による「認定大学リスト」の公

表は多くの議論を呼んだが、大学の分類や基準づくりの作業そのものを否定することはもはやできなかった[11]。以降、ロックフェラー財団、グッゲンハイム財団などがおこなった資金援助は、1920年代を通して、有力大学と弱小大学とを格付けし、格差を拡大させることになった[12]。

(3) アメリカ教育審議会の設立と認証評価・システムの構築

　全米的な高等教育認証評価という趨勢を決定的にしたのが、アメリカ教育審議会（American Council on Education）がその設立以降におこなった一連の事業のうち、同審議会がもっとも力を入れた、大学教育の基準（スタンダード）づくりへの事業であった（第2章を参照）。この団体は、もともと、第一次大戦中、高等教育機関への財政的配分問題に端を発したものである。それが1920年代になると、多くの大学間連合を傘下におさめる団体（「連合の連合」）として機能するようになった。以降、アメリカ教育審議会みずからが直接、認証評価作業そのものにかかわることなく、諸認証評価団体そのものを認証評価することによって、個々の認証評価過程に絶大な影響力を及ぼすことになる[13]。とりわけ、アメリカ女性大学人協会設立の直前におこなわれた1921年5月6-7日の大学教育の基準づくりに関するワシントン会議は、認証評価・システムの構築にかかわるすべての関係者を一堂に集め、大学間連合がおこなう認証評価の理念とそのための制度の模索への始動となった[14]。

　この会議の議長であり、バンダービルト大学学長、さらに南部地域の認証評価団体の会長でもあったカークランド（James H. Kirkland, 1859-1939）[15]は、次のように指摘した。

　まず、これから予定されている高等教育の基準（スタンダード）づくりとは、「過度の画一性を押し付けることを狙ったものではなく、ましてや、新種の大学の登場を不可能にするものでもない。私たちは教育トラストを提唱しているのでもない。特定の機関を締め出し、あるいはリストから名前を削ろうと狙っているような、基準（スタンダード）づくりの協会などあるはずがない」[16]とする。さらに、基準（スタンダード）づくりは、「理想的カレッジのためではなく最低限度のカレッジの利益のため」[17]なのである。「すでにこれらの（ワシントン会議に参加している——引用者

注) 協会に所属している大多数の教育機関の立場からは、定められた基準^{スタンダード}は何らの影響を及ぼすものではないのである」[18]。

　ここでカークランドは、学問的水準を考えるにあたって避けるべきことがあるとする。第一に、頻繁に基準^{スタンダード}を変更することは避けるべきである、とした上で、続いて彼は以下のような注目すべき発言をしている。

　　　私たちは、必須ではない諸要件 (non-vital elements) は避けるべきである。私たちが過去に、このようなことをやったことはないと私は思う。ここで、私の頭にすぐ浮かぶのは、大学は、理事会やファカルティ、大学運営全体に女性の影響力を認めるべきであるという要求として、ある女性たちが掲げてきた要件である。女性を理事会なりファカルティに加えることは素晴らしいことであろうが、これは、教育的要件の一覧表に占めるべきいかなる位置もないと私は申し上げたい。それは政治活動 (politics) としてはよかろうが、教育活動ではないのであり、教育問題には関係ないのである[19] (傍点は引用者)。

　「ある女性たちが掲げてきた要件」と、カークランドが直接の名指しこそ避けているものの、アメリカ女性大学人協会が掲げたそれであることは、この会議に集った多くの人々にとってはおそらく自明の事実であったことであろう。カークランドのこの発言は同時に、当時のアメリカ教育審議会が構想した認証評価の基本理念を端的に表現したものであるが、学問的水準と女性高等教育の振興——これは、アメリカ女性大学人協会にとっては「必須の諸要件」であった——を両立させるべく新組織として出発しようとしていた協会にとっては、前途に暗い影を投げかけるものであった。

(4) 連邦政府による認証評価と女性の高等教育

　認証評価は非政府組織による高等教育の質保障と向上のシステムとして成立したのであるが、これも前章で瞥見したように、実は、連邦政府はすでに 19 世紀末から大学の分類や基準^{スタンダード}づくりの作業に着手していたのである。

　連邦教育局では、その 1886-87 年度の『教育長報告』で初めて、全米の女性カレッジを「A 区分」「B 区分」に分けて掲載するという方針を採用した。真正の女性カレッジ（「A 区分」）とセミナリーやアカデミー、すなわち中等教育なみの女性“カレッジ”（「B 区分」）とを峻別しようという試みである。ちなみに、初年度の「A 区分」該当校はわずか 7 校（ヴァッサー、ウェルズレイ、スミス、ラドクリフ、ブリンマー、ウエルズ、インガム）であり、その他 152 校が「B 区分」であった[20]。「A 区分」の女性カレッジは徐々に増加してゆくものの、最終の 1910 年度でも 16 校で、大多数の女性大学は依然として「B 区分」（1910 年度で 92 校）に入っている。このように、女性の高等教育について見れば、そもそも、カレッジの名に匹敵できると認定された教育機関が圧倒的少数派というのが現実であったのである。

　前章で確認したように、1910 年、連邦教育局による全米の大学を対象にした分類計画は、最終段階で挫折してしまったものの、連邦政府による女性カレッジの二区分とその公表は、アメリカ女性大学人協会の幹部たちには苦い記憶となって残ったことであろう[21]。女性カレッジのみを対象にしていたとは言え、多くの人々にとってそれは、女性の高等教育全般に対する低い評価にほかならなかったからである。連邦政府によって、「大部分の女性カレッジは事実上、中等教育機関」という、女性の高等教育を支援する人々にとっては屈辱的な開示がおこなわれても、それは何ら、批判や抗議を呼び起こすものではなかった。というのも、アメリカ女性大学人協会の幹部たち自身、中等教育機関なみの女性“カレッジ”が多数存在しているという事実をいやでも認めざるをえなかったからである。後に見るように、アメリカ女性大学人協会はその加盟大学の審査にあたって、女性の正教授は Ph.D. 取得者でなければならないなど、当時の女性高等教育の到達水準から見れば高すぎるとも言うべき基準（スタンダード）を掲げたのも、このような背景があったからである。

3. アメリカ女性大学人協会による認証評価

(1) 新組織の出発と加盟審査の説明

　アメリカ女性大学人協会の前身組織であった女性大学卒業生協会は 1882 年に設立されたが、この組織の特徴は、会員になるためには、たんに「女性の大学卒」であるだけでなく、卒業した当該大学がこの協会によって加盟審査を受け、会員大学として認定されている必要があった[22]。換言すれば、すでに 19 世紀末の時代に、この協会は、大学教育の質を定義し、評定し、それを評価した上で、加盟校を決定するという、今日でいう認証評価作業をおこなっていたのである[23]。

　1921 年 3 月に新組織として出発したアメリカ女性大学人協会もまた、この方式を踏襲して加盟大学の審査にあたった。とりわけ大きな問題は、旧南部女性大学人協会に属していたすべての大学の取扱いであったが、アメリカ女性大学人協会は、すでに女性大学卒業生協会に加盟していた南部地域の大学を除き、残りの大学をすべて「暫定加盟」（加盟大学リストには星印 (*) が付されている）として正式会員校とは認めなかった。これについて、アメリカ女性大学人協会の結成大会において、カレッジ・大学認定委員会 (Committee on Recognition of Colleges and Universities. 以下、認定委員会と略記) の委員長が以下のような説明をしている。

　近年、認証評価ということばが教育界で広く使われるようになっているが、その意味するところは必ずしも一様ではない。アメリカ女性大学人協会内には、両極の意見がある。女性大学卒業生協会創立メンバーからは冷ややかな視線が投げかけられている。というのも、1914 年の 4 月の段階で 32 大学であったものが合併前には 99 大学に、合併後は 127 大学と大幅に増加している。これで本当に、アメリカ女性大学人協会として女性の高等教育の高い質の保証が可能なのであろうか。他方、近年になって加盟が認められた大学からは、加盟認定がいたずらに長引き、あたかもしぶしぶ認めてやっているのだと言わんばかりだという非難が寄せられている。この機会に、アメリカ女性大学人協会がこれまでどのような基準（スタンダード）を適用してきたのかを明確にしておきた

い[24]。

　かつては、認定委員会の委員あるいはその知己が、直接、候補大学を、一校一校、調査し評価をしてきた。しかし、加盟を望む大学が増えるにつれて、この方法は取れなくなった。そこで、二段階あるいは二つの観点からの審査をおこなう。すなわち、まず、一定以上の学問的基準（スタンダード）（standard of educational excellence）を満たしているかどうかであり、アメリカ女性大学人協会は、これについては、アメリカ大学協会の認定大学リストに掲載されているかどうかで見ている。次に、女性の高等教育を振興する団体として、女性の学生・教員への配慮を示す5つの基準（スタンダード）という「追加要件」に照らして審査をおこない、学問的基準（スタンダード）と「追加要件」の双方を満たした場合に加盟可としている[25]。「追加要件」は以下のとおりである。

(1) 女性の存在が、ファカルティの間でも学生の間でも、相応に認められ、女性の学生の知的・社会的生活への適切な施設があること。

(2) とくに女性カレッジの場合には、女性が理事会メンバーの中にいるかどうかを重視する。

(3) 共学制大学の場合は、講師よりも上の職階で授業をおこないファカルティの正規のメンバーとしてカウントされている女性学生部長あるいは女性学生アドバイザー（a dean or adviser of women）[26]がおかれているかどうかを重視する。

(4) 女性教員が同じ職階の男性教員とほぼ同じ俸給を受給していること。

(5) 共学大学については、学生寮など女性学生の社会生活にとって必要な特別な施設をもたない大学は審査の対象としない。

　旧南部女性大学人協会に属していた大学は「追加要件」について審査されていないから「暫定加盟」と決定された、というのが委員長の説明である[27]。ただし問題は、本章で後述する審査プロセスが明らかにするように、①実際には、すべて二段階で審査が進んだのではないこと、特に、②「追加要件」はガイドラインであり、具体的な基準（スタンダード）とは言い難い——たとえば、女性教

員が全ファカルティのどれほどの比率必要なのか、女性理事が一人でもいれ
ばよいのかなど――わけで、アメリカ女性大学人協会の審査過程にとって、
これが最後まで火種として残ることになる。

(2) 加盟申請への手続き

　では、実際には、どのような加盟申請手続きがおこなわれたのか。

　ワシントンD.C. のアメリカ女性大学人協会本部が統括する全国レベルで
の認定委員会とは別に、全国を10に分けて地域認定委員会（たとえば、北大
西洋地域認定委員会など）が作られており、ここが実働組織として、現地視察
によって申請大学に関する情報収集をおこない全国委員会に報告することに
なっていた。多くの場合、まず地域認定委員会が事前審査をおこない、そこ
で加盟推薦が決定されると全国認定委員会に上げるという手続きがとられて
いたが、後に見るバンダービルト大学のように地域の有力大学の場合は、全
国認定委員会が直接、当該大学に加入を働きかける場合もあった。その場合
でも、実働組織は地域認定委員会であり、その委員長を中心に情報収集をお
こない、最終的に加盟推薦をおこなうかどうか、またその時期を決定する。
全国認定委員会は毎年2回（1925年以降は3回）、開催されていくが、委員
たちは地域認定委員会と連携を取りながら、こちらもきわめて精力的に情報を
集めて審査をおこなっていく。全国認定委員会で加盟推薦となった大学はア
メリカ女性大学人協会大会（Convention、隔年ごとに開催）にて正式に加盟が承
認される。

　加盟を希望する大学は、アメリカ女性大学人協会が指定した14項目の質
問が記された加盟申請書を記入し大学の便覧を添えて申し込む。質問項目は
20年代を通じて若干の修正が加えられるが、前述の、女性への配慮という
「追加要件」を敷衍した内容であり、基本的な変更はない。これら14項目の
中で本章の主題に関連したものは、以下の項目 (6) から (12) までであった[28]。

　(6) 理事会に女性のメンバーはいますか。

　(7) 講師より上の職階の女性教員は何人いますか。その氏名、学位（取得大

学と取得年）、所属学科、任用年および採用時の職階、以降の昇任の年度
を挙げて下さい。

(8) 講師の職階の女性教員は何人いますか。その氏名、学位（取得大学と取
得年）、所属学科、任用年を挙げて下さい。

(9) 女性教員へも男性教員と同じ昇任の機会をあたえることを貴大学の方
針とされていますか。

(10) 過去三年間において、(a)正教授へ、(b)准教授へ、(c)助教授へ昇進あ
るいは任用された教員数を挙げて下さい。

(11) 女性学生部長の教員としての職階はどのようになっていますか。その
学位（取得大学と取得年）はどうなっていますか。大学のクラスを教えて
いますか。

(12) 女性教員への俸給と、同じ職階の男性教員への俸給の関係はどのよう
になっていますか。

　必要に応じて追加情報（たとえば、教員の俸給表）が求められ、直接のインタ
ビューの機会が設定されることもあった。合併後の新たな認定委員会の第一
回会議は1922年2月20-22日（ニューヨーク州イサカ）で開催されるが、その
議事録を見ると、そこには早くも、同委員会が引き受けねばならなかった基
本的な難題が議論されている。

　まず、ここでは、加盟申請のあった大学を「アメリカ大学協会のリストに
載っている大学（13大学）」と「載っていない大学（11大学）」に分けて審査して
いる。これは、先に見たアメリカ女性大学人協会の公式見解とは異なるので
あるが、これは当然であろう。アメリカ大学協会のリストは全米的ではある
がその掲載数は少なすぎて、これに固執することはアメリカ女性大学人協会
にとって足枷をはめられることになるからである。これを申請する側から見
れば、たとえリストに載っていなくとも申請できたことを意味する[29]。以上
の問題と裏腹の関係にあることであるが、公式見解どおりにアメリカ女性大
学人協会が「女性への配慮」にのみに力点をおいて審査するわけにはいかな
いとすると、学問的基準（スタンダード）の問題まで見なければならないことになる。そし

て認定委員会の議事録を見ると、事実、認定委員会は実に丹念に、こちらの方も審査をおこなっていったのである[30]。

4．審査が明らかにした女性ファカルティ問題

　すでに指摘したように、1920 年代は、アメリカ合衆国においての高等教育の質保証システムとしての認証評価制度がその一応の完成を見せつつあった時代であったが、それは、いわば実際に制度を運営しながら、そこで露見した問題を修正していく過程でもあった。アメリカ女性大学人協会のカレッジ・大学認定委員会の議事録の記録は、この時代、一般的にカレッジ・大学が抱えていた、研究・教育にかかわるさまざまな問題を垣間見せてくれるものでもあった。

　では、加盟大学の審査にあたって、どのような問題が顕在化し、アメリカ女性大学人協会はこれに対してどのような対応をしたのか。ここでは最初に、ファカルティにおけるジェンダーの平等に関連した問題が、どのようなかたちで露見していったのかを瞥見する。次に、ひとつの大学をケーススタディとして、アメリカ女性大学人協会への加盟を果たすまで、この問題を処理していくのにどのような交渉がおこなわれたのかを、やや詳細に見ていくことにしたい。

(1)　女性教員の学歴（教歴）不足とインブリーディング問題

　まず、審議の過程で何度も指摘されていることが、女性教員の下位職階への偏りと、その直接・間接の原因となりうる学歴（教歴）不足問題である。女性教員の下位職階への偏りについて、本書ではすでに第 1 章で、いくつかの全国調査をもとに、その実態を確認したわけであるが、個別大学レベルで見ると、なぜ、このような問題がおこっているのか、その原因の一端が明らかになってくる。

　アメリカ女性大学人協会では加盟申請書では、講師より上の職階の女性教員の数を訊いているわけであるが、たとえば、カラマズー・カレッジの場合

は、教授が男性 12 名で女性がゼロ、准教授が男性女性ともゼロ、助教授が男性 2 名で女性 4 名という状態であった[31]。そして、この問題はインブリーディングが関係し構造的な問題をなしていた。サウスダコタ大学の場合がその典型である。「現状は、大学でのトレーニングを受けた女性学生部長がいない。修士号をもつファカルティの女性たちはすべて、その学位をサウスダコタ大学から得ている。審議保留」[32]。このインブリーディングは特に女性カレッジで顕著であり、議事録には次の指摘がある。「将来性のある卒業生を、最良の大学院に送ったり他所で教歴を積ませる代わりに、すぐに教員として任用するという誤った政策が採用されている」[33]と。アメリカの植民地時代にその創設を遡ることができる大学の一つ、ウィリアム・アンド・メアリー・カレッジの場合は、「家政学科と体育学科以外には女性教員が不在。女性学生部長もいない。加盟資格なし」[34]とあり、女性教員の特定学問分野への偏りもしばしば指摘された。一定以上の女性教員がいたとしても、かたちだけの"改善"で加盟を達成しようという大学に対してはきわめて厳正な審査をおこなっている。たとえばユタ大学への審査の場合、「1921/22 年度および 1922/23 年度の昇任方針に疑義あり。上級学位をもたない女性を昇任させている」[35]とある。

　以上の二つの傾向は、カトリック女性カレッジの場合はさらに激しくなる。たとえば、カレッジ・オブ・ニューロチェルの場合は、「ファカルティの常設委員会に非聖職者の女性が何人いるのか。また、ファカルティの中にインブリーディングではない女性が何人いるのか」[36]という意見が出されているが、これは、いわゆる修道院型の教育（聖職者が教員であり、その教員の教え子が、卒業後ただちに聖職者兼教員として学校に残り、教える）への批判である。

　以上のように、認定委員会の審査の過程で女性ファカルティ問題が次々と露呈していく。一回の審査で加盟推薦となった大学はほぼ皆無と言ってよい。審査結果は当該大学に伝えられ、そこで何らかの改善が見られた場合、それは再審査に掛けられる、という形が何度か続く。ちなみに、前述のウィリアム・アンド・メアリー・カレッジの場合は、一年後の審議の機会（1923 年 12 月）には、「ファカルティに女性教員が三人しかいない。ただし、この大学が女性の入

学を認めたのは最近であり、このことから、たとえ三人でも当該大学が推進
しようとしている政策上、重要」[37]となり、さらにこれが次の機会(1924年2
月)では、「学長は女性学生部長を任命する予定であるとのこと。また、学問
的資格のある女性をファカルティに任命するつもりもあるとのこと。さらに、
加盟大学になるためには何人の女性を任命すればよいのか、ぜひとも知りた
いとのこと」[38]となり、二年後の1926年2月の審議では、「女性教員数が短
期間に3人から14人へと増加している。女性学生部長にはPh.D.がないが、
将来の女性任用の際にはPh.D.を考慮されたい」[39]として加盟推薦決定となっ
ている。しかし、ここで問われねばならないことは、どのような経緯でそれが
可能になったのか、そこで登場した主要なアクターは誰と誰であったのか、
ということである。以下にこの問題を、史料が残っている南部州の名門大学
のひとつ、バンダービルトの例を使って見ていきたい。

(2) バンダービルト大学のケース

　バンダービルト大学は南部の名門大学であり、協会はすでに女性大学卒
業生協会の時代の1914年、最初の接触を試みている。当時の認定委員会が、
非加盟の大学の中で主要な大学へ、女性教育の状況を照会する書簡と調査票
を送っている。この中にバンダービルト大学のカークランド学長宛の書簡が
あった[40]。これに対するカークランドのカムストック会長宛の返信は、すで
に、来る1920年代の困難な交渉の前触れとなる色調を帯びたものであった。

　　いただいた照会について、私にできる限りでの回答を書き込んだページ
　　を返送いたします。バンダービルトの状況はかなり特殊です。ここは、
　　まずもって若い男性のための教育をおこなう大学です。もっとも、厳密
　　に解釈すれば共学ということになりましょうが。これまで一度も、若い
　　女性の数が40名ないし50名になることはありませんでした。女性用の
　　寮はなく、女性の教員も一人もおりません。きわめて勤勉な女子グルー
　　プがつねにおります。ここにやってくる女子たちはつねになく真面目で
　　勉学好きなようです。男子たちは、女子があまりにもよく勉強し、勉強

以外への関心をほとんどもたないので、自分たちが最優等メダルを取れないと不平を言っています[41]。

　ちなみに、カークランド自身の手で書き込まれた回答は以下のとおりであった。

1. すべての課程が女性に開放されていますか。
　　はい、教養学科では。
2. 理事会に女性メンバーがいますか。
　　いいえ
3. 女性の学生の社会生活のための学生寮あるいは他の施設がありますか。
　　前者についてはノー、後者についてはソロリティの支部の施設が二つあります。
4. 女性専用の体育施設がありますか。
　　いいえ。ただし、男性の体育施設を一定の時間、使用できるようになっています。
5. 講師より上の職階の女性教員は何人いますか（氏名と学科をあげて下さい）。
　　いません。
6. 講師の職階の女性教員は何人いますか（氏名と学科をあげて下さい）。
　　体育担当の女性が一人のみです。
7. 女性教員への俸給と、同じ職階の男性教員への俸給の関係はどのようになっていますか。
　　（無回答）
8. 女性学生部長の教員としての職階はどのようになっていますか。クラスを教えていますか。
　　（無回答）

　これに対してカムストック会長は、返書として、以下の礼状を出している[42]。

　　　拙書への迅速なお返事ならびに質問へのお答えに感謝申し上げます。
　　（スミス・カレッジの──引用者注）同僚教員のミセス・マーガレット・ブラッ
　　ドショウからバンダービルトのことをよく聞かされておりまして、バン
　　ダービルトが何よりも若い男性の教育をおこなう大学であることは認識
　　いたしておりました。いつの日か、バンダービルトに女性教員が就任す
　　ることを、さらには、現在、バンダービルトが女性の学生に提供してい
　　る諸特権がさらに拡大することを、女性高等教育の熱烈な一信者が希望
　　いたしておりますと申し述べることをお許し下さい。
　　　改めて、御礼を申し上げます。

　これで、バンダービルトとの第1回目の交渉は終了している。

　それから約8年が経過し、アメリカ女性大学人協会が結成された直後の
1922年1月28日、今度は全国認定委員会の委員長名で、バンダービルトは
アメリカ大学協会のリストに掲載されているので、女性教育の状況について
の照会状への回答を送ってほしい旨の書簡を送っている[43]。今回もまた、同
一文面の書簡が、ジョンズ・ホプキンズ、トリニティ（後のデューク）、バー
ジニア、ノース・カロライナ、スイート・ブライアーの各大学にも送られて
いる。これらはすべて、「暫定加盟」の大学である。

　これに対するカークランド学長の1922年1月31日付返書は、文字どおり
取り付く島もないという内容であった。彼は言う。バンダービルト大学が大
学の行政や理事会において、女性にどのような認知をあたえているかについ
ての照会状を落手した。これについてはいちいち返答するつもりはない。「と
いうのも、それらすべてについては、『ノー』のひとことでお返事できるか
らです」[44]と。そもそも、バンダービルト大学は若い男性のための大学とし
て基金が支出され設立された。ところが、

　　　おもに地域的なものですが、ひっきりなしに圧力がかかり、女性にも
　　門戸を開放するに至り、現在のところ、教養部に約150人の女性が在学

しております。（新規の──引用者注）女性入学者は約50名に制限してい
ます。といいますのも、これ以上の数の面倒をみる用意がないからです。
本学は女性の就学を求めてはおりません。女性を収容する学寮はひとつ
もありませんし、私自身、この困った問題（this problem）へ大学がどのよ
うに賢明に対処すべきか、まったく分からないのです。

　私は、バンダービルト大学における女性教育のプログラムを策定して
みましたが、これには初期寄付金だけで100万ドルを要します。現在ま
でに、この寄付金を出そうという方は一人も現れません。篤志家を数人、
見つけられない限り、本学は、ことばの真の意味での共学制の大学にな
ろうというつもりはまったくありません[45]。

　カークランドはさらに、「女性にたいして大学教員としてあるいは大学行
政上の認知をあたえさせようという貴協会の御努力は、バンダービルト大学
が女性に対して門戸を閉ざすことに影響力を発揮することになるかもしれま
せんが、それは貴協会が目指すところではありますまい。私ははっきりと申
し上げますが、わが国の当地域で女性に価値ある教育をあたえうる他大学が
他にあったならば、そもそもバンダービルト大学が女性に門戸を開放するこ
とはなかったでしょう。これで私どもの立場を十分に理解されたと思いま
す」[46]とまで断言している。ちなみに、連邦教育局に報告された当時の学生
数・教員数を一覧にしたのが以下の**表3-1**であるが、これを見ると、本書簡
が書かれた時期のバンダービルト大学は、他大学と同様、一大拡張期である
が、女性の学生数については、カークランド学長が言うように、学生数増加
という「困った問題」に対して、ある種の制限政策をおこなっていたようで
ある。これが、女性大学教員となると、「上限枠（quota）」制あるいは「二重基準」
制以前の状態で、教員数は全体としては、学生数に比例したかたちで伸展し
ているが、女性教員数はゼロが続いていた。

　このような状況を打開するために、アメリカ女性大学人協会は本部の事務
局長名でカークランド学長に、バンダービルト大学の女性教員の誰かを同大
学の代表に任命して、以降、アメリカ女性大学人協会と大学との連携役を果

表3-1　バンダービルト大学教養学科の学生・教員数

年度	学生		教員	
	男性	女性	男性	女性
1916/1918	242	79	34	0
1918/1920	457	129	45	0
1920/1922	440	160	40	0
1922/1924	539	168	75	0

出典：U.S. Office of Education, *Biennial Survey of Education* の
各年度版より筆者が作成

たすようにしてほしいとの要請を出している。これに対するカークランド学長の返書は、バンダービルト大学には女性教員は一人もいないので、要請には応じられない、というものであった[47]。事務局長はあきらめずに、それでは、女性卒業生の誰かを出してほしいと再び要請する。これに対してカークランドは、1924年2月29日付の書簡で、「1918年にMA学位を取得し、本学教授の一人の令嬢でもある」ケイト・ティレットを代表として任命するとの書簡を送っている[48]。ティレットは、本人が言うように、「長年、アメリカ女性大学人協会の地方支部を通じて、アメリカ女性大学人協会に関心をもち活動メンバーであった」[49]のであり、大学代表として任命されると同時に、初の女性講師として（ただし、職業ガイダンス vocational guidance 担当）で教鞭をとることになった。さらに、女性の学寮建設の基金募集のために結成されていた女性同窓会の委員会は、女性学生部長職任命のために基金募集を開始する[50]。その結果、カークランド学長は従前の方針を変更し、女性学生部長の受け入れを表明し、同窓会が基金を拠出するという条件で、1925年度よりバンダービルト大学に女性学生部長、エイダ・ステープルトン（Ada Bell Stapleton, 1887-1947, 1916年にワシントン大学でMA取得、1923年にロンドン大学キングス・カレッジでPh.D.取得）が三年間の任期で就任する[51]。

　バンダービルトとの関係をさらに強化しようと考えた本部事務局長はカークランドに、新女性学生部長をアメリカ女性大学人協会の連携役として、バンダービルト大学代表に任命してほしい旨の要請をおこなうが、今回のカークランドの回答は、連携役を任命するのはアメリカ女性大学人協会の側で

あり本学の関与するところではない、ときわめてそっけないものであった[52]。さらにカークランドは言う。自分の理解するところでは、バンダービルト大学はアメリカ女性大学人協会の認定リストには掲載されておらず、卒業生は暫定的な地位に置かれている。なぜ、正会員資格があたえられないのか。

　　これについて私は、それが万一、教育的水準の問題であるならば（傍点は引用者）、深く憂慮するでしょう。しかしながら、私は、この点に関しては、バンダービルトが完全に資格を満たしていると思います。私たちが満たしていないものがあるとすれば——実際、満たしていないとおっしゃっているわけですが——それは教育的ではない他の要件のせいということになりましょう[53]。

　一方、初の女性学生部長となったステープルトンは、アメリカ女性大学人協会の本部事務局長に対する1926年5月8日付の書簡でバンダービルトの正式加盟を強く要請する。それは、アメリカ女性大学人協会の側に大きな妥協を求めるものであった。ステープルトンは言う。こちらでは、アメリカ女性大学人協会が南部地域の女性の高等教育の状況をよく分かってくれないから、かつての南部協会を再結成しようか、という動きが強くなっている。今年、認めてくれないと、敵意がいよいよ強くなる。女性のための寮がないと言うが、それはカリフォルニア大学でも同じではないか。バンダービルトの女性の学生は、学業的にも人格的にもえり抜きであり、南部地域では影響力を持つ女性集団である。今年、正式加盟できる途はないだろうか。南部地域にアメリカ女性大学人協会の砦を築くためにもそれが必要である[54]。
　これに対して事務局長は5月14日付で、ただちに長文の返書を送っている。その内容は、①バンダービルトは学問的基準（スタンダード）といった点ではまったく問題ない。女性が置かれた状況のみが問題なのであり、これは、私自身、譲ることができないものである。②全国認定委員会はバンダービルトの同窓会が行った努力について特別に言及し、女性学生部長が任命されたことで、課題の多くは達成されたのではないかと感じている。③女性の学生の住居とい

う問題は、考慮しなければならない多くのものの一つに過ぎない。この点で欠点がある大学もあることは事実であるが、欠点に増して長所があればよいのであり、認定があたえられた後に、このような大学を見守っていくのが協会の方針である。④南部協会の再結成ということを言われているが、これはきわめて遺憾で理解できない。このようなセクショナリズムは、現在、協会が、拭い去ろうとしているところのものそのものである[55]。

　この往復書簡の一ヵ月後の1926年6月21日、フレミング教養学科長名でアメリカ女性大学人協会への加盟申請（「暫定加盟」のステータス解除申請）の書簡が届く。それには、この申請が、ステープルトン女性学生部長の要請によるものであることが明記された上で、加盟申請書（複写を含めて8部）が同封されており、①この申請書は、基本的に、教養学科について、そこにおける女性の状況について該当するものである、②女性用の建物のスペースの関係で、学士課程の女性の学生数を200名に（一学年あたり50名に）制限している事情を理解されたい、という補足説明がなされている[56]。

　この申請書を読んだ認定委員会の委員たちは、恐らくあきれ返ったことであろう。女性教員の数を尋ねた質問項目には「裏面参照」とあり、申請書の裏には18人の“女性教員”の氏名が記載されているが、ティーチング・フェローから図書館員や学科秘書、はては、新設の看護学科に「任命予定の教員スタッフ」まですべて動員しており、「基本的に、教養学科について」であるという書簡の説明でファカルティとして認めうるのはわずか三人──ティレット、ステープルトンの両名に加えて、同大学で1925年にMAを取得した生物学講師ルイーズ・アレン──であり、このうち正教授でかつPh.D.取得者はステープルトン女性学生部長のみである。女性の学生への体育施設については「なし」と回答した上で別紙に補足説明があり、「現在の体育館は男性専用となっており、増設しない限り女性に使わせるのは不可能」「女性の希望者には、隣のピーボディー・カレッジあるいはYWCAの施設を使用させている」[57]と説明している。これでは、これまでの他大学の加盟審査の基準では絶対に通らないはずであった。特に、ファカルティについては、この加盟申請書が届く以前の段階で、地域認定委員会委員長が「全国認定委員会

はこれまで、女性がファカルティに占める職が、男性では就任しえないようなもの——たとえば、女性学生部長、体育インストラクター、家政学の教師、図書館員といった非教授職——しかない場合は、女性が男性と同じ機会があたえられているとは考えてこなかったはず」[58] と明言しているのである。

　この申請書が届いた数日後、今度は 1926 年 6 月 23 日付でカークランド学長の書簡が届けられる。これは、アメリカ女性大学人協会本部が「暫定加盟」のすべての大学に送った、「1927 年までに改善が見られないと、リストから完全に削除する」という警告への返書となっている。これによれば、「私どもが現在、正会員の資格がないというのであれば、将来にわたって正会員の資格はえられないと思われます」[59] とした上で、「私たちは、現在、入学してきた 150 名の若い女性たちに対して、考えうる限りの方法で最善のことをおこなっております。大学は二つの宿泊施設を、ソロリティはさらに四つを建設いたしました。したがって私は居住設備という点では十分に要求を満たしていると考えます。大学の学生会館の建物には、使える以上の女子のスペースを確保しました」[60] と女性の学生へおこなった配慮について述べている。そして、「バンダービルト大学はこれ以上、貴協会に参加するための努力をするつもりは一切ないというのが私の思いです。私たちがこれまでにおこなってきたことが不十分であると言うのであれば、貴協会との私たちの関係は、なるべく早くしかるべき時に終わりにするべきでしょう」[61] と書簡を結んでいる。

　地域認定員会の委員長および委員たちは、カークランド学長のこの書簡に衝撃を受ける。「これ以上、貴協会に参加するための努力をするつもりは一切ない」ので、バンダービルト大学とアメリカ女性大学人協会の関係は「なるべく早くしかるべき時に終わりにするべき」——これが、カークランドの意図であるのか。実際、地域認定委員会だけでなく全国認定委員会も同じ判断をしたのである。その委員長とは、すでに本書第 1 章に登場した、ガウチャ・カレッジのエラ・ロンであった。ロンの判断は、カークランドが書簡で述べていることが本意であり、その前に送られてきた加盟申請は、学長の承認なしにフレミング学科長の独断でおこなわれた——あるいは、加盟申請送付後、

カークランド学長が翻意した——と考えたのである。

　しかしながら、地域認定委員会、全国認定委員会ともに、それから 5 ヶ月近く経ってからフレミング学科長がロン委員長に送ってきた長文の電報に、再び驚かされることになる。先に送った加盟申請への返事の督促であった。加盟申請は、カークランド学長の承認の上で送付したのである。直後に学長が地域認定員会の委員長に送った書簡の意味するところは、「私たちは今や、正会員に必要なすべての要件を満たしたのであり、これ以上、暫定リストに掲載されることは望まない」ということである。その上でフレミング学科長は、「他の多くの共学制大学の状況をよく知っており、バンダービルトは要求されたすべてを満たしていると確信する。バンダービルトが推薦されうることを信じる。ただし、これ以上、暫定リストに掲載されないことを要望する」と電文を結んでいる [62]。

　再交渉の余地ありと判断したアメリカ女性大学人協会は、本部および地方支部が、ステープルトン女性学生部長と何度も協議の往復書簡を交わしている。さらに、女性卒業生と思われる書簡が続々と届けられる。これを読むと、この三者が一体となって、バンダービルト大学の正式加盟に骨を折っていることを髣髴とさせる。たとえば、1926 年 11 月 11 日付の書簡では、地域認定員会の委員長がステープルトン女性学生部長に対して、次のような意見を述べている。同窓会がこれまで、女性学生部長と学寮が確保できればアメリカ女性大学人協会の要求をすべて満たしたことになる、と考えていることには憂慮せざるをえない。「私は、バンダービルトおよびその女性同窓会に対してできることは何でもしたいと強く願っています。学問的水準（これについて何ら不安はありません）は別にして、バンダービルトが協会の要求に合致するような他の新たな事実はありませんか」 [63] と問うている。これに対して、ステープルトンは 11 月 17 日付の返書で以下のような新事実を述べている。今年になって女性の内科医がキャンパスに常駐し、200 人余の女性の学生の健康管理をおこなうようになった。さらには、「カークランド学長が、バンダービルトに女性の学生が在籍するかぎり、大学が給与を支給する女性学生部長職を置くのが大学の政策であるとの公式声明をおこないました。アメリカ女

性大学人協会に認定されている他大学についての私の知識から申しますと、
1925年度、26年度、27年度に、バンダービルト大の当局がどれだけ要求に
応えたのか、それが、バンダービルトの名前の前の星印をはずす正当な理由
になることを、学識経験豊かな女性のグループ（引用者注——アメリカ女性大
学人協会の認定委員会を指す）が見落とすことはありえないでしょう」[64] として
いる。さらにステープルトンは同日付の全国認定員会委員長宛の書簡で、「私
は、自身がアメリカ女性大学人協会の熱心な活動家として、カークランド学
長の（アメリカ女性大学人協会に対する——引用者注）遺憾とも言える配慮のなさ
を心配しています」[65] と述べているのである。

　以上の経緯を委員長から報告を受けた全国認定員会は、文字通り年末の
会議で、「女性への体育教育のきちんとした設備が保障されるであろうこと、
そしてそのことが、1927年3月30日—4月2日のワシントンDCでの大会
に間に合うように報告がなされるという条件で、バンダービルト大学に付さ
れていた星印をはずすこと」[66] を決議する。本来からすれば、他にもファカ
ルティにおける女性の地位の問題など、他大学の場合と比べて、指摘できる
問題があったはずである。

　年が明けてからも、バンダービルトから、新たな情報はもたらされなかっ
た。ステープルトンは、バンダービルトがアメリカ女性大学人協会大会で本
当に正式加盟が認められるのか、全国認定委員会委員長宛の書簡で不安を述
べ、必要ならば大会前に予定されている認定委員会に出頭してもよいと申し
出る[67]。他方で、本部事務局長はカークランドに、バンダービルトから「団
体会員としての代表」を送ってほしい旨の要請をおこなうが、これはかえっ
て学長の態度を硬化させることになった。「失礼ながら、私の認識では、バ
ンダービルト大学は、その資格が未だ一度も認定されていない特別な大学の
グループに属するということであり、貴協会の会員資格の問題は、私たちに
とっては依然として保留状態にあるはずです。これが正しいのであれば、ご
招待は何かの誤りで届けられたものと私には思われます」[68] というのである。
事務局長はただちに返書を送り、団体会員という呼称は、「暫定加盟」であ
ろうとなかろうとアメリカ女性大学人協会のリストに掲載されているすべて

の大学について言うものであるので、バンダービルトも当然、これに含まれる。そして、「貴殿がこれまで、バンダービルトの女性の学生たちの施設計画についてなされた大きな成果にかんがみまして、私たちの全国大会に代表を送っていただくことを衷心より希望いたします」[69]と結んでいる。これに対するカークランドの対応は、「もしも今、私たちに完全な会員資格をあたえられないというのであれば、バンダービルトは貴協会が関心を持つ分野から完全に撤退すべきであるということです。私がこのように申し上げたからといって、それは貴殿が代表となっている団体への反感の表明ではなく、私のきわめて率直な思いの表明であるとご承知おき下さい」[70]というほとんど最後通牒に近いものであった。

　大会前の 3 月 30 日に開催された全国認定委員会の会議には、ステープルトン女性学生部長が女性同窓会の代表三名を伴って出頭した。そして、間もなく女性のための体育館が建設されること、女性入学者数がこの二年間で50 名増加したこと、女性学生部長職が恒久化されることになった等の点を説明している[71]。4 月 1 日、バンダービルト大学は、正式加盟が認められた。

　バンダービルト大学がアメリカ女性大学人協会に対してこのような高圧的な態度を取りえたのはいくつかの理由が考えられる。

　第一に、カークランド学長は、南部だけでなく全米的にその名前の知られた高等教育界の名士であり、19 世紀末に南部地域認証評価団体を立ち上げ、大学間連合がおこなう認証評価の理念と制度を方向付けた 1921 年のワシントン会議の議長その人であった。その彼にとって、アメリカ女性大学人協会の"審査"などは小賢しいとの思いがあったはずである。事実、彼はすでに本章で引用したように、アメリカ女性大学人協会の暫定会員としか認定されないのは「教育的ではない他の要件」のせいであると断言している。

　第二に、バンダービルト大学は、フィランソロフィー団体がアメリカ的高等教育の形成に関与し始めたその最初から、その評価と支持を集めてきた[72]。高い学問的水準こそは、このような団体の評価と支持のもと、カークランドが一貫して追求し、実現してきたものである。たとえば 1919 年、バンダービルト大学が、そのメディカル・スクールを近代的な医学研究のセンター

にすべくロックフェラー財団より600万ドルの基金を受けたとき、地元紙が、「南部諸州の必要と功績に応じてこれまで受けてきた中で、もっとも寛大な賞賛」[73]であると報じたのもゆえなきことではない。さらに1925年、後に「モンキー裁判」として知られるようになるデイトンの事件が勃発した際、カークランド学長はこれを批判し、バンダービルト大学は、教養学科の「科学教育の推進のために最新の実験室をキャンパスに建設することでこれに対して回答を出す」[74]として、400万ドルの寄付を集めることを宣言した[75]。翌年の4月に開始された募金はわずか一年でこれを完遂しているのである[76]。

5．アメリカ女性大学人協会による認証評価と高等教育のヒエラルキー

（1）アメリカ女性大学人協会の認証評価はどのように受け止められたか

　アメリカ女性大学人協会の認証評価を受け、認定大学リストに掲載されることはどのような意味があったのか。この問いへの回答は、高等教育のヒエラルキーの問題が無視できない。女性カレッジにとっては加盟校になることは特筆すべきことであった。たとえば、イリノイ女性カレッジの『大学便覧』には、同カレッジの教育水準を、アメリカ大学協会、地域認証評価団体であるノース・セントラル協会、さらには、メソジスト・エピスコパル教会系大学評議会といった「基準化機関（standardizing authorities）」が「最高位であると認定しています」とした上で、すぐ次に、「本学の卒業生はアメリカ女性大学人協会の会員資格があります。羨望の的となっているこの栄誉（this much coveted honor）は、全国の比較的少数のカレッジの卒業生のみにあたえられるものです」[77]としている。すなわち、アメリカ女性大学人協会は認証評価団体という認識である。さらには、メリーランド州のフッド・カレッジのある地元紙は、「フッド・カレッジは、中西部およびメリーランド州大学カレッジ協会、さらに、アメリカ女性大学人協会の認証評価大学のリストに掲載されています」[78]として、ここでもアメリカ女性大学人協会を認証評価団体としている。ペンシルベニア女性カレッジ（現在のチャタム・カレッジ）にいたっては、広報用のリーフレットに「本学は以下の団体の認証評価リストに掲載

されています」という見出しのもと、地域認証評価団体を差し置いてその筆頭にアメリカ女性大学人協会を挙げているほどである[79]。

しかしながら、これらの女性カレッジが、どれほどアメリカ女性大学人協会の認証評価を誇示したからといって、それは、認証評価の定義づくりを着々と進めていたアメリカ教育審議会が共有するものではなかったのである。

すでに本章の最初で述べたように、アメリカ教育審議会は高等教育関係諸団体のたんなる情報交換サロンであったのではなく、アメリカ的高等教育という巨大なシステムの形成、すなわち、一大高等教育ヒエラルキーの構築という作業のための不可欠な機関であった。その作業にとって、認証評価とは何かを定義することは最重要な課題であった。このことは、1921 年に創刊された同協議会の機関誌 *Educational Record* が毎号のように認証評価関係の論考を掲載し、かつ、1924 年より毎年一度、認証評価を受けた大学のリストを掲載していることからも明らかである。この場合、この「リスト」とは、アメリカ教育審議会が認証評価団体であると認定した諸団体——その筆頭は言うまでもなくアメリカ大学協会であり、これに地域認証評価団体が加わる——が公表した認証評価を受けた大学一覧をアメリカ教育審議会の側が集約し、州別に整理したものなのである。この「リスト」はきわめて重要な意味をもっていた。なぜならば、これこそが、唯一の「全米的リスト」であったからであり、全米の教育関係者が参照したからである。

(2) アメリカ教育審議会によるアメリカ女性大学人協会批判

では、アメリカ教育審議会はアメリカ女性大学人協会に対してどのような態度をとったのか。

1927 年 3 月、マン (Charles Riborg Mann, 1869-1942.) は全国認定委員会委員長に立て続けに書簡を送り、アメリカ女性大学人協会のおこなっている認証評価作業に警告を発している。

彼は言う。認証評価機能は、個人会員ではなく機関会員から構成される団体に付与されているものである。このため、現在のニューイングランド・カレッジおよび中等学校協会は個人会員から成る団体であるので、ここが認定

した大学一覧を公表することをよしとしていない。これはニューイングランド地域の大学に不利に働いているので、本審議会は同協会に対して、個人ではなく機関会員による団体に再編するよう説得してきたところである。自分は貴協会にアドバイスをする権限はないが、貴協会が掲げる理念に賛同するものであるので、この事実に留意されるようお願いしたい[80]。

　ここでマンが言及しているニューイングランド・カレッジおよび中等学校協会は、1929年になって、機関会員を母体とする組織に機構改革がなされる。アメリカ教育審議会はこの時点で、同協会を正式に認証評価団体として認知している[81]。これに対して、アメリカ教育審議会は最初から一貫して、アメリカ女性大学人協会を認証評価団体であると認めていない。

　個人ではなく機関からなる団体はなぜ必要であったのか。それは、今日の認証評価では常識になっているように、認証評価過程に関与できるのは、政府や教育関係官庁はむろん最初から除外した上で、大学関係者——より正確に言えば、第三者の同僚としての大学関係者——のみであり、これ以外の外部の圧力からは基本的に自由でなければならない、という思想にもとづくものである。現に大学を構成し動かしている者こそが、大学教育の質について議論し、これに適格な判定を下すことができると考えるからである。これはまさに、1920年代の「認証評価の理念と制度の析出過程」で確立した定義であった。アメリカ女性大学人協会の場合、認定委員会を構成するメンバーは確かにこの意味で大学関係者であるが、その認定過程には、女性の同窓生などが深く関与していた。バンダービルトの加盟申請過程で大きな役割を果たしたアクターたち——地方の認定委員会の委員たちに加え、バンダービルトの側の女性同窓生、女性学生部長、女性教員——は全員、アメリカ女性大学人協会の（暫定）会員であった。まさにそれだからこそ、当該大学での女性教員の任用が促進されるなどの成果があったのである。実際それは、アメリカ女性大学人協会の側が積極的に推進した政策であった。アメリカ女性大学人協会は機関誌の中で、「なぜ、個人会員資格を認証評価リストにもとづいたものにするのか」という問いを設定し、次のような二つの答えを掲げている。「たとえ学問的水準は疑いのないものであっても、女性への教育的あるいは

高度専門職的な機会という点で不平等あるいは不十分さを温存させている大学に圧力を掛けるため」[82] そして「大学における水準について知的な世論を——特に、協会への加入を望んでいるにもかかわらず加入資格のない女性卒業生たちの間に——喚起するため」[83] である。しかしながら、これは、アメリカ教育審議会からすれば、認証評価の原則に正面から対立するものであった。事実、アメリカ女性大学人協会における審査過程を見ると、この「圧力」は当該大学にかかってきたのである。全国審議委員会の議事録は指摘する。地域認定委員会のヒアリングの席上、なぜ、母校が認定されていないのか、との同窓生からの照会の手紙の山に対して苦情を言う学長がいる。他方では、地域認定委員会が圧力をかけてくれたおかげでファカルティに、より高い学問水準が維持できるようになったと感謝する学長からの書簡も多数落手している、と [84]。さらに「圧力」は、しばしば、認定委員会そのものにもおよんできたのである。南カリフォルニア大学の加盟認定の過程では、この大学の卒業生で当時の連邦司法省副司法長官であったウィルブラント (Mabel Walker Willebrandt, 1883-1963) が、同大学の財政には問題がないとの意見を、司法省のレターヘッドを使って送っている [85]。一人の同窓生としての発言ということであろうが、副司法長官としてのウィルブラントは本来から言えば加盟審査には何ら関係がないはずである。司法省の公用便箋などは使う必要もないし使うべきではなかったはずであろう。だが、「圧力」をかけるという意味では、これはさぞかし効果的であったであろう。

　では仮に、アメリカ女性大学人協会がマンの勧告に従って、機関会員方式に組織換えしたとしたら、アメリカ教育審議会によって認証評価団体として認知されたであろうか。それは、ありえないことであったと思われる。

　マンは、全国認定委員会委員長宛の別の書簡で次のような論難をしている。ジョージ・ワシントン大学が貴協会の認証評価を受けられない唯一の理由は、大学における職階が上位の女性教員数が十分な比率に達していない、ということであった。では、お尋ねしたい。「いったいどうすれば、ジョージ・ワシントン大学のファカルティの女性数の比率を（女性カレッジである——引用者注）ラドクリフ・カレッジの比率と比較できるのでしょうか。貴協会が要

求する比率とはいくつなのでしょうか。（中略）西部地域の州立大学に対して、これらの要件を強制することで、これまでどのような好結果を収められているのでしょうか」[86]と。

　こうしてマンは、ある大学が、「大学組織の特定の特徴に関心をもつ団体ないし個人が定める政策規定を受け入れること」[87]（傍点は引用者）をどこまでおこなってよいのかという問題は、この二年間、州立大学およびランドグラント・カレッジ協会が議論してきたところであるが、これは貴協会でも真摯に検討すべきである、として、「このような団体の要請が、教育への最善の関心と完全に調和しないかぎり、ある協会がその個々の規定を押し付けることにより、重大な損害をあたえることになりえる」のであり、「すべての大学に一様に公正には適用できない恣意的な要求をおこなうことで、他の重大な効用を損なうことがないよう望みます」[88]として書簡を結んでいる。彼の議論は、本章第1節で見たアメリカ教育審議会におけるカークランド学長の批判——アメリカ女性大学人協会が言う「追加要件」とは「必須ではない諸要件」なのであり、この実現を目指すことは、「政治活動としてはよかろうが、教育活動ではない」——と機を一にするものであろう。機関会員方式への固執以上に、こちらの方こそがアメリカ女性大学人協会が忌避された理由と考えられるのである。

(3)　アメリカ女性大学人協会の認証評価とは何であったのか

　こうして、アメリカ女性大学人協会の認証評価は、全米的な「認証評価の理念と制度の析出」過程からは排除されてしまう。換言すれば、それは、自称認証評価に貶められていく。認証評価は連合主義の要素である「高等教育における多元主義の尊重」を反映したものであったから、何をもって高等教育の優秀性を担保するのか、という問いへは複数の回答を用意しようとするものであったが、ここでの問題は、その複数の回答はすべて等価であるはずがなく、ヒエラルキーに組み込まれているはずであった。「女性の高等教育」が低い優先順位をあたえられたとしても——あるいは、そもそも多元主義の一要素としてはまったく認められなかったとしても——当時として何ら不思

議はなかったのである。

　この後、アメリカ女性大学人協会は、認証評価事業からは徐々に撤退し、さらに、機関会員ではなく個人会員から構成される団体へと変貌していく。今日では、たとえば女性教員の比率は学問的水準に大きな影響があることが、さらには、マンの言うところの「教育への最善の関心と完全に調和」するということは広く認められており、したがって、かつては日本の認証評価過程の中にすら組み込まれていた[89]。この意味では、アメリカ女性大学人協会がジェンダーへの配慮を高等教育の優秀性を担保するものとして掲げた正当性は立証されたと言えよう。しかし、これを達成する制度として、かつてのアメリカ女性大学人協会方式を採用することは、カークランドの言うところの「政治活動」であるとして排除すべきなのか。それとも、どのような認証評価制度も、基本的には「政治活動」を排除することができないと考えた上で、認証評価の制度をマイノリティの観点から問い直すのか。結局は破綻してしまったアメリカ女性大学人協会の"認証評価"は、この問いへの興味深い事例を提供していると思われるのである。

注

1　この合併の直接の契機は、国際女性大学人連合（International Federation of University Women, IFUW）への加盟という問題であった。この連合は、一国について一組織しか代表を認めないという方針をとっていたため、両組織の統合は不可欠であった。　IFUW の正史である Edith C. Batho. *A Lamp of Friendship, 1918-1968: A Short History*（International Federation of University Women, 1968）. を参照。ただし、歴史研究としては、以下のサンデルによる業績の方がはるかに優れている。Marie Therese Sandell, "'International Sisterhood'？: International Women's Organisations and Co-Operation in the Interwar Period." Ph.D. Thesis, University of London, 2007.

2　Hugh Hawkins. *Banding Together: The Rise of National Associations in American Higher Education, 1887-1950*（Johns Hopkins University Press, 1992）.

3　坂本、「戦間期のアメリカ合衆国における女性大学教員：1920年代における状況」『大学論集』第39集（2008年3月）、92-94. を参照。

4　近年の日本でも、大学の認証評価制度の成立にかかわって、アメリカ合衆国における認証評価制度の研究も散見するようになったが、アーカイブズ文書ま

でに遡った研究は皆無である。この点、本章 . では注 9 の Harcleroad、注 18 の Lykes の歴史的研究を採用する。

5　Marion Talbot and Lois Kimball Mathews Rosenberry. *The History of the American Association of University Women, 1881-1931*（Boston, Houghton Mifflin 1931）.; Susan Levine. *Degrees of Equality: The American Association of University Women and the Challenge of Twentieth-century Feminism*（Temple University Press, 1995）.

6　アメリカ女性大学人協会のアーカイブズ文書はその全体がマイクロフィルム化されており、本章 . でもこれを史料として使用する。この場合、史料の所在の表記は「リール番号：コレクション区分：ボックス：フォルダ：フレーム番号」という形式を使用する。

7　アメリカ女性大学人協会の 20 世紀初頭の活動の一端については、坂本、「20 世紀初頭のアメリカ合衆国における女性高等教育」、坂本『アメリカ教育史の中の女性たち』（東信堂、2002 年）、205-248 を参照。

8　協会設立の次の年の大会で議論された論題は、いずれも、ヨーロッパ（とりわけ、ドイツ）とアメリカ合衆国の比較大学院論とでもいうべき内容である。The Association of American Universities. J*ournal of Proceedings and Addresses of the First and Second Annual Conferences*（1901）.

9　The Association of American Universities. *Journal of Proceedings and Addresses of the Sixteenth Annual Conferences.*（1914）, 17-18.

10　Fred F. Harcleroad *Accreditation: History, Process, and Problems.* AAHE-ERIC/Higher Education. Research Report No. 6, 1980. 23.

11　Ellen Condliffe Langemann. *Private Power for the Public Good: A History of the Carnegie Foundation for the Advancement of Teaching*（Wesleyan University Press, 1983）.

12　Ellen Condliffe Langemann. *Private Power for the Public Good: A History of the Carnegie Foundation for the Advancement of Teaching*（Wesleyan University Press, 1983）, 21-22.

13　Hawkins, *Banding Together*, 90-91.

14　この会議についての新聞報道は、"Talk College Standards," *Washington Post*（May 8, 1921）, 8.

15　カークランドについては、Edwin Mims. *Chancellor Kirkland of Vanderbilt*（Vanderbilt University Press, 1940）. を参照。これは、注 76 の同著者による個別大学史と同様に、遺憾ながら批判的観点が欠如した伝記であるが（刊行年から考えれば、未だ「祝典大学史」の時代であり、やむをえないのかもしれないが）、少なくともカークランドが 19 世紀末から 20 世紀初頭にかけての全米的な教育水準改革運動にきわめて精力的に取り組んだことは立証しえている。特に、同書第 6-8 章を参照。

16　James H. Kirkland. "Objectives of Standardization of Higher Institutions," *Educational*

Record 2 (3) , (July 1921) , 119.

17　Ibid.

18　Ibid.

19　Ibid., 120.

20　*Report of the Commissioner of Education.* (1886-1887) , pp.643,645. このリストは興味深い。いわゆるセブン・シスターズに属する女性カレッジ（ただし、マウント・ホリョークはこの時点では未だ、大学としての設立認可状は有していなかったので入っていない）に加えて、ニューヨーク州最初の、フルスケールの女性カレッジとしてインガム大学 (Ingham University) が A 区分に入っている。ただしまことに皮肉なことに、インガム大学はそれから 10 年も経たない 1895 年には財政難によって閉鎖されてしまう。"Ingham University Closed; New-York's First College for Women Sold Out Under Foreclosure," *New York Times*, February 10, 1895, 28.

21　これは、二重の意味でそうである。と言うのも、アメリカ女性大学人協会は、連邦教育局によるこのような女性カレッジの区分を黙って受け入れただけでなく、1910 年代、まだ合併前の女性大学卒業生協会の時代に、今度は、連邦教育局による、結局は公表を妨げられることになるリストを、協会独自の認証評価に用いてしまったからである。当時、連邦教育局の初代高等教育担当専門官としてこのリストを作成したバブコックは、後にアメリカ教育審議会の機関誌に、「教育局のリストを使うのはやめろと警告を受けたにもかかわらず、卒業生協会（アメリカ女性大学人協会の旧称――引用者注）は、教育局が足を踏み入れるのを恐れるところへ飛び込んでしまった（「愚か者は天使が足を踏み入れるのを恐れるところへ飛び込む」という俚諺を踏まえる――引用者注）。その結果、すぐに彼女たちは、別の基準を、すなわち、アメリカ大学協会のリストを採用せざるをえなくなったのであるが、これはやめた方がよかった。と言うのも、彼女らの目的には合っていないからである」と、自分が蒔いた種であるにもかかわらず、あたかも他人事のように皮肉たっぷりに書いている。Kendric C. Babcock. "The Present Standards of Voluntary Associations," *Educational Record* 2 (3) , (July 1921) , 95. また、坂本「20 世紀初頭のアメリカ合衆国における女性高等教育改革」、219-220. も参照。

22　Talbot and Rosenberry, *The History of the American Association of University Women*, 11-14.

23　坂本、「20 世紀初頭のアメリカ合衆国における女性高等教育」、225-236 を参照。

24　F. Louise Nardin. "Report of the Committee on Recognition, April 7, 1922." *Journal of the American Association of University Women* Vol.15, No.4, (July 1922) , 111. 以下、*AAUW Journal* と略記する。

25　Nardin. "Report of the Committee on Recognition," 112.

26　歴史的には、女性の学生への特別に必要な配慮をおこなう女性が、寮母や舎監というかたちで大学の中にすでに存在した。しかし、ここで AAUW が要求したのは、(1) 大学人、すなわち、しかるべき学位と教歴を備えた女性でなければならない、(2) 大学の正規の管理職として位置づけられていなければならない、という点であった。坂本「アメリカ大学史における女子部学生部長（Dean of Women）職の成立の意義」大学史研究会編『大学史研究』第8号（1992年）を参照。

27　この決定にはむろん、学問的水準——とりわけ女性の高等教育のそれ——をめぐる南北格差という問題があったことは否定できない。合併前の南部女性大学人協会もこれを知悉しており、「現今においては、南部にはみずからをカレッ・・・ジと僭称する多数のプレパラトリー・スクールあるいは女性向け教養学校が多数存在するため、会員資格を以下の団体に認定されたカレッジの卒業生に限定する」(Southern Association of College Women, *Proceedings of the Fourteenth Annual Meetings April* 10-14, 1917, 3. 傍点は原文ではイタリック）として、本章既出の、(1) 女性大学卒業生協会、(2) カーネギー教育振興財団、に加えて、南部地域の認証評価団体である、(3) 南部諸州カレッジ・中等学校協会の認定校のみを会員校にしていた。また 1916 年には、南部に所在する 124 の女性カレッジを「標準的なカレッジ」(7校) から「名前だけの、あるいは偽装カレッジ」(54校) の六種類に分け、実名を挙げた会報を発行している。Elizabeth Avery Colton. *The Various Types of Southern Colleges for Women* Southern Association of College Women, 1916.

28　Office of the Executive Secretary. *Information Concerning Institutional Membership in the American Association of University Women* (February 1924). Reel 82:IV:G40:588-593.

29　"Minutes of Meeting of Committee on Recognition of Colleges and Universities," February 20-22, 1922, TMs, p.2. Recognition of Colleges and Universities Committee Files, Reel 59:IV:G:10:1319. 以下、この委員会の議事録は CR Minutes と略記する。

30　21 世紀の現在から考えればもちろん、1920 年代という認証評価の黎明時代ですら、認定委員会のように専任の専門職員を置かない組織が、この作業をおこなうことは不可能に近い事業であったといえよう。協会は、委員会メンバーに、それなりの経験と見識をもった人物を充てたことは間違いないにせよ、彼女たち自身がそれぞれ女性大学人であったことを考え合わせれば、この作業は彼女たちから膨大な時間とエネルギーを奪い取ったことであろう。実際、委員たちは実に精力的に委員会での審査業務にあたっていた。たとえば、1928 年には文字どおり年末年始（12 月 31 日から翌年の 1 月 2 日まで）にワシントン DC の本部で委員会を開催しており、初日の 12 月 31 日土曜日には朝 10 時 30 分開始、終了は夜の 10 時 30 分という強行軍である。これはむろん、このように審議を重ねない限り、全申請件数を処理できないという事情があったからであるが、現役

の女性大学教員としては、みずからの研究時間を削っての勤務であったに違いない。

31　CR Minutes, February 20-22, 1922, TMs, p.8. Reel 59:IV:G:10:1322.

32　CR Minutes, December 29-31, 1922, TMs, p.8. Reel 59:IV:G:10:1330.

33　CR Minutes, April 5-7, 1925, TMs, p.3. Reel 59:IV:G:10:1398.

34　CR Minutes, December 29-31, 1922, TMs, p.6. Reel 59:IV:G:10:1330.

35　CR Minutes, December 31-January 3, 1924, TMs, p.1. Reel 59:IV:G:10:1348.

36　CR Minutes, December 31-January 2, 1928. TMs, p.13. Reel 60:IV:G:10:39.

37　CR Minutes, December 31-January 3, 1924, TMs, p.10. Reel 59:IV:G:10:1352.

38　CR Minutes, February 24, 1924, TMs, p.5. Reel 59:IV:G:10:1367.

39　CR Minutes, February 22, 1926, TMs, p.16. Reel 59:IV:G:10:1426.

40　Committee on the Recognition of Colleges and Universities to J. H. Kirkland, February 12, 1914. Reel 79, IV:G 39V.

41　J. H. Kirkland to Ada Comstock, February 18, 1914. Reel 79, IV:G 39V.

42　Ada Comstock to J. H. Kirkland, February 18, 1914. Reel 79, IV:G 39V.

43　F. Louise Nardin to J. H. Kirkland, January 28, 1922, Membership Records, Reel 79:IV:G 39V:1151.

44　J. H. Kirkland to F. Louise Nardin, January 31, 1922, Reel 79:IV:G 39V:1152.

45　J. H. Kirkland to F. Louise Nardin, January 31, 1922

46　J. H. Kirkland to F. Louise Nardin, January 31, 1922

47　J. H. Kirkland to Mina Kerr, December 13, 1923, Reel 79:IV:G 39V:1153.

48　J. H. Kirkland to Belle Rankin, February 29, 1924, Reel 79:IV:G 39V:1155.

49　Kate S. Tillett to Mina Kerr, April 19, 1924, Reel 79:IV:G 39V:1157.

50　Grace Benedict Paine. "Anne Scales Benedict: She Overcame," *Vanderbilt Alumnus Magazine* 68（2）,（Winter 1983）, 14. 集められた 7,000 ドルを基に、年間給与 3,000 ドルで三年間の任期であった。

51　CR Minutes, April 5-7, 1925, TMs, p.15. Reel59:IV:G:10:1411.

52　J. H. Kirkland to Eleanore Boswell, April 20, 1926, Reel 79:IV:G 39V:1174.

53　Ibid.

54　Ada Bell Stapleton to Eleanore Boswell, May 8, 1926, Reel 79: IV:G 39V:1177.

55　Eleanor Boswell to Ada Bell Stapleton, May 14, 1926, Reel 79: IV:G 39V:1178-79.

56　Walter L. Fleming to Eleanore Boswell, June 21, 1926, Reel 79: IV:G 39V:1180.

57　"Information for Committee on Recognition of Colleges and Universities,"（Vanderbilt University）. Reel 79: IV:G 39V:1181-83.

58　Emily H. Dutton to Ella Lonn, March 16, 1926, Reel 79:IV:G 39V.

59　J. H. Kirkland to Eleanore Boswell, June 23, 1926, Reel 79, IV:G 39V:1184.

60　Ibid.

61　Ibid.

62　Walter L. Fleming to Ella Lonn（Telegram）, November 13, 1926, Reel 79:IV:G 39V.

63　Emily H. Dutton to Ada Bell Stapleton, November 11, 1926, Reel 79:IV:G 39V:1193.

64　Ada Bell Stapleton to Emily H. Dutton, November 17, 1926, Reel 79: IV:G 39V.1201.

65　Ada Bell Stapleton to Ella Lonn, November 17, 1926, Reel 79: IV:G 39V.1202.

66　CR Minutes, December 30 -January 1, 1927, TMs, pp.25-26. Reel 59:IV:G:10:1466-67.

67　Ada Bell Stapleton to Ella Lonn, March 5, 1927. Reel 79:IV:G 39V:1209.

68　J. H. Kirkland to Eleanor Boswell, March 8, 1927, Reel 79: IV:G 39V:1209.

69　Eleanor Boswell to J. H. Kirkland, March 16, 1927, Reel 79: IV:G 39V :1211.

70　J. H. Kirkland to Eleanor Boswell, March 18, 1927, Reel 79: IV:G 39V:1212.

71　CR Minutes, March 27-April 1, 1927, TMs, p.25. Reel 60:IV:G:10:25.

72　1910 年代後半以降のロックフェラー財団によるバンダービルト大学の集約的支援政策については、David Lee Seim. "'Perhaps We Can Hit upon Some Medium of Course': Rockefeller Philanthropy, Economic Research, and the Structure of Social Science–1911-1946,"（Ph.D. Dissertation, Iowa State University, 2007）, 159-163. を参照。

73　"Handsome Recognition," *The Charlotte Observer* November 27, 1919, 6.

74　"Vanderbilt Expands Its Science Work." *New York Times* October 16, 1925, 13.

75　Dudley Field Malone. "Evolution Spreads n the South," *San Antonio Express* November 28, 1925, 8.

76　"L. and N. President J Will Give Big Sum to Vandy Arts Fund," *Kingsport Times*（Kingsport, Tennessee）, April 6, 1926, 6.; Edwin Mims. *History of Vanderbilt University*（Vanderbilt University Press, 1946）, 398-400.

77　Illinois Woman's College. *Catalog of Illinois Woman's College* 1929, 13.

78　"Hood on Accredited List of Educational Institutions of U.S.," *Frederick Post*（Frederick, Maryland）,（September 18, 1925）, 5.

79　Pennsylvania College for Women. *Pennsylvania College for Women.*（Leaflet, n.d. and n.p.）, Reel 65: IV:G 39C. 記載内容から 1927 年頃の発行と推定される。

80　C. R. Mann to Ella Lonn, March 30, 1927. Recognition of Colleges and Universities Committee Correspondence Files. Reel 60:G:12:415.

81　*Educational Record* 11（2）, April 1930, 129.

82　"The Recognition of Colleges and Universities: A Study Outline for the Use of Branches," *AAUW Journal* 20（2）,（January, 1927）, 46.

83　Ibid.

84　CR Minutes, April 5-7, 1925, TMs, p.5. Reel 59:IV:G:10:1400.

85　Mabel Walker Willebrandt to F. Louise Nardin, March 3, 1923. Reel 79:IV:G:39U:175.

86　C. R. Mann to Ella Lonn, March 21, 1927. Corporate Membership Records. Reel 67: IV:G:39G:457

87　Ibid.

88　Ibid.

89　大学基準協会の認証評価では、教員組織についての各大学の主要点検・評価項目の中に「教員組織における女性教員の占める割合」が含まれていた。ただしこれは、主要点検・評価項目中 C 群として「『点検・評価項目』として採用するかどうかの判断を当該大学・学部・大学院研究科の裁量に委ねることが適当であるもの」という位置づけであった。http://www.juaa.or.jp/ images/ accreditation/ pdf/handbook/university/2008/handbook_all.pdf を参照（2009 年 1 月 21 日アクセス）。現在は、この項目はない。

第Ⅱ部

1970年代の女性大学教員支援政策：受容から積極的支援へ

第4章　女性研究者支援政策と学術学会

1．本研究の目的

　アメリカ合衆国では 1970 年の初頭、多くの学術学会が、女性の地位と役割に関する委員会（以下、女性委員会と略記）を設立していった。ランダムにいくつか拾っていくと、アメリカ政治学会（APSA）とアメリカ哲学会（APA）が 1969 年、アメリカ微生物学会（ASM）は 1970 年に、アメリカ経済学会（AEA）、アメリカ物理学会（APS）が 1971 年、アメリカ生化学者協会（ASBC）とアメリカ電気電子学会（IEEE）が 1972 年、アメリカ心理学会（APA）が 1973 年となっている。さらにアメリカ教育研究学会（AERA）では 1974 年に女性委員会を設置している [1]。これらは、アメリカ合衆国の学問分野を問わず、あらゆる学術学会で女性研究者支援が 1970 年代初頭に本格的に始まったことを意味する。ユニバーサル型高等教育への移行過程という時代背景のもと、若手研究者、とりわけ、階級・ジェンダー・人種・エスニシティなどの点で少数派である人々にとって、奨学金などの経済援助の充実も不可欠であるが、学会内で一人前の研究者として認知され活動できることこそが重要であり、この意味で、女性をたんに会員として認めるだけでなく、学会活動を現実に妨げている諸要因の特定とそれらの根絶こそが喫緊の課題であるとこれらの学会では認識されたのである。

　50 年弱を経過した現在、これらがアメリカ合衆国の学術学会でどのようなポリシーとして定着するに至ったのか、それらは、現在、ユニバーサル型高等教育へと移行している日本の学術研究体制にどのような意味を持ちうる

のか――これが、本書第2部の研究の基本的問題関心である。

　本書第2部では、1970年代、上記の諸学術学会が女性委員会を設立するに至った直接の契機は何であったのか、そしてそこでは、まず何が主要な課題や問題として認識されることになったのかという研究課題を、いくつかの学術学会のケーススタディを通じて明らかにしたい。

　この研究課題の解明のために、本章では、最初に、1970年代という時代を女性の高等教育という観点から、これを1960年代末から全世界に広がっていった女性解放運動すなわち「フェミニズムの第二の波」との関連で概観する。次に、その女性解放運動が、今度はアカデミック・フェミニズム（academic feminism）として、1970年代初頭に大学や学術学会に浸透していく様相を、多様な学問分野に所属する研究者の横断的な組織であるアメリカ大学教授連合（AAUP）を事例として見ていく。さらには、このアカデミック・フェミニズムが持っていた基本的志向性を、教育におけるジェンダー・フリーという論点で検討してみたい。最後に、人文・社会科学系の学術学会のひとつ、アメリカ教育研究学会の女性委員会設置を事例として取り上げる。そこで何が重要な解決すべき課題として認識されたのかを見ることにする。

2．1970年代における女性の高等教育

(1) 高等教育の量的な拡大とジェンダー

　アメリカ合衆国の高等教育界は、1960年代に未曾有の拡大を経験した。それに続く1970年代は、拡大のペースは鈍ったものの、依然として拡張期であり、大学数は、1969/70年度の2,525大学が1979/80年度の3,152と三千大学を超えるに至る。同時期の学生数は8,004,660人から11,569,899人と、ついに一千万人を突破する。

　しかしながら、この拡大をもたらしたのは、実は女性の学生数の増大であったのである。すなわち、男性学生は同時期にわずか1.09倍にしか増えていないのに対して、女性学生の増加は実に1.81倍であったのである[2]。

　これを取得学位数で見ても女性の増加は著しく、修士号では、男性取得

者が 1969/70 年度の 125,624 人が 1979/80 年度では 150,749 人となったのに対して、女性取得者は 82,667 人が 147,332 人であった。博士号について見ると、男性取得者が、25,890 人が 22,943 人へとむしろ減少しているのに対して、女性取得者は 4,022 人が二倍以上の 9,672 人に増加している[3]。すなわち、1979/80 年度には、女性は博士号取得者の 30％を占めるまでになったのである[4]。このことは、1970 年代が、女性研究者の一大拡大期であることを意味していた。

(2) フェミニズム運動興隆期としての 1970 年代

　1970 年代はまた、フェミニズム運動の一大興隆期——フェミニズムの第二の波が、アメリカ社会の中で一定以上の認知を受けていった時代——でもあったと言えよう。このことは、これに続く 1980 年代がフェミニズムにとって冬の時代となったことによって、きわめて対照的であった。

　1970 年代を特徴付ける最大のフェミニズム運動は、男女平等憲法修正条項（Equal Rights Amendment, 以下、ERA と略記）の批准のためのキャンペーンであった。それは、フェミニズムの第二の波が最終的に到達することを望んだ目標でもあった。1923 年の法案の上程に起源を持つ ERA は、1972 年、遂に上下両院で可決され、成立のために四分の三の州での批准を待つのみとなった[5]。そして、批准州の数は、そのデッドラインの 1979 年をめざして着々と増えていく。いやむしろ、ERA 推進派が社会のあらゆる側面で、批准を勝ち取るために運動を展開し、それが着実な効果を挙げていったということができる。

　本書が対象とするそれらを含み、実に多くの学術学会もまた、この運動に加わっていったのである。これらの学術学会の場合、その最大のキャンペーンは、「ERA を批准していない州においては、いっさい、年次大会を開催しない」というものであった。これは、学術学会の年次大会が持つ経済的波及効果だけでなく、シンボルとしても絶大な効果が期待できた。1978 年の時点で、このような ERA 未批准州ボイコットをおこなった団体は実に 140 にも及んでおり、三十四団体は実際にボイコットを実施したのである。このう

ち高等教育関係団体は 50 以上にのぼり、この中には、わが国の日本学術会議にあたるアメリカ科学振興協会（AAAS、すでに決定していた年次大会をキャンセルし別の州でおこなうこととして、実際にボイコットを実施）、アメリカ高等教育協会（AAHE、同上）、アメリカ女性大学人協会（AAUW、同上）、アメリカ大学教授連合（AAUP）など、さらに専門学会としては、アメリカ教育研究学会（実際にボイコットを実施）、アメリカ心理学会（APA、同上）、アメリカ政治学会（APSA）など、それぞれの学問分野に大きな力をもつ学術諸学会が含まれていた[6]。このように、フェミニズムは女性解放に関係した個人や団体だけの関心事なのではなく、広く一般の学術学会の動きにも影響していたのである。

3.　アカデミック・フェミニズムと学術学会

(1) アメリカ大学教授連合における女性委員会の再生

　では、1960 年代の「フェミニズムの第二の波」の到来は、学術学会における女性委員会の設立にどのように影響を及ぼしたのか。まず、さまざまな学術学会の横断的組織であるアメリカ大学教授連合の事例を見ておきたい。

　アメリカ大学教授連合の最高決議機関であるカウンシルは 1970 年 4 月 23、26 日の両日の会議にて、イリノイ大学支部から提出された、アメリカ大学教授連合内に「女性の地位についての常設委員会」（女性委員会）を新たに設立することの要望を審議した。ところが、事務局長が調査したところ、アメリカ大学教授連合内にはすでに、同種の委員会が設立されていることが判明したのであり、新設ではなくこれを活性化することを代わりに提案する。この提案はカウンシルで承認される。こうして、アメリカ大学教授連合の創立（1915年）直後の 1918 年に設立されていた女性の地位に関する委員会（Committee W on the Status of Women、略称 Committee W）が再生されることになった[7]。すでに本書の第 1 章でも見たように、Committee W は、かつては名目だけの委員会ではなかった。そのメンバーにはアメリカ大学教授連合の初代会長を務めたジョン・デューイを擁していたのであり、W 委員会メンバー間の熟議と

いう点では大きな限界があったものの、1921 年には女性大学教員に関する全米最初の全国調査をおこなうという学術的にも一大功績を挙げた委員会であったのである[8]。にもかかわらず、この Committee W は 1928 年には活動を停止して、その後長きにわたって忘れ去られていた。女性委員会新設を要請したイリノイ大学支部だけでなく、恐らく、全米の会員、とりわけ女性大学人たちもまた、このような委員会——1970 年代の同種の委員会のさきがけ——が 20 世紀初頭からすでに設立されていたとはよもや気づかなかったのであろう。

　1928 年以降のアメリカ大学教授連合女性委員会の長きにわたる休眠は、むろん、世界史的には戦間期とよばれる時代が、あらゆる社会的革新運動を停滞あるいは窒息せしめたことに関係があるわけである。しかしながら、アメリカ合衆国女性史の上で見れば、それは、すでに本書序章で確認したように、19 世紀から開始されていた最初のフェミニズム運動——「フェミニズムの第一の波」——の悲願であった 1920 年の女性参政権獲得の後に続く時代が、ジェシー・バーナードが言う「波のように押し寄せてくる幻滅の時代」(1920-30 年)、そして「大幅な後退の時代」(1930-60 年)[9] に至り、運動の求心力を急速に低下させていった中、女性の問題への関心、中でも学問の世界における女性たちへの関心を希薄化させていったことを意味していた。そして、このような関心が再び高まっていったのがフェミニズムの第二の波が到来した 1960 年代のことであった。この間の事情を、甦ったアメリカ大学教授連合女性委員会の委員長で社会学者のアリス・ロッシが次のように指摘している。

　女性大学人たちの直接行動 (activism) は 1968 年から 1971 年のあいだにあまりも急速に高まっていったので、この発展のすべての局面についていくのは徐々に不可能になりつつある。それは、1966 年の全米女性機構 (NOW) の結成に端を発するものである。1968-69 年度には、社会科学分野での女性大学人たちが直接行動をおこし、これがすぐに人文学分野に広がり、1971 年には自然科学分野にまでもおよんでいったのである、と[10]。

　ロッシが言う女性大学人たちの直接行動とはどのようなものであったのか。

たとえば、アメリカ心理学会の 1969 年 9 月の年次大会では、「社会活動をめ
ざすシカゴ心理学者たちの女性コンソーシアム」と名乗るグループが、本来
は大会プログラムに掲載されていなかった二つのシンポジウムを開催し、性
差別全般を議論しただけでなく、APA 年次大会そのものも性差別から自由
でないことを指摘した。さらにこのグループは、年次大会では必ずおこなわ
れる大学・研究機関による心理職の就職斡旋活動において、三つの大学が
公民権法および雇用機会均等委員会 (EEOC) の規定に違反する性差別をおこ
なっているとして、大会会場に置かれていた当該大学の就職斡旋ブースの閉
鎖および当該大学からの認証評価剥奪を要求した。APA はただちに記者会
見を開き、会長がこの要求を支持することを明らかにしたのである [11]（詳細は、
本書第 5 章を参照）。

　この直接行動は差別への抗議という点では一般の社会運動と同じであった
が、その目的が学問研究のためという、すなわち、研究活動における両性の
平等をもとめていた点が異なる。本章でのアメリカ教育研究学会のケースで
も明らかになるように、この直接行動は、学術学会のたんなる機構改革に止
まらず、学問そのものをフェミニズムの立場から全面的に見直すことをも意
味していたのである。

(2) 女性学の成立とその興隆

　フェミニズムの立場からの学問そのものの見直しは「フェミニズムの第二
の波」の果実である女性学がめざしたものであった。1973 年、前出のアリス・
ロッシは、1960 年代末から大学におけるフェミニストたちが改革をおこなっ
ていった三つの場を指摘した [12]。

　その第一は、すでに瞥見したように、それぞれの学問分野ごとの学術学会
などにおける女性会派や女性委員会の結成、第二に、それぞれの所属大学に
おける組織作りであり、これは結果としては、もともと学生運動が盛んだっ
たコロンビア、UC バークレー、シカゴ、ハーバードといった大学での組織
づくりが成功していった。さらに第三には、教室であり、これは女性の視点
からのカリキュラムづくり、さらには、女性学を誕生させることになった。

ロッシは言及していないが、後から振り返るならば、この女性学の誕生と発展は、今度は逆に、彼女が挙げた改革の第二の場、さらには第一の場へと波及していったと言えよう。

アメリカ合衆国における女性学の誕生の基点をどこに置くのかについては諸説があるが、少なくとも1970年代が、その成立とその興隆にとってもっとも重要な十年であったことは疑いのないところであろう[13]。そしてこれらを支え、また、これらの研究からモメンタムを得ていたのが、1970年代における専門ジャーナルの刊行であった。1972年にはアメリカ合衆国では最初の専門ジャーナルである *Feminist Studies* が刊行され、これに続いて、*Women's Studies Newsletter*（1972年、1981年より *Women's Studies Quarterly* に）、*Signs*（1975年）、*Frontiers: A Journal of Women's Studies*（1975年）、*Feminist Review*（1979年）と、その後今日まで、研究をリードする専門ジャーナルが1970年代に轡を並べることとなった。

以上のような女性学の誕生と発展は、本稿で後にアメリカ教育研究学会の事例を見るときに明らかになるように、女性委員会の誕生と発展に寄与すると同時に、以降はこの二つが相乗的な効果を——女性学の成果が女性委員会を誕生させそこへ機動力をあたえると同時に、女性委員会は女性学の発展に寄与するような研究成果を生み出す機会と場を提供することになる——もたらすことになるのである。

(3) 高等教育におけるジェンダー・フリー志向

筆者が別の機会に明らかにしたように、1960年代後半のアメリカ合衆国における女性解放運動を中心にした、教育へのアクセスと平等をめざす運動は、高等教育におけるジェンダー・フリー志向（「ジェンダーによるあらゆる区別の廃棄」をめざす）を伴ったものであった。女性解放運動の基本的戦略は高等教育における性差別撤廃であったが、それは同時に、ジェンダーによるあらゆる区別の廃棄をめざすもの——ユニ・セックスの忌避——であった。これは、一方では、伝統的に男性のみに開かれていた大学へのアクセス要求の運動として結果した。この成果によって、プリンストン（1969年に共学化、以

下同じ）、イェール（1969年）、ウィリアム・アンド・メアリー（1970年）、ヴァージニア（1970年）など、名門の男性諸大学は次々と共学化していった。

　ジェンダーによる分離の忌避は、他方では、女性のみの大学に対しても向けられることになった。全米の女性の大学の中でももっとも著名であった北東部州のセブン・シスターズのうち最古の大学であったヴァッサー・カレッジ（ニューヨーク州、ポーキプシー）が、1969年、共学制移行を決定し、翌70年に実際に男性の学生を迎えたことは、文字どおり一つの時代の終焉を象徴するものであった。事実、ヴァッサーの共学採用に続く数年は、実に毎年二桁の数の女性カレッジが続々とヴァッサーの例に倣っていったのである。こうして、1970年代の女性カレッジの凋落は実に急激であり、ついにその数が二桁台にまで落ち込んでしまったのである[14]。

　この、高等教育におけるジェンダー・フリーは、後に見るように、学術学会における女性委員会の活動にも大きな影響をあたえることになるのである。

注

1　Ruth M. Oltman. "Women in the Professional Caucuses," *American Behavioral Scientist* 15 (2) ,1971, 281-304; Anne M. Briscoe, " Phenomenon of the Seventies: The Women's Caucuses," *Signs* 4 (1) , Autumn, 1978, 152-158.

2　Thomas D. Snyder. (Ed.) . *120 Years of American Education: A Statistical Portrait.* (National Center for Education Statistics, January 1993) , 75.

3　*120 Years of American Education*, 75.

4　*120 Years of American Education*, 70.

5　歴史的研究として ERA を扱った業績として、筆者は、Nancy Elizabeth Baker. "Too Much to Lose, Too Little to Gain: The Role of Rescission Movements in the Equal Rights Amendment Battle, 1972- 1982," Ph.D. Dissertation, Harvard University, 2003. に大きく依拠している。ベイカーも言うように、これまで ERA についての業績は、歴史学者ではなく主に政治学者によって、さらに、基本的に ERA を支持する側によって書かれてきたが、支持か反対かという二項対立では、ERA がなぜ、敗北することになったかを説明できない。ベイカーは、Rescission Movements（ひとたび ERA を批准しておきながら、後にこれを撤回しようとした運動）の持つ意味を重視し、さらに、ERA の支持／反対の運動を、ジェンダーだけではなく階級や人

種といった変数を入れて、連邦対州の構図の中でその微妙な差異を巧みに描き出している。

6　Cheryl M. Fields. "Academic Meetings and the ERA." *The Chronicle of Higher Education.* 16（April 24, 1978）, 12A.

7　"Record of Council Meeting: Los Angeles California, April 23 and 26, 1970." *AAUP Bulletin.* 56（3）, September, 1970, 316.

8　A. Caswell Ellis. "Preliminary Report of Committee W, on Status of Women in College and University Faculties." *Bulletin of the American Association of University Professors*, 7（6）, October 1921, 21-32. なお、この女性大学教員に関する全米最初の全国調査については、本書第1部第1章を参照。

9　Jessie Barnard. *Academic Women*（University of Pennsylvania Press, 1964）, pp.32-37.

10　Alice S. Rossi. "Report of Committee W, 1970-71." *AAUP Bulletin* 57（2）, June 1971, 216.

11　"Psychological Revolt." *Washington Post.* September 4, 1969, C1.APA は心理学関係大学・大学院に対して、いわゆるプログラム別認証評価をおこなっている。

12　Alice Rossi. "Summary and Prospect," Alice Rossi and Alice Calderwood. *Academic Women on the Move.*（Russell Sage Foundation, 1973）, pp. 505-506.

13　この35年間のアメリカ合衆国における女性学の趨勢については、Stevi Jackson, Karen Atkinson, and Deirdre Beddoe（Eds.）, *Women's Studies : Essential Readings*（New York University Press, 1993）; Beryl Madoc-Jones and Jennifer Coates（Eds.）, *An Introduction to Women's Studies*（New York: Blackwell, 1996）; Elizabeth Minnich, Jean O'Barr, Rachel Rosenfeld, *Reconstructing the Academy: Women's Education and Women's Studies*（University of Chicago Press, 1988）を参照。

14　坂本辰朗、『アメリカの女性大学：危機の構造』（東信堂、1999年）第3章参照

第5章　アメリカ教育研究学会 (AERA) と
女性研究者支援政策

---

1. はじめに

　1971年2月のことである。アメリカ教育研究学会 (American Educational Research Association, AERA) は、ニューヨーク市で年次大会を開催していたが、そのシンポジウムの一つに招かれたゲストスピーカーの一人が、前年に、多くの人々の注目を集める本を出版したばかりのイリッチ (Ivan Illich, 1926-2002) であった。通信社 AP は彼の話の要旨をかなり詳しく伝えている。彼の話の基本的な骨格は、彼の『脱学校の社会』で述べられたことであったが、AP 電でのイリッチの紹介は、「元聖職者」の「教育理論家」というものであった[1]。

　今から振り返ると興味深いことは、イリッチの発言を、当のアメリカ教育研究学会が公式に、どのように受け止めていたかである。しかしながら、その出版物を見る限り、イリッチの議論はその要旨を含めて、どこにも収録されていない。学会の様々な広報を収録している *Educational Researcher* には、イリッチをただひとこと「社会活動家 (social activist)」と記載し、彼がシンポジウムに招聘されたという事実のみを伝えているだけである[2]。彼の議論が、1970年代の教育研究にあたえた影響を正確に評価するのは本章の課題ではないが、それが、教育研究における分水嶺を形成したということができるかどうかは、今これを措くとしても、少なくとも、世界中に大きな波動をあたえたことは間違いなかろう。アメリカ教育研究学会にはその波動が伝わらなかったということであろうか。それとも、「あまりにも現実離れしてる」と思われたその議論は、ある種の実証主義で武装しているこの学会にとって、

まともに相手にすることができるものではなかったということであろうか。

　だが、これも後知恵であるが、おそらく、イリッチの議論の威力に匹敵すると思われるもう一つの議論が、同時期に、女性研究者のグループによって提起されようとしていたのである。

2．アメリカ教育研究学会における女性委員会の成立

(1)「教育研究と女性」に関するシンポジウムと女性委員会の誕生

　1971年夏、ニューヨーク市立大学でテストにおける性的バイアスの研究をしていた心理学者ティトル（Carol Kehr Tittle）が、翌1972年のアメリカ教育研究学会年次大会（シカゴ、4月3-7日）で教育研究と女性に関するシンポジウムの開催の可能性を模索していた。彼女のプロポーザルは採択となり、部会G（Social Context of Education）によるシンポジウム "Women as Equals: Interdisciplinary Perspective for Educational Research" が開催された。

　チェア：

　キャロル・ティトル

　発表者：

　エリザベス・スタイナー（Elizabeth Steiner、インディアナ大学・教育哲学）

　　「女性への偏見と教育学研究におけるバイアス」

　キャロル・ジャクリン（Carol Nagy Jacklin、スタンフォード大学・教育心理学）、

　エレノア・マッコビィ（Eleanor E. Maccoby、スタンフォード大学・教育心理学）

　　「行動における性差とその教育的価値と研究への関連」

　ドリス・グンダーソン（Doris V. Gunderson、連邦教育局・言語教育）

　　「リィーディングと文献における性役割」

　リー・ベナム（Lee Benham、シカゴ大学・経済学）

　　「女性教育の収益率」

　指定討論者：

　マキシン・グリーン（Maxine Greene、コロンビア大学・教育哲学）

リチャード・ターナー（Richard L. Turner、インディアナ大学・教育心理学）

　この顔ぶれは、年齢や出身大学院、学問的専門といった点で多彩であり興味深い。

　まず、メンバーの中で、以前より教育におけるジェンダーの問題について業績がある専門家は、日本でも翻訳が出ている性差心理学のマッコビィのみである。「対等者として女性：教育研究への学際的展望」をテーマにしながら、一人を除いて登壇者にはそのテーマの先行業績がない、というシンポジウムが採択されることは現在では考えられない。だが、これこそが、一般に1970年代初頭のアメリカ合衆国の学術学会の状況であったのである（次章以降も参照）。

　このシンポジウムが、その後のアメリカ教育研究学会での教育とジェンダー研究の興隆にどれほどの波動をあたえたかを歴史的に検証することは困難である。ひとつ、興味深いことは、このシンポジウムの登壇者の何名かは、その後、程度の差はあれ、教育とジェンダー研究に業績を残すことになるのである。

　チェアのティトルは、元来、シカゴ大学で子どもの弁別学習で学位を取得（1965年）した心理学者であったが、このシンポジウムを機に、女性と教育についての研究を精力的に発表するようになる。

　ジャクリンはブラウン大学出身（1972年）の実験心理学者であったが、スタンフォードに来てからマッコビィと共同で性差心理学の研究を進めていくようになる。

　スタイナーは南カリフォルニア大学にて生物学における目的論的証明に関する哲学で学位を取得したが、その後、教育学におけるさまざまな問題（たとえば、ティーチング・マシン）を理論的に吟味する業績を上げていた。

　グンダーソンは1960年、ミネソタ大学で、大学レベルのリィーディング教授と成績との関係の研究で学位を取得し、その後は言語教授関係の研究をおこなっていた。

　ベナムはジャクリンと並ぶ若手で、1970年にスタンフォード大学にて労働経済学で学位を取得している。研究対象が州登録看護士であったことから、女性教育と労働経済学というテーマを掲げたと推察される。

　指定討論者であるグリーンはコロンビア大学ティーチャーズ・カレッジの実存主義の教育哲学者で、このメンバーの中では年長世代で、かつ、もっとも著名（彼女は、後の1981-1982年度のアメリカ教育研究学会会長）であるが、女性と教育についてのまとまった業績はなかった。

　ターナーは1959年、インディアナ大学で算数科の教師教育についての論文で教育心理学の学位を得ているが、以降、女性と教育に関する業績はない。当時は、アメリカ教育研究学会のジャーナルの一つ *American Educational Research Journal* の編集長であった。

　ティトルによれば、このシンポジウム会場に集まった人々は、大きく、三つグループ──(1)女性運動の活動家でもある教育者グループ、(2)女性と教育に関心を持つ研究者、(3)アメリカ教育研究学会内のコーディネータ──に大別することができたとする[3]。以下に見るように、この三者の問題関心が、以降の活動方針とその組織編制に大きな影響をあたえることになる。発表者に一人であったスタイナーが調停役となり、翌1973年の年次大会では、アメリカ教育研究学会内の SIG（Special Interest Group、特定の研究テーマに関心をもつ人々のグループ）として Research on Women and Education（RWE）が結成された。この RWE はただちに、カウンシル（筆者補足：一般に米国の学術学会での最高（あるいは最終）決議機関。したがって、本書で後に何度も言及するように、社会階級・ジェンダー・エスニシティといった観点から、誰がカウンシルのメンバーに選ばれるのかがきわめて重要である）に対して、以下の諸項目からなる動議を提出、これらはいずれも受理される[4]。

(1)教育学研究における女性の地位を調査する委員会を結成し、その調査結果と勧告を、会員に周知すること。

(2)会員数の比率に応じた女性会員を、アメリカ教育研究学会内の委員会に任命し、選挙によって選ぶ役職へ推薦すること。

(3)毎年、アメリカ教育研究学会内の女性会員数およびその役割について、カウンシルに報告すること。

(4)アメリカ教育研究学会がファイ・デルタ・カッパ（PDK）およびファイ

・ラムダ・テータ（PLT）と共同でおこなっているプログラムについては、両団体の性差別政策を考慮して、これを停止すること。

(5) 教育学研究者の雇用およびリクルートにおける差別の撤廃を、アメリカ教育研究学会が支持することを表明すること。

それぞれの項目の承認が、どのような結果となって現れたのか、簡単にまとめたい。

まず、(1) であるが、この結果、「教育研究における女性の役割と地位に関する委員会（Committee on the Role and Status of Women 以下、女性委員会と略記）」が結成される。これは暫定（Ad Hoc）委員会という位置づけであり、任期は 2 年間であった[5]。委員長は先のシンポジウムの企画者であったティトルであり、発表者からはスタイナーが残り、他にテリー・サーリオ（Terry N. Saario、フォード財団）、ジョセフ・クローニン（Joseph M. Cronin、ハーバード教育大学院）、ジーン・リップマン＝ブルーメン（Jean Lipman-Blumen、国立教育研究所）、ノエル・クレンケル（Noele Krenkel、サンフランシスコ統合学校区）が加わった。

(4) は、申し立ての意図を含めて、やや長い説明が必要であろう。アメリカ合衆国の大学には、一般にフラタニティ、ソロリティあるいはギリシア文字会と呼ばれる、全国組織としての特別なクラブ組織が多数存在する。この中でも、ファイ・ベータ・カッパ（PBK,1776 年創設）が、最古の全米的組織（各大学にその支部が設立される）であり、ここで言及されているファイ・デルタ・カッパ、ファイ・ラムダ・テータは、いずれも、教育者（あるいは、教育者志望学生）のギリシア文字会である。ギリシア文字会は会員間の友愛だけでなく、広く社会一般の教育・学術の振興を目的として掲げている。

アメリカ教育研究学会は 1964 年度から PDK と共同で、教育学研究への顕著な業績を顕彰するアメリカ教育研究学会・PDK 賞を授与してきた。受賞者には、たとえば教育評価論のラルフ・タイラー（Ralph W. Tyler）、教育心理学のアーサー・ゲイツ（Arthur I. Gates）、哲学者のパトリック・サップス（Patrick Suppes）、あるいはロバート・J・ハヴィガースト（Robert J. Havighurst）、ロバート・ガニェ（Robert M. Gagné）など、日本の教育学界でもよく知られている研究者

が名を連ねており、「顕著な業績の顕彰」という点では、何ら問題がないように見える。しかしここでは、共同プログラムの内容ではなく、両団体がユニ・セックスの会員——PDK が男性会員のみ、PLT が女性会員のみ——から成っていたことが糾弾されたものである。

1970年代初頭、連邦改正教育法タイトル IX（1972年）が、教育におけるあらゆる性差別を根絶させるための立法として、大きな期待を集めていた時代であった。このタイトル IX は、それ以前に出されていた大統領行政命令第11246号（雇用機会における差別撤廃命令）とあいまって、高等教育界全体に大きな影響をおよぼした。ハインズが指摘したように、「コンプライアンスは実際に差別を除去することを要求したのではなく、当該機関がそれを通して性差別に終止符を打つこととなるような、アファーマティブ・アクションの行動計画を要求した」[6]のであった。

ところで、PDK にせよ PLT にせよ、会員の寄付と会費によって運営される非政府組織であるから、一見すると連邦教育法とは何らかかわりがないように思える。

しかしながら前章でも述べたように、高等教育におけるジェンダー・フリー志向としての共学化への要求は、これらの団体へも及んでいったのである。この結果、PDK 本部では、その支部が憲章に反して女性会員を認める意向を示した場合（たとえば、スタンフォード、コロンビア、コーネル、ハーバード、オハイオ・ステートなど）、その支部の活動資格停止処分（ハーバード大学教育大学院が対象となった）を公表して対抗、さらには、PDK にキャンパス内に施設（ギリシア文字会はキャンパス内にクラブハウスとしての独自の住宅を設立している）を持つことを認めない方針を発表する大学（ミシガン大学）が現れるといった騒擾がマスメディアに報道されるにいたった[7]。このような中では、男性（あるいは女性）会員のみの全米的団体とアメリカ教育研究学会が関係をもつことそのものが問われることになったのである。

結果として、アメリカ教育研究学会カウンシルは、両団体との関係を絶ち、以降はアメリカ教育研究学会単独で教育貢献賞を授与することを発表した[8]。

（5）の申し立ての結果、アメリカ教育研究学会は、1974年秋、教育学研究

者を雇用している全米のすべての教育学科長および他の機関長に対して、「アメリカ教育研究学会は、オープン・リクルート政策を支持するものであり、教育学研究者の雇用者に対して、雇用およびリクルートにおける差別的様式を終わらせるための実践および精神に協力するよう強く要請する」とする書簡を送付している[9]。

3．暫定女性委員会による調査と報告

(1) 調査遂行の困難

　前述の申し立て(1)の結果、発足した暫定女性委員会は、1975年度の年次大会（Washington, D.C.、3月30日-4月3日）において、四部構成からなる調査の概要を報告している。ただし、そこに至る過程で、特に委員たちは思いもかけない様々な難題を経験することになった。

　およそあらゆる調査について言えることであるが、調査は基礎データの確保なしには成立しえない。暫定女性委員会委員たちがまず直面したのは、まさにこの問題であった。アメリカ教育研究学会に所属している女性研究者はどのような属性をもつ人々なのか、これ自体がきちんと把握できない状態であったのである[10]。実は、この問題は、アメリカ教育研究学会だけが抱えていたのではなかった。暫定女性委員会のメンバーのひとりであるクランケルが、他の学術学会における女性委員会設置の状況について調査した結果が以下の表5-1である。そもそも、正確な女性会員数すら把握していない学術学会があったのである[11]。

　調査対象になったすべての学術学会で、その委員会としての活動実績の長さに違いはあるものの、すでに女性委員会が設置されていることが明らかにされている。学問分野によって学術学会の女性会員比率が著しく異なることは予想ができたことであった。（ただし、全米教育協会（NEA）は学術学会である以上に、全米の小中高教員の職能団体としての性格が強い。したがって、女性会員比率が他に飛びぬけて大きいので、直接の比較はやや無理がある。）

　調査対象になった9つの学術学会のうち、三つは正確な女性会員数すら把

表5-1　諸学術学会における女性委員会の状況（1975年）

	アメリカ人類学会	アメリカ科学振興協会	アメリカ大学教授連合	アメリカ教育研究学会	アメリカ職業・ガイダンス学会	アメリカ政治学会	アメリカ心理学会	アメリカ社会学会	全米教育協会
会員数	9,471	119,000	75,000	12,000	35,000	13,800	39,500	14,713	1,600,000
女性会員比率	不明	不明	25%	25%	不明	7%	23%	15%	67%
男性会員比率	不明	不明	75%	75%	不明	93%	77%	85%	33%
公式な女性委員会設置の有無	有	有	有	有	有	有	有	有	有
活動実績	3年以上	3年	3年以上	1年	2年	3年以上	3年以上	3年	2年
担当者の地位	無給	有給	有給	無給	有給	無給	有給	有給	有給

出典：Noele Krenkel, "Activities of Women's Committees in a Sample of Professional Associations." *Educational Researcher* 4 (9), October 1975, 26. にもとづいて筆者が作成。

握していなかったことになる。この理由は二つあったと考えられる。一つは、この時代、学術学会に限らず、多数の会員を抱える団体は会員データの処理を外注に頼っていた――自前のコンピュータとデータ管理ソフトがなかった――わけであるから、女性会員数について照会があったとしても直ちに回答できなかったのではないかということである。しかしながら、学術学会の女性会員数の構成の把握の有無という問題については、もっと本質的な理由があったと筆者には思えるのである。

　学術研究において、ジェンダーは何ら考慮するに値しないカテゴリーあるいは属性なのであるから――これは、学術研究におけるジェンダー・フリー志向ということができよう――会員の性別を敢えて問題にする必要はないと当該組織が考えれば、会員を男女別に管理する必要はない、ということになろう。ましてや、会員の婚姻状況や子どもの有無などを調べることは、学術学会の活動とは一切関係ないことになろう。しかしながら、アメリカ教育研究学会の暫定女性委員会がその活動を開始するにあたって基礎データとして入手しなければならなかったのは、まさにこのような、これまではしばしば、その意味と重要性とが無視されてきたデータであったのである。

　アメリカ教育研究学会暫定女性委員会の報告は、勧告と四部の調査結果（全

216頁）から成っていた[12]。それらは、①勧告：決議文・行動、②教育学研究の領域における女性の参加、③教育研究における女性：学生から被雇用者に至る、その置かれた地位、④他の学会における女性の役割と地位についての調査、そして、⑤教育研究における女性：アファーマティブ・アクションの行動計画、であった。この報告は大部なものであったため、その要約が、アメリカ教育研究学会の機関誌である *Educational Researcher*（ER）1975年10月号に、その紙面のほぼすべて（約29頁）を使って会員に報告されている。

(2) アメリカ教育研究学会における女性の参加調査

　著者たちは、1965-1975年の10年間、アメリカ教育研究学会年次大会への女性研究者の参加がどの程度増えていったのかを検討した。著者たちがまず直面したのは、前述のように、そもそもジェンダーという観点からの基礎データが不在であり、これを手作業で掘り起こしていかねばならなかったことである。調査報告は指摘する。各年次大会の印刷されたプログラムによってデータが集計されたのであるが、「1970年より以前では、（ファーストネームが――筆者補足）イニシアルしか記載されていない個人の場合、それは男性とみなした。しかしながら、1970年以降の場合、もはやこのような前提は有効ではないと思われ、他のレファレンスを使って完全な氏名を割り出し、ジェンダーを特定した」[13]と。にもかかわらず、ジェンダー識別不明は年次大会ごとに2%弱あり、これは集計から除外されている。

　年次大会への参加といっても、どのレベルなのかが重要であり、部会のチェアでは1965年の2%が1975年の18.5%、指定討論者では1965年の4.3%が1975年の13.4%へと増加している。しかしながら、招待講演者では一定の増加は見られない。

　次に、アメリカ教育研究学会の諸ジャーナルの著者表示ではどうか。

　American Educational Research Journal（AERJ）について見ると、特定の傾向を認めることができない。1965年には女性が全著者の17%であったが、1966年には3.6%に落ちている。以降3年ごとの比率を見ると、それぞれ、9.3%、13%、21%となり、これが、1971年には14%、1972年には12.7%に、1973年に

は 18%、1974 年には 16.3% となっている。*Review of Educational Research*（RER）についても同様であり、1965 年には 20.4% であったが、1966 年から 1973 年には 12.5% から 17% で推移（ただし、1969 年、71 年、72 年には 8%）し、1974 年にはゼロに落ちている[14]。

　学会カウンシルにおける女性の比率について見ると、1965 年から 1969 年の間はゼロであったのが、以降は、一人（6%）あるいは二人（12%）が、学会カウンシルに入っている。常設委員会における女性の比率は、1970 年代になってからようやく 10% に到達するようになり、1971 年には 13%、1972 年には 19% になっている[15]。

　学会の三つの主要ジャーナル（ER、AERJ、RER）の編集委員会における女性の比率を見ると、調査対象期間、ただの一人の女性も加わっていない。また、この間に、アメリカ教育研究学会が制作した二つのレファレンス・ワーク（*Encyclopedia of Educational Research*, 1969. および *Second Handbook of Research on Teaching*, 1973.）についても、編集委員会に女性メンバーはゼロであったのである[16]。

(3) 会員の属性調査

　それでは、アメリカ教育研究学会の女性会員とは、どのような属性をもった人々なのか。この場合、学会会員の属性として通常、取り上げられるのは、最終学位や研究領域といった項目であろうが、マイノリティの問題が関係する場合は、研究の遂行に関係がないと思われる属性を把握しなければならない。女性の場合は、たとえば婚姻状況や家族構成がそうであろう。しかし、通例では、学会の会員データベースにはこのような属性は記録されていない。今回、暫定女性委員会のメンバーが直面したのも、まさにこのようなデータをいかに入手するかという問題であった。アメリカ教育研究学会ではこれまで、この種の調査がおこなわれたことはなかったのである[17]。

　調査は、会員の 7% のランダム・サンプリングによっておこなわれた。この程度のサンプル数では、諸属性を入れて分析すると、統計的に意味のある結果をえることが困難な場合も生じるが、調査にあたった研究者たちもこれを認識していた[18]。以下に特に重要だと思われる結果の一部を掲げる。

- 会員の年齢構成という点では、女性と男性とで大きな差が見られない。
- 人種・民族という点でも、女性と男性とで大きな差が見られない。
- 婚姻状況と家族構成では、女性と男性とで劇的な相異が見られる。婚姻歴なしと答えた女性会員は男性会員の 4 倍 (31% 対 8%)、現在、結婚していると答えた女性は 50% であったのに対して男性は 88% であった。離婚あるいは死別と答えた会員は、女性で 16%、男性で 3% であった。子どもがいないと答えた会員は、女性で 44%、男性で 22% であった。
- 最終学位という点では、博士号所持者が男性で 80%、女性で 65% であった。修士号所持者については男性で 16%、女性で 30% であった。性別と最終学位との間の相関は、1% 水準で有意である。
- 雇用状況については、フルタイム雇用と答えた会員は、男性が 92% で女性が 83%、パートタイム雇用が、男性が 5% で女性が 12%、失業中が、男性が 3% で女性が 5.5% であった。
- 現在の職場での経験年数については、女性と男性で統計的に有意な差 (5% 水準で有意) が見られる。現在の職場に 5 年以上勤務していると答えた男性は 55% に対して女性は 38% 、2 年未満と答えた男性は 26% に対して女性は 42% であった。
- 給与差は、就職契約時、現時点ともに、男女差が確認できる。最終学位という属性でコントロールした場合、有意差は下がるが、男女差は確認できる。

(4) 決議と勧告

　以上、調査が明らかにした結果に対して、暫定女性委員会は以下の四項目の決議をおこなった。

(1) 女性が、アメリカ教育研究学会の諸活動への参加の完全な機会を持てるようにすること。

(2) 女性が、大学等の研究訓練のための機関あるいは研究組織への参加に完全な機会を持てるようにすること。

⑶ アメリカ教育研究学会が常設の「教育研究における女性の役割と地位に関する委員会」を設立すること。当該委員会の目的は、上記⑴・⑵の原則の遵守の程度を調査し、アファーマティブ・アクションへの勧告をおこない、アメリカ教育研究学会のアファーマティブ・アクション担当スタッフへの諮問機関となること。

⑷ アメリカ教育研究学会が、アファーマティブ・アクションの行動計画およびアメリカ教育研究学会の諸活動の実施と拡大を含む責務を負うフルタイムのスタッフ一人を含む専門スタッフを拡大すること。

これら四つの決議にはそれぞれ、きわめて具体的で詳細な勧告が付されている。たとえば⑴については、次のような勧告がなされている。すでにカウンシルは会員数の比率に応じた女性会員を、アメリカ教育研究学会内の委員会に任命し選挙によって選ぶ役職へ推薦することを承認しているが、事務局長がこれを責任もって実行する任に当たることを勧告したい。さらに、

a. 学会内におけるアファーマティブ・アクション政策の履行、そのための行動目標とタイムテーブルの策定、

b. アメリカ教育研究学会会員を雇用するすべての機関もまた同様のアファーマティブ・アクション政策を採用すること、

c. ジョブ・プレースメントやジャーナル・年次大会での諸活動において差別撤廃がなされているかどうかを精査すること、

d. 会長等の役員への立候補者は女性政策についてステートメントを発表することを義務付けること、

e. 同僚間の非公式ネットワークを使った差別的な慣習を根絶するように *Educational Researcher* 誌でさらに広く訴えること。また、このような姿勢を *Educational Researcher* 誌に公表した機関の名前を毎年、発表すること、

f. 事務局長に対して、女性および教育研究に関連した連邦レベルの政策を監視し、それについての情報をアメリカ教育研究学会が広報できるように指示すること、

g. 連邦あるいは他の機関へ提出する専門家リストに、女性が、コンサルタ

ント、パネリスト、スピーカーとして含まれているかどうか監視すること。さらには、外部・内部の要請に応じるための履歴ファイルを維持・点検すること、

h. 機関誌やニューズレターにおける性差別表現の撤廃、そのための啓蒙活動、査読過程の完全なブラインド・レビュー化、とくに性差別を防止するための研究倫理の遵守、これらを、アメリカ教育研究学会の出版委員会および編集長が採用すること、

といった勧告がおこなわれている。

(5) カウンシルの側の対応

以上の調査データに基づいた決議に対して、カウンシルの側の対応は、本書で扱う4つの学術学会の中では、包括的で迅速、とはとても言い難いものであった。それでも、いくつかについては、1980年代さらにそれ以降の進展につながる成果を上げたと評価できるものであった。

まず、決議(1)(女性が、アメリカ教育研究学会の諸活動への参加の完全な機会を持てるようにすること)と決議(2)(女性が、大学等の研究訓練のための機関あるいは研究組織への参加に完全な機会を持てるようにすること)については、これらをそのまま、承認している。ただし、この時点での具体的な対応策は示されなかった。

決議(3)(暫定女性委員会の常設委員会化)についてカウンシルはこれを承認せずに、結果として、暫定女性委員会は暫定期間のさらに二年間の延長が決定された。

暫定女性委員会の常設委員会化に関連した決議(4)(アファーマティブ・アクションの行動計画)については、その受け入れを拒否した。

カウンシルはさらに、「国際女性年を記念して、女性と教育研究ハンドブックを出版するという女性教育者からの提案をアメリカ教育研究学会の出版委員会に委託すること」および「アメリカ教育研究学会年次大会における保育サービス問題について調査し、可能であれば1975年12月に報告すること」[19]を採択した。このうち前者については、結局、実現に至らなかっ

た。後者はすでに暫定女性委員会の報告でも取り上げられていたことであるが、翌1976年度のサンフランシスコの年次大会から「主に学生を念頭に置いた新サービスであるが、サンフランシスコ・エリアにおける近隣の託児サービス施設一覧が、年次大会プログラム付録として出版される」[20] ことになった。これは、学術学会そのものが託児サービスにかかわることを忌避したものと解釈することもできるが、恐らくは、カウンシルとしては、思いもかけない要求項目、あるいは、要求項目の重大性をよく認識できなかったのではないかと思われる。

　ちなみに、アメリカ教育研究学会が最初に、その年次大会出席者の託児サービスのために予算を計上したのが、1984年度大会のことであった。「パイロット・プログラム」としての託児サービスを申請し受理された参加者には80ドルを上限に補助金（会員の収入等で決定）が支給されることになったのであるが、最初の年ということもあり、申請書には託児サービスについての要望を書く欄を設けたために、実にさまざまな会員の声が寄せられた。この申請書はすべてアーカイブズ文書として残されており、貴重な史料と言えようが、それらを一読するだけで、学術学会が提供すべき理想の託児サービスとはどのようなものなのか──年次大会が開催されるホテルで提供される託児サービスのみが補助の対象なのか、それとも、ホテル外で最善と思われるサービスを自分で探した場合、補助が受けられるのか、地元のいつも使い慣れている託児サービスは対象にならないのかなどなど──実はきわめて解決困難な課題であることが理解できよう。この問題は、別の重要な視点から、アメリカ心理学会で問い直されることになるのである（本書第6章参照）。

4．暫定女性委員会のさらなる活動方針──女性運動と研究の振興

　本来は、1975年の年次大会で、教育学研究における女性の地位を調査し、その調査結果と勧告を報告することで役割を終えるはずであった暫定女性委員会は、暫定委員会という不安定な位置づけのまま、二回の再任をえて活動を継続することになった。その活動の中身は、やはり成立期の性格を引き継

いだかたちで、大きく、学会外の女性運動と呼応したものと研究の振興という二面性をもったものとなった。

1977 年の年次大会（ニューヨーク）におけるシンポジウムは、"Sex Roles, Inquiry and Social Policy." と題されたものであった[21]。このシンポジウムは先に見た、アメリカ教育研究学会暫定女性委員会の最初のシンポジウム・テーマを継続発展させるものであった。暫定女性委員会は以降毎年、年次大会において女性と教育関係のシンポジウムの開催者（あるいは、共同開催者）となっている[22]。

しかしながら暫定女性委員会は同時に、女性研究に外部資金を獲得するために、関連の研究に補助金を出している連邦政府基金や財団等の代表を招いてパネル・ディスカッションをおこなっている[23]。すなわち、「女性と教育の研究」そのものと、その「研究を推進するための研究」の両面を考察しているのである。

アメリカ教育研究学会暫定女性委員会は、77-78 年度の活動として、年次大会以外にもいくつもの成果をあげることになった[24]。

その一つが、アメリカ教育研究学会年次大会開催に関して、ERA を批准していない州をボイコットするという運動であった。これは、1978 年 1 月のカウンシル会議において承認され、これによって、予定されていた 1980 年度のシカゴ大会（イリノイ州）、翌 81 年のニューオーリンズ大会（ルイジアナ州）は開催地変更となった[25]。

次に、国立教育研究所（NIE）の補助金への応募という形で、「教育研究・開発の出版・普及過程における女性参加の拡大」と題するプロジェクトの研究計画の申請をおこなっている[26]。このプロジェクトの基本的問題関心は、すでに見たように、アメリカ教育研究学会への女性の参加、とりわけ、ジャーナルや年次大会での発表における女性の著者（特にファースト・オーサー）数の決定的不足をどのようにして克服するか、というものであった。研究計画が言うところのパブリケーション・メンターズ（論文やプロポーザルの書き方の指導をおこなうメンター）を養成し、そのメンター＝メンティー関係によって、どの程度の効果があるのかを実証的に研究することを主軸とした申請であっ

た。アメリカ教育研究学会のジャーナルの一つ *American Educational Research Journal* の当時の編集長であったリチャード・シュッツが国立教育研究所のディレクターであったパトリシア・グレアム（教育史家、本書第7章を参照）に送った当該研究計画への推薦書の文言を借りれば、「斬新かつ費用効率の高い方法を使用して、教育学界における『公正問題（equity problem）』と『著作問題（writing problem）』の双方を結びつけた研究課題」[27] であった。結果的に不採択となったこの研究計画は、1970年代末という時代を考えれば一定以上の意義を持っていた——パブリケーション・メンターズという制度は、現在の時点で見れば、きわめて多くの数の大学等で実践されているものであり、また、この研究計画が実証しようとした諸問題も、すでに多くの研究がなされている——と評価し得るものであろう。

5．おわりに——教育学研究の主体そして客体としての女性

　本章では、アメリカ教育研究学会をケーススタディとして、1970年代、学術学会が女性委員会を設立するにいたった直接の契機は何であったのか、そしてそこでは、まず何が主要な課題や問題として認識されることになったのかという二点を明らかにしようとした。アメリカ教育研究学会における女性委員会の立ち上げは、まずは、自主的にあつまった会員のシンポジウムに端緒を持つわけである。シンポジウム発言者を含めて会場に集結した人々は、ティトルによれば、一方で、女性運動の活動家でもある教育者がおり、他方で、アメリカ教育研究学会内のコーディネータがいるという、必ずしもシンポジウムのテーマに即した研究者を集めたものではなかった——実際、広い意味でのジェンダー研究という意味でも、必ずしも適任者を集結させたものではなかったわけである。これは、女性研究者支援そして、ジェンダーと教育研究という点での、当時のアメリカ教育研究学会の置かれた位置あるいは水準を如実に示すものであった。

　暫定女性委員会は、まずは現状調査からその仕事を開始したわけであるが、そこで発見したのは、調査をするための基礎データが決定的に不足（あるい

は欠如）しているということであった。このことは、これまでに学術研究に
おいて、ジェンダーという問題がどれほど意識されていなかったのかを証明
するものであった。

　暫定女性委員会は最終的には、会員である女性研究者の研究活動を支援す
るため、アメリカ教育研究学会における活動機会のさらなる増大、そして、
性差別の防止と撤廃を勧告すると同時に、「女性と教育」研究のためのさま
ざまな機会増大のための方途も模索しようとした。このことは、女性が教育
学研究の主体である同時に客体でもあるという問題を意識したものというこ
とができよう。すなわち、女性の研究者としての自立と成長を支援すると同
時に、女性についての教育学研究を支援するという双方の活動が含まれてい
たのである。それはまた、高等教育におけるジェンダー・フリー志向を伴った、
教育学会の外の社会における女性運動を意識したものであった。振り返って
みれば、このような、「女性への二重の支援」という視点は、本書第1部で
俯瞰したような1920年代における女性大学教員への支援政策においては見
られなかったものであり、この地平に到達するまで、実に半世紀という時間
を要したわけである。

　1980年代は70年代とは対照的に、保守主義の台頭の時代となっていく。
ERAキャンペーンの終焉とともに、女性運動そのものが保守主義の中に吸
収されていくようになる。あるメディア研究者がいみじくも指摘したように、
1980年代は、ロナルド・レーガンの大統領就任（1981年）に呼応するように、「解
放された女性を受け入れることにメインストーリームのメディアは躊躇して
いたのであるが、これにたくみに取って代わるように、レーガン的文化と政
治は、ジェンダー・セクシャリティ・人種を、アメリカニズムと家父長制と
いう根本的イデオロギーにとって、分かりやすく役に立ち御しやすい体系と
して意味づけたのであった」[28]。それはまた、アメリカ教育研究学会の女性
委員会にとっても、常設委員会の地位を確保したものの、このような「冷や
やかな雰囲気」の中で、新たな活動を模索しなければならなくなったことを
意味する。この場合、この新たな活動は、ただたんに女性研究者の問題だけ
でなく、「たとえば、人種的なマイノリティや障がいをもつ人々」[29]の問題を

同時に考慮すべきことを意味していたのである。次章では特にこの問題に注意して、女性研究者支援の問題を考えていきたい。

※本論文の先行研究は、筆者の調査の及ぶところでは皆無である。とりわけ、アメリカ教育研究学会の学会としての歴史そのものが、モノグラフとしては未だ書かれていない。これは、アメリカ合衆国教育史研究としては未開の部分であろう。本章では主要な史料として、アメリカ教育研究学会文書（American Educational Research Association Records、スタンフォード大学フーヴァー研究所アーカイブズ所蔵）を使用する。

注

1　U. S. needs 'de-schooling' : former priest *Chicago Daily Defender* February 9, 1971, 6.

2　James Welsh. "D.C. Perspectives: Annual Meeting in Review," *Educational Researcher*, 22 (3) , March 1971, 1.

3　Gwyneth M. Boodoo, Carol Anne Dwyer, and Susan S. Klein, and Carol Kehr Tittle. "A History of the AERA Standing Committee: The Role and Status of Women in Educational Research and Development, 1973-1991." Typewritten MS, 3-4. CRSW Folder. Box 74, American Educational Research Association Records, Hoover Institution Archives, Stanford University.

4　"ER News." *Educational Researcher*, Vol. 2, No. 8 (August, 1973) , 16.

5　この後、1975年6月に2年間の再任が認められ、さらに1976年6月のカウンシル会議で、1980年までに延長された。"ER News," *Educational Researcher* 5 (7) (July-August, 1976) , 23.

6　Laurie Moses Hines. "Creating Distinctions among Educators: Separatism, Women's Professionalization, And the Competition for Educational Authority; A History of Pi Lambda Theta, 1910-1974." Ph.D. Dissertation, Indiana University, 2000, 270.

7　Hines, "Creating Distinctions among Educators," 261-269.

8　"AERA Council Breaks with PDK, Pi Lambda Theta, Over Discrimination." *Educational Researcher*. 2 (8) , August, 1973, 16.

9　"AERA Annual Report 1974-75." *Educational Researcher* 4 (7) (July-August, 1975) , 20.

10　事務局長の報告によれば、女性委員会からの勧告によって、1974年10月には入会申し込み申請書フォームを改訂しただけでなく、全会員（約12,000人）に対

しても、追加情報の提供を呼びかけている。William J. Russell. "Report of the Executive Officer," *Educational Researcher* 4（7）（July-August, 1975）, 17.

11　Noele Krenkel, "Activities of Women's Committees in a Sample of Professional Associations," *Educational Researcher* 4（9）（October, 1975）, 25-28.

12　"Ad Hoc Committee of the Role and Status of Women, American Educational Research Association, Report and Recommendations."（May 1975）. Typewritten MS. Box 71, American Educational Research Association Records, Hoover Institution Archives, Stanford University. 以下では、"Report and Recommendations" と略記。

13　"Report and Recommendations," Part II, Participation of Women in the Educational Research Community, 2.

14　"Report and Recommendations," Part II, "Participation of Women in the Educational Research Community," 3.

15　"Report and Recommendations," 14.

16　"Report and Recommendations," Table 3.

17　アメリカ教育研究学会について見れば、会員データの処理を外注に頼っていた――自前のコンピュータとデータ管理ソフトがなかった――という問題は、79 年度以降、ようやく解決された。"AERA 1978-79 Annual Report," *Educational Researcher* 8（7）（July- August, 1979）, 19.

18　"Report and Recommendations," Part III, "Women in Educational Research: Their Status from Student to Employee." 7％のランダム・サンプルに諸属性を入れて分析すると、統計的に意味のある結果をえることが困難な場合も生じる。このことは、調査にあたった研究者たちも認識していた。

19　"ER News," *Educational Researcher* 4（7）（July-August, 1975）, 23.

20　"Annual Meeting Notices," *Educational Researcher* 5（3）（Mar., 1976）, 20.

21　"ER News," *Educational Researcher* 6（2）（February, 1977）, 20.

22　1978 年のシンポジウムは "Changing Demographic Patterns: The Implications for Women's Work, Education and Family Roles." であり、翌 1979 年のシンポジウムは "Women, Education and Work: Implications for the Future" であった。

23　"Annual Meeting Notices." *Educational Researcher* 6（2）（February, 1977）, 22. このパネル・ディスカッションは翌々年の 1979 年も開催された。女性委員会の報告によれば、「大好評につき Women's Educational Equity Communications Network（WEECN）と共同で *Funding for Women's Educational Equity.* を出版したとされる。"AERA 1979-80 Annual Report," *Educational Researcher* 9（7）（July-August, 1980）, 24. 同レポートは、ERIC　ED188352 に収録された。

24　本文の以下に掲げる活動のほかに、（1）パンフレット『アメリカ教育研究学会

の女性（Women in AERA）』の作成、（2）78年度トロント年次大会で "Changing Demographic Patterns: The Implications for Women's Work, Education, and Family Roles." のスポンサーに。また、social hour を主催、（3）1978年度 Divisional Annual Meeting programs の分析、などが挙げられる。なお、この年度は、暫定委員会の任期切れの年であるが、委員数2名増員で継続がカウンシルによって認められている。

25　Patricia E. Stivers. "Editorial: Milestones toward Equity," *Educational Researcher* 7 (3)（March, 1978）, 1.

26　Unsolicited Grant Proposal Submitted to National Institute of Education. "Increasing the Participation of Women in the Publication and Dissemination Processes of Educational Research and Development." Principal Investigators: Patricia Stivers and William Russell, in cooperation with the Women's Groups of the American Educational Research Association. Typewritten MS, Folder Women's Committee/NIE Proposal, Box 20, American Educational Research Association Records, Hoover Institution Archives, Stanford University.

27　Richard E. Schutz to Patricia A. Graham, dated December 21, 1978. Folder Women's Committee/NIE Proposal, Box 20, American Educational Research Association Records, Hoover Institution Archives, Stanford University.

28　Jennifer Susanne Clark. "Mapping Feminism: Representing Women's Liberation in 1970s Popular Media."（Ph. D. Dissertation, University of Southern California, 2007）, 301.

29　Sari Knopp Biklen. "Equity in a Cold Climate: New Challenges for Women and AERA," *Educational Researcher* 12 (3)（March, 1983）, 17.

第6章　アメリカ心理学会 (APA) と
女性研究者支援政策の展開
――マイノリティ概念をめぐる相克

1.　はじめに――1970年代と女性研究者支援

(1) 1970年代におけるサイコロジストの誕生

　前章に引き続き、本章での筆者の関心は、1970年代初頭に開始される、アメリカ合衆国の諸学術学会における女性研究者支援政策はどのような歴史的文脈の中で立案されたのかをいくつかのケース・スタディをとおして明らかにしようとするものであるが、前章ではアメリカ教育研究学会 (AERA) を考察の対象にしたが、今回はアメリカ心理学会 (American Psychological Association, APA) を取り上げたい。両者を比較することで、学術学会における女性研究者支援政策の基本的動向がより鮮明になると考えるからである。

　この両学会は、学会の成立という点では、1916年創立のアメリカ教育研究学会に対してアメリカ心理学会の方が19世紀末の1892年に遡り、四半世紀旧い。会員数となると、1970年代初頭という時代で、すでにアメリカ心理学会がアメリカ教育研究学会の約3.3倍の会員を抱える大所帯であった。その後、この差は開く一方で、現時点では約6倍となり、アメリカ心理学会は15万人の会員からなる世界最大規模の学術学会となった。その54の研究部会 (divisions) ――実験心理学から臨床心理学や社会心理学、人間性心理学 (humanistic psychology) から軍事心理学、消費者心理学から健康心理学やメディア心理学、そして女性心理学など――は、心理学がアメリカ社会のあらゆる領域で"不可欠な学問""成長分野"であるという言説を裏付けることになる。

　それはどのようなことか。上述のアメリカ心理学会の巨大な会員数は、こ

の組織には、研究者だけでなく臨床家も集結していることを理解しなければ
ならない。言い換えるならば、現在のアメリカ合衆国での心理学とは、学術
研究の対象であると同時に（あるいは、それ以上に）、臨床の心理学なのである。
そのような臨床の心理学を扱う心理職は、博士号（学術博士 Ph.D. あるいは心理
学博士 Psy.D.）を取得したあと、アメリカ合衆国とカナダを統括する非政府の
認証団体がおこなう試験（より正確に言えば、アメリカ合衆国およびカナダの各州
政府が、この団体に委嘱しておこなう試験）に合格してライセンスを取得して初
めて、サイコロジストとして活動できる。しかも、このサイコロジストとし
て活動は自立したそれであり、いわば、独立営業が認められる。このような
サイコロジストの要件——学位とライセンス——さらには、サイコロジスト
としての独立性（それ以前は、医者の監督と指示のもとに活動をおこなうという基
本的な制約が課されていた）がすべて揃って、現在のようなサイコロジストが
誕生したのが1970年代であった[1]。

　すでに前章で確認したように、女性研究者支援政策に関連して、学術学会
内に「女性の地位と役割に関する委員会」（以下、女性委員会と略記）が成立す
るのが、アメリカ教育研究学会が1974年、アメリカ心理学会が1973年であ
るから、ほぼ同時期と言ってよい。

　なぜ、この時代なのか。それは、これもすでに前章でも明らかにしたよう
に、以下に見る二つの大きな歴史的趨勢が、学術学会のおける女性研究者支
援政策を後押ししたと考えられるのである。

　第一に、アメリカ合衆国の高等教育界は、1960年代に未曾有の拡大を経
験し、それに続く1970年代は、拡大のペースは鈍ったものの、依然として
拡張期であったが、この拡大をもたらしたのは、実は女性進学者の増大であっ
た。これは、研究者の養成をおこなう大学院レベルでも顕著であり、1970
年代における博士号学位の推移を見ると、男性取得者が、25,890人が22,943
人へとむしろ減少しているのに対して、女性取得者は4,022人が二倍以上の
9,672人に増加している[2]。そして、1979/80年度には、女性は博士号取得者
の30％を占めるまでになったのである[3]。このことは、1970年代が、アメリ
カ合衆国における女性研究者の一大拡大期であることを意味していた。

　第二に、1970年代はまた、フェミニズム運動の一大興隆期——「フェミニズムの第二の波」の成果が、アメリカ社会の中で一定以上の認知を受けていった時代——でもあった。「フェミニズムの第一の波」が、女性参政権の獲得という、すぐれて政治的な課題に動かされたものであったのに対して、「第二の波」の方は、政治的な課題をも含めて、家庭という私的な領域に属する問題をも、両性の平等をめぐる社会改革の課題として考えていこうとするものであった[4]。ここからたとえば、女性研究者のキャリアの中でもきわめて重要な、妊娠や出産をめぐる問題も、従来のように「それぞれの家庭に属する個人的な問題」として処理されるのではなく、社会全体、とりわけその女性研究者が属する学術学会がまず考えるべき課題であると認識されるようになったわけである。

　これら二つの歴史的趨勢は、すぐれて相乗効果をもたらすものであった。すなわち、女性の進学者、とりわけ大学院への進学者の増大は、フェミニズム運動による性的役割分業の打破——たとえば、「女性は専業主婦になるのであるから、大学院進学は無理かつ無駄である」といった神話の打破（本章の第3節参照）——なしにはありえなかったであろう。また、大学院進学を果たし研究者となった女性たちによって、今日の私たちが、女性学研究によってもたらされた知見として知る、幾多の優れた学問的業績が積み重ねられていったわけである。

(2) アメリカ心理学会における女性委員会の成立

　さて、先ほど、アメリカ心理学会における女性委員会の成立は1973年であるとしたが、これには注釈が必要である。一般に、ある学術学会の中に独立した「委員会」が設立されることは、その委員会が扱う問題が、その学術学会の中で重要な意味をもつと認められた結果である。アメリカ心理学会について見れば、1972年12月に「心理学における女性に関する暫定委員会（Ad Hoc Committee of Women in Psychology）」が任命され、翌73年初頭から活動を開始している。ただし、委員会ではないものの、直接の前身組織として1970年に、「心理学における女性の地位に関するタスクフォース（Task Force on the

Status of Women in Psychology）」（以下、タスクフォースと略記）が設立されており、アメリカ心理学会はこれをもって女性委員会の起源、すなわち、その公式な女性研究者支援政策開始としている[5]。しかしながら、本章で明らかにするように、このタスクフォースはアメリカ心理学会執行部が自主的に設立したのではなく、その成立は、アメリカ心理学会の構造改革を模索しつつフェミニスト運動に関与していた女性心理学者たちのグループが、女性研究者支援に関わる他の事項とともに、アメリカ心理学会執行部に強く要求した結果であった。したがって、1970年代におけるアメリカ心理学会の女性研究者支援政策の始動を分析するためには、タスクフォース設立から始めるのでは不十分であり、むしろ、その成立以前の過程に着目する必要がある。

　本章では、以下の三つの研究課題を設定したい。

(1) 1960年代末から70年代初頭にかけて、アメリカ心理学会がこのタスクフォースを設立するに至った歴史的文脈および直接の契機とは何であったのか。
(2) そこには、どのような人物や組織が関与していたのか。
(3) このタスクフォースには、女性研究者支援に関してどのような主要課題があたえられたのか。

　本研究に関連する先行研究で、特に、歴史的研究として評価できるものは、ほぼ皆無である。本研究は第一次史料として、アメリカ心理学会アーカイブズ文書（American Psychological Association, Records. アメリカ合衆国議会図書館所蔵）の中で、上記タスクフォースに関するファイルを、さらには、「心理学における女性連合」アーカイブズ文書（Association for Women in Psychology, Records. ハーバード大学ラドクリフ研究所シュレッシンジャー図書館所蔵）をもちいる。

2．アメリカ心理学会の構造改革と女性研究者支援

(1) 学会大会における直接行動とその帰結

　1969年9月、アメリカ心理学会ワシントンD.C.年次大会では、一部会員たちによる抗議活動がマスメディアの格好の話題になった。そもそもこの年次大会自体が、本来はシカゴでおこなわれる予定が、前1968年の同地の民主党全米大会関連した警察官・州兵による暴行事件（1968年8月、警察・軍隊が完全抑圧したシカゴ市は、日本を含め世界が注目した）への多くのアメリカ心理学会会員たちの抗議のため、急遽、ワシントンD.C.へと開催地を変更したものであったからである[6]。

　抗議活動をおこなったのは、アメリカ心理学会の構造改革を訴えシンポジウム会場を乗っ取った若手のラディカルたち、アフリカ系アメリカ人学生・教員へのアメリカ心理学会としての支援を訴えた学生たち、さらには、ベトナム戦争への反対を訴えて、会場のホテルからホワイトハウスへデモ行進をおこなったアメリカ心理学会内のグループなどであったが[7]、この中に、一群の女性たちがいた。これらの女性たちは、本来は大会プログラムに掲載されていなかった二つのシンポジウムを開催し、心理学における性差別全般を議論しただけでなく、アメリカ心理学会年次大会そのものが性差別から自由でないことを指摘した。またこのグループは、アメリカ合衆国の学術学会の年次大会では必ずおこなわれる、大学・研究機関による心理職の就職斡旋会において、三つの大学が公民権法および雇用機会均等委員会（EEOC）の規定に違反する性差別をおこなっているとして、大会会場に置かれていた就職斡旋ブースの前に性差別反対のための自分たちのブースを設けただけでなく、当該大学の就職斡旋ブースの閉鎖をアメリカ心理学会執行部に要求した[8]。

　これらの女性たちが訴えたのは、アメリカ心理学会という学術学会において歴史的に蓄積されてきた根強い、そして通常は意識されない隠された性差別という問題であった。

　1892年、グランヴィル・スタンリー・ホール（Granville Stanley Hall, 1846-1924）の初代会長就任に始まるアメリカ心理学会の長い歴史の中で、最初の女性会長となったのは、1905年、メアリ・ウィットン・コーキンズ（Mary W. Calkins, 1863-1930）であった。その後、1921年――合衆国の女性が参政権を獲得した翌年――に、マーガレット・ワッシュバーン（Margaret Floy Washburn, 1871-1939）

が会長に就任したものの、三人目の女性会長は、以降、まったくの不在であった[9]。

　女性の代表という意味でのアメリカ心理学会の組織としての問題はこれにとどまらなかった。当時のアメリカ心理学会のガバナンスの形態は、(1) 会長（全会員の選挙で選出、以下の理事会とカウンシルの議長となる）、(2) 理事会（Board of Directors. 現会長、前会長、次期会長、会計担当、書記、CEO の 6 名から構成）、(3) カウンシル（Council of Representatives. 理事会メンバー、アメリカ心理学会各研究部会の代表に加え、各州・地域の代表から成る巨大な組織。理事会が作成した予算に承認をあたえるほか、アメリカ心理学会の運営方針に対して最終的な決定を下す最高決議機関）という構造であった。このうちカウンシルは、一見すると幅広く代表を集約した機関のようであったが、1970 年当時で 135 名というメンバーのうち、女性はわずか 9 名であった[10]。一般会員レベルでカウントした場合の当時の女性比率はおおよそ 25％であったから、これでは女性会員の代表性という点で惨憺たるありさまであったとしか評価できないであろう。

(2) 心理学における女性連合の結成

　前期の女性グループは、大会中に、心理学における女性連合（Association for Women in Psychology, 心理学における女性連合）を結成する[11]。このグループの基本的問題関心は、大学入学における差別から始まる、心理学におけるあらゆる差別的取り扱いの是正、さらには、心理学という学問を女性の視点から再検討することであった。そして、心理学における女性連合の構成メンバーは心理学者であったが、同時に、学会の外で積極的にフェミニズムの運動へ関与することで、社会の変革そのものを目指すべく直接行動（activism）――前述のアメリカ心理学会年次大会における行動は、まさにその一環であった――を肯定した人々であった。

　心理学における女性連合は結成されるとただちに、アメリカ心理学会の理事会ならびにカウンシルに、以下のように一連の決議文および請願を提出していく[12]。

- 認証評価において、当該大学の心理学科が、非性差別政策を採用しているかどうかを、認証の新条項として盛り込むこと。（カウンシルによって否決）

- 妊娠中絶を犯罪としている州法の撤回をアメリカ心理学会が支持すること。（同上採択）

- アメリカ心理学会が発行する『雇用広報 *Employment Bulletin*』に、性差別となる要件や用語を使わないよう、徹底すること。（アメリカ心理学会内の「心理学における機会平等委員会」に付託）

- アメリカ心理学会組織のあらゆる性差別的慣習を発見しこれを除去するために、アメリカ心理学会内の総点検をおこなうこと。その結果を、1970 年度の年次大会以前に *American Psychologist* 誌上に報告し、1970 年度アメリカ心理学会年次大会では、この結果を議論する公開討論会をおこなうこと。（同上委員会に付託）

　1970 年 9 月 5 日、1970 年度アメリカ心理学会年次大会では、前出の心理学における女性連合の決議文を受ける形で「性差別の問題を討議する公開討論会」が開催されるが、1,500 人以上が詰めかけた、「理事会と会員の間のコミュニケーションを改善するために設けられた実験的なセッション」であるこの討論会は、再び、マスメディアの注目を集めた。たとえば『ニューヨーク・タイムズ』は、「女性たち、心理学団体を批判：賠償金として 100 万ドルを要求」という刺激的なキャプションを付けつつ、「心理学は雇用において女性を差別しているだけでなく、人間行動の学として心理学は、女性を受動的、男性を主導的とする性差別的なフロイトの概念を永続化させている」[13] という心理学における女性連合の一会員の発言を引用している。これは、心理学における女性連合対アメリカ心理学会執行部という対立の構図をよくあらわしている。

(3) 性差別対人種差別

　しかし、『ニューヨーク・タイムズ』は敢えて報道しなかったようであるが、

当日、もっとも激しく議論の応酬がおこなわれたのが、女性差別と女性以外のマイノリティの差別をどのような関係で捉えるのか、ということであった。アメリカ心理学会の機関紙の *APA Monitor* によれば、心理学における女性連合のメンバーの一人、ジョースティング（Joan Joesting, 1938-）が、アメリカ心理学会の次期会長であるケネス・B・クラーク（Kenneth B. Clark, 1914-2005）を、彼が、「これまで白人女性たちが黒人の男たちを踏みつけにしてきた」「女性は『赤ん坊製造工場』にすぎない」と発言したと激しく非難したのである。クラークは、アメリカ史上の画期となった1954年のブラウン判決の際に、「分離すれども平等」論を覆した著名な「カラー・ドール研究」をおこなった社会心理学者であり、この年、アメリカ心理学会史上初のアフリカ系アメリカ人の会長に選出されていたのである。クラークはただちにジョースティングに対して発言取り消しを要求したが、会場からは発言の真意を説明するように強く求められ、この日の午後に心理学における女性連合の代表たちと2時間半にわたって会合を持った際に、「私は、人間の正義、公正、寛大という問題を、細かく仕切られたやり方で取り扱いたくない」と語ったことを明らかにした。彼はさらに、「アメリカ社会における女性の不平等について（アフリカ系アメリカ人である――引用者注）私に対して語るためには、同時に、女性に押し付けられた不当な地位であると皆さんが見做すものは、歴史的にはある人種へ加えられた残酷な仕打ちという構図の一部なのであり、その中で白人女性はその特権的な地位によって、黒人男性へ向けられた残酷な仕打ちの共犯者であったという事実をも私に語らねばならないはずだ、と申し上げた」[14]（傍点は引用者）と反論したのである。

　この公開討論会の時点では、有志たちの緩い連合体という形態であった、心理学における女性連合という組織の基本的性格は、1971年2月に全国組織として整備された際の設立趣意書に見いだすことができよう[15]。

　　心理学における女性連合の会員は主に女性からなるが、男性を排除しない。さらには、専門職としてのサイコロジストに限定されず、心理学における女性の限定された役割――心理職としてのそれであると同時に

心理学の対象としてのそれ——の変革に関心を持つすべての人の入会を
歓迎する。

　心理学における女性連合は可能な限りアメリカ心理学会の目指すとこ
ろと協調するが、アメリカ心理学会が直接的間接的に支持する特定の活
動には強く反対する。そのひとつが、女性の教育・雇用における根強い
性差別であり、また、女性に関する研究への低い優先度および不十分な
財政支援である。

(4) 心理学における女性連合による「決議と提案」

　心理学における女性連合を設立したキーパーソンは、以下の女性たちで
あった。これらの女性たちは共通するのは、心理学関係の学位を取得し、ひ
とたびはアカデミズムの中に身を置いたものの、アメリカ心理学会とは距離
をとりつつ、むしろ、社会改革への意思を強く示した女性たちであった。

- ジョアン・ガードナー（Jo Ann Evans Gardner, 1925-2010）会長（ただし、本人
  は暫定会長と名乗った）。1965 年、ピッツバーグ大学にて生理心理学で博
  士号取得。「フェミニズムの第二の波」のもっとも著名な活動家・メンター
  の一人。全米女性機構（NOW）のピッツバーグ支部共同設立者。夫とと
  もに女性学専門の出版社 KNOW を設立。さらに、夫とともに、1973 年、
  新聞の男女別求人募集を違法とした合衆国最高裁判決の原告。
- ジョアン・ジョースティング（Joan Joesting, 1938-）創立メンバーの一人。
  1970 年、ジョージア大学にて教育心理学で博士号取得。臨床心理士と
  して活動していたがフェミニスト運動のために解雇された後、さまざま
  なフェミニスト運動に関与する。ノースカロライナ・ステート大学ほか
  で教える。
- フィリス・チェスラー（Phyllis Chesler, 1940-）創立メンバーの一人。1969 年、
  ニュー・スクール・フォー・ソーシャル・リサーチにて実験心理学で博
  士号取得後、ニューヨーク市のリッチモンド・カレッジで女性学のコー
  スを創設。1972 年、*Women and Madness.*（邦訳は『女性と狂気』、1984 年）を出

版し、以降、もっとも影響力のあるフェミニストとなる。

- ドロシー・リドル（Dorothy I. Riddle, 1944-）創立メンバーの一人。1968年、デューク大学にて心理療法で博士号取得。ウィリアム・アンド・メアリー・カレッジ、リッチモンド・カレッジにて、女性学コースを開発。1974年、アメリカ心理学会の「ゲイとレズビアンに関するタスクフォース」の委員に就任。このタスクフォースは、「治療の対象」とされていた同性愛に対するアメリカ心理学会の立場を転換する契機となった。

　この会合では、心理学における女性連合が、以下に見るようなシングルスペースのタイプ打ちで7頁にも及ぶ52項目の「決議と提案（Resolutions and Motions）」を提出し、加えて心理学における女性連合代表と理事会との面会を要求した[16]。理事会は公開討論会がおこなわれた9月5日付で、きわめて短い声明を発表し、「決議と提案」を10月のカウンシル会議にかけることを約束した。しかし、心理学における女性連合は、9月7日付のガードナー会長からアメリカ心理学会理事会宛ての書簡において、この理事会声明が「性差別の存在を認めておらず、善意を装っているもの」であることを3頁にわたって詳細に言及した上で、受諾を拒否した[17]。ただし、理事会およびカウンシル会議で心理学における女性連合の代表が現状認識の説明をおこなうことは受け入れた。

　理事会の声明そのものが、わずか16行の短いものであったが、その中に“eliminating <u>any</u> existing discrimination in psychology”という一節があり（下線は引用者）、これは、読みようによっては「もしも現状の心理学に差別というものがあるならば、これを根絶することは…」という意味になる。心理学における女性連合もまさにそのように読んだのであるが、より根本的な問題は、時間的制約があったにせよ、52カ条という膨大な決議・要望に対して、16行の声明はあまりにも簡単すぎ、まともな対応とは受け取られなかったことであろう。受け取り拒否を通告されたアメリカ心理学会は翌々日の9月7日、事務局長のリトル（Kenneth B. Little, 1918-1997）が今度は2頁のメモランダムを心理学における女性連合に送り、“誤解”への釈明をしている[18]。

　さらに心理学における女性連合は、元決議にはなかった第53番目の決議として、「心理学者および非専門家の双方の教育のために、心理学における女性に関する声明書が望まれている。したがって、アメリカ心理学会カウンシルは、心理学における女性の現状についての声明書を起草するタスクフォースを任命すること、また、その特別委員会の少なくとも半数がアメリカ心理学会の会員であると同時に心理学における女性連合の代表でもあること」を追加提出した。

　52項目の「決議と提案」は、まず、決議の部があり、その冒頭には「A. 総論」として、当時、公表されたばかりであった、女性の権利と責任にかんする大統領タスクフォース報告（President's Task Force on Women's Rights and Responsibilities. *A Matter of Simple Justice.* 1970年4月）を引用しつつ、これまで女性たちが蒙ってきた有形無形の差別による「自己像と精神的健康の毀損を解消することは、連邦政府の力を持ってしない限り不可能であろうが、アメリカ心理学会は、この大統領委員会報告に盛り込まれた諸勧告を承認することを表明すべきである」[19]としている。さらに、「アメリカ心理学会はすでに、黒人のアメリカ人（black Americans）に関しては、1969年のカウンシル決議で、その社会的地位の改善に深く関与することを表明し、多額の財政支出を行っている。これと同じことを、女性に対しても行なうよう決議する」[20]としている。その後に続く決議は、「B. 雇用」「C. 支援のための諸施設」「D. 教育」「E. 心理職の業務」「F. 実施に向けて」と分かれており、いずれも理想的ではあるがアメリカ心理学会にとってはきわめて厳しい要求が列挙されている。

　たとえば、「B. 雇用」では、「アメリカ心理学会は、（教員・研究者の──引用者注）全職階での女性の雇用と昇進の増加を、当面は、大学院生に占める女性の比率にまで到達するまで引き上げるという目標を、長期的には全職階で50％という目標を承認すべきである」[21]（下線＝強調は原文のまま）とあり、「D. 教育」では、「アメリカ心理学会は、心理学科、大学院、学士課程のいずれにおいても、女性の数を制限するような上限枠（quota）を設けてはならないという原則を承認する」[22]としている。

　提案の方はさらに具体的で細かい要求が列挙されており、「A. 心理学にお

ける女性の状況」では、アメリカ心理学会が、全心理学科に対して、女性の
おかれた状況について情報提供を行うように要請すること」「情報を提供し
ない大学、学科、企業については、アメリカ心理学会が査察を行うこと」[23]
が提案されている。「B. アメリカ心理学会内部の意思決定における公正性」
では、「ノミネート委員会、本部スタッフ、年次大会、それぞれにおいて、
女性がその会員比率に匹敵する数だけ、意思決定を行う立場にいるかどう
か、アメリカ心理学会はその数を増やすよう提案する」[24]としている。「D. 他
の団体との関係」では、「アメリカ心理学会は取引のある企業が性差別を行っ
ていないか、性差別の事実が判明した場合は、取引を中止すること」[25]が提
案されている。

　この「決議と提案」で特に注目すべきことは、すでに本章冒頭で指摘した
ように、1970年代初頭のフェミニズムの「第二の波」の基本的方向性がみご
とに反映されていることである。

　すなわち、「A. 心理学における女性の状況」では、当時の大学院では当た
り前であったフルタイム修学の原則を改めさせる──学業と家庭の諸義務と
の両立を考えると、パートタイム修学が望ましい──という一項目が挙げら
れている。「C. 女性研究者支援のための諸施設」ではまず、現状の保育施設は、
女性研究者にとって二重の問題を提起しているという基本的認識が示される。
すなわち、一方では、安価で利用しやすい保育施設がないという問題が、さ
らには、子どもの社会性の発達にとって保育施設での経験はきわめて重要で
あるが、その保育施設の大多数に、有害な性役割のステレオタイプが導入さ
れている、という問題である。これに対して、「アメリカ心理学会が、サイ
コロジストを雇用する全大学キャンパス、研究所・企業に保育施設を開設す
ることを奨励すること」「保育施設のスタッフは男女両方でおこなわれるべ
きことをアメリカ心理学会が支持すること」「性別役割のステレオタイプを
克服し、両性ともに、積極的な自己像・態度・行動をはぐくむべきであるこ
とをアメリカ心理学会が支持すること」[26]が決議として掲げられている。さ
らに重要なのは、「女性が望まない子どもをもつこと、その出産への恐れか
ら引き起こされる精神的危機」「女性が自身の生命と身体をコントロールで

きないことへの絶望とフラストレーション」「自身の出産を計画できなければ女性は心理学で自由に職を得ることができない」という現状認識に立った上で、三つの決議を──「アメリカ心理学会が、特にサイコロジストを雇用する企業や研究所に対して、避妊や妊娠中絶の情報を提供するヘルスケア・プログラムの設立を奨励・支援すること」「ヘルスケア・プログラムは無償という原則をアメリカ心理学会が支持するべきこと」「ヘルスケア・プログラムは、女性が望めば妊娠中絶を勧めるという原則をアメリカ心理学会が支持すべきこと」[27]──おこなっていることである。すなわち、この「決議と提案」全体が、家庭という私的な領域に属する問題──その中核が性と生殖をめぐる問題──を、学術学会の女性研究者支援政策に組み込んでいくべきであるとの認識で貫かれているのである。

　アメリカ心理学会のカウンシル会議は10月7日に開催され、心理学における女性連合代表からの説明を聴いた後、以下のような票決をおこなった[28]。

- 第53番目の決議である、「心理学における女性の現状についての声明書を起草するタスクフォースを任命すること」（採択。前出の、アメリカ心理学会内の「心理学における機会平等委員会」内の特別作業班という位置づけ）。
- アメリカ心理学会はそのすべての委員会・部門に対して、心理学における女性連合が提出した決議に注意を喚起し、それぞれの委員会・部門がその使命に関連した決議について勧告および適切な処置をおこなうこと、さらには、心理学における女性の参加を容易にし、また促進するそのほかの方法がないか検討すること（採択）。
- 準会員に関するアメリカ心理学会付則中、「心理学の大学院あるいはプロフェッショナル・スクールの課程に<u>フルタイムで</u>専念している者」を「フルタイムで」を削除し「専念している者」に変更する（採択）。
- アメリカ心理学会は、上記のタスクフォースをつうじて、心理学における女性連合に心理学における女性の地位に関する調査等の研究活動をおこなうために必要な外部資金を獲得できるよう、スタッフのサポートを

おこなう (採択)。

- アメリカ心理学会ワシントン D.C. 本部に、心理学における女性連合のためのオフィス・スペースを確保する (現状ではスペースがないため採決延期)。

- アメリカ心理学会が、その諸ノミネート委員会に、女性候補が適正な比率で含まれているか調査し、場合によっては譴責をおこなう (否決)。

- アメリカ心理学会 1971 年年次大会で、試験的に、無償の保育センター (朝 8 時から真夜中まで) を開設する (採択)。

- アメリカ心理学会の就職斡旋サービスについて、これを利用する雇用者に対する説明書の中に、志願者のプライバシーを犯すことを禁じる明確な言明を入れること。詳細は、アメリカ心理学会事務局が心理学における女性連合との協議の上で作成する (採択)。

　最後にカウンシルは、「カウンシルは心理学における女性連合に対して、(心理学という——引用者注) プロフェッションがこれまで長年にわたって無知のままであった課題を提起してくれたことに謝意を表するものである。カウンシルは、女性に対する差別の根絶に、また、女性の才能の全面的な利用に、引き続き努力していくことを支持するものである」[29] という決議を採択した。心理学における女性連合にとっては、カウンシルが自分たちの力量を認めたことを意味するものであるが、恐らくは手放しで喜べるものではなかったであろう。すなわち、先に引用した「決議と提案」の中核部分とも言える妊娠、出産、育児という問題がほとんど抜け落ちてしまっている——わずかに、年次大会における無償の保育センターが取り上げられたのみ——からである。

---

3. 心理学における女性の地位に関するタスクフォースの成立

(1) アスティン・タスクフォースの成立

　タスクフォースの任命が決定すると、アメリカ心理学会理事会は委員の選定作業を開始するが、心理学における女性連合の側もまた、その会員を委員

にするための働きかけを始める。当時、メレディス・カレッジの心理学准教授であったブラントン (Gloria H. Blanton, 1924-2011) はアメリカ心理学会会長のクラークに以下のような書簡を送っている

> 心理学における女性の地位に関する声明書を起草するタスクフォースに心理学における女性連合のメンバー数人を加えていただくよう、特別なご配慮をお願いいたします。この問題については、メンバーの多くが (心理学における女性連合結成以来の――引用者注) 2 年、3 年の取り組みにより、アメリカ心理学会会員よりはるかに多くのことを知っています。時が重要です。過去にも、これから先も、25%を占める会員にこれほど僅かな関心しか払われないのであれば、もう会を辞めようかと思っているアメリカ心理学会の女性会員はいったいどれほどいるのか――私はこのことをいくたびも考えます[30]。

　こうしてブラントンは、まずは心理学における女性連合メンバーの中から二人を――ミリアム・G・キーファー (Miriam G. Keiffer, 1941-) と前出の心理学における女性連合会長ジョアン・ガードナーを――推薦する。アメリカ心理学会の側は、事務局長のリトルが中心になり、クラーク会長および理事会と協議しながら人選を進めていく。最終的には、以下のメンバーが選出される。

①ヘレン・S・アスティン (Helen S. Astin,1932-) 委員長
②ジェイムズ・A・ベイトン (James A. Bayton, 1912-1990)
　1943 年、ペンシルベニア大学で学位を取得。当時はハワード大学教授。アフリカ系アメリカ人の心理学者。
③イヴォンヌ・ブラックビル (Yvonne Brackbill, 1928-)
　1956 年、スタンフォード大学で学位取得。
④ヘンリー・P・デヴィッド (Henry P. David, 1923- 2009)
　当時は、シンクタンク America Institute for Research の国際部門の副ディレクター。また、アメリカ心理学会内の「心理学と家族計画タスクフォー

ス」の委員長

⑤ロナ・M・フィールズ（Rona M. Fields , 1932-)

　南カリフォルニア大学で学位取得。パシフィック・オーク・カレッジ教授

⑥ミリアム・G・キーファー（Miriam G. Keiffer, 1941-)

　1968 年、コロンビア大学で学位を取得。フォーダム大学ベンセーレム・
　カレッジ講師。タスクフォース中、ただ一人の心理学における女性連合
　メンバー。

⑦エリノア・E・マッコビィ（Eleanor E. Maccoby, 1917-2018）

　1951 年、ミシガン大学で学位を取得した性差心理学の研究者。スタン
　フォード大学教授。

⑧エリ・A・ルービンスタイン（Eli A. Rubinstein, 1920-2006)

　1951 年、アメリカ・カトリック大学にて学位を取得。当時は、テレビ
　の暴力シーンが子どもにあたえる影響の研究（連邦政府からの委託研究）で
　知られていた。

　8 名のメンバーの内訳は女性 4 名＋男性 4 名であるが、この中でジェンダー
の問題についてすでに専門的な研究業績を挙げていたのは二人の女性委員、
アスティンとマッコビィのわずか二人であった。これは、アメリカ教育研究
学会を扱った前章でも指摘したことであるが、1970 年代初頭というこの時
代に、学問研究においてジェンダーの問題がきわめて限定的な注目しか集め
ていなかったことを物語るものと言えよう。しかしながら、ジェンダーの問
題についての専門家でもあり、同時に優れた社会心理学者であったアスティ
ンを委員長として得たということは、この女性委員会に決定的な機動力をあ
たえることになった。

　アスティンはこの当時、ワシントン D.C. の University Research Corporation
の研究部長であったが、彼女はこの役割を引き受ける最適任者であった。そ
れは、アスティンはその前年の 1969 年に出版した『アメリカにおける女性博
士号取得者：その出身・キャリア・家族』[31] によって、心理学分野のみなら
ず広く学術界一般で、文字どおりこの問題の第一人者であると目されていた

からであった。本書はその表題のとおり、女性の Ph.D. 取得者（1957/58 年度に博士号を取得した 1,979 人の女性の中から調査への有効回答があった 1,547 人を対象）が、どのような階層から出自し、いかなる経歴を経て、どのような仕事についていくのかを、詳細に追跡したものである。社会心理学者としての力量がいかんなく発揮されたこの研究は、当該女性の高校時代の成績まで調査しており、さらには、統計的なデータだけでなく、巻末には一種のオーラル・ヒストリーを構成する Ph.D. 女性たちの手記を掲載するなど、現在で言うところの定性的調査としての側面を備えたものであった。この研究のもっとも重要な結論とは、「女性が博士号を取得しても、それに見合った仕事をすることなしに結婚して家庭に入るだけであるから、無駄な投資というべきである」という神話の虚偽性をあばいてみせたことである。実際、総計で回答者の 91％が仕事をしており（このうち、フルタイム就業者は 81％）、45％が既婚（同年齢層の比較集団の場合は 86％）、さらにその四分の三が子どもをもっているのである。

　委員長に就任したアスティンは、その直後、アメリカ心理学会の機関紙 *Monitor* のインタビューに答えて、この委員会の使命について次のように語った。「私は、女性に対する差別があると指摘することに関心があるのではありません」「タスクフォースの主要目標は、心理学における女性の教育的職業的発達を容易にするためにアメリカ心理学会はどのような活動をおこなわねばならないか、その情報を集積するということになりましょう」。さらには、「私たちが学ぶべきことは、どうすれば女性たちの特有な才能を利用できるのか、さらには、どうすれば女性の心理学（psychology of women）——女性の動機や願望——に関する研究を促進できるのか最大化できるのか、なのである」[32] と。

　アスティンがこの時点で、心理学における女性連合の活動をどれほど意識していたかは定かではない。逆に心理学における女性連合の側は、自分たちが要求したような、タスクフォース委員の「少なくとも半数」を確保するには遠く及ばない結果に、キーファー委員の脱退まで検討していた[33]。この時点でのアスティンは、社会心理学を専門とする研究者の立場からタスク

フォースを運営しようとしている──まずは情報収集のための専門的な調査であり、その方向性は、教育と研究のさらなる発展にある──ことが見て取れる。

4．おわりに──「マイノリティとしての女性」の意味

　以上、見て来たように、アメリカ心理学会女性委員会の前身組織「心理学における女性の地位に関するタスクフォース」成立の直接の契機は、心理学および心理学会における性差別克服を目指して直接行動をおこなった女性心理学者たちのグループである、心理学における女性連合によるアメリカ心理学会執行部への働きかけであり、これなしにはアメリカ心理学会の女性研究者支援政策は発動しえなかった。さらには、タスクフォースは、心理学における女性連合が提出した、性差別克服のための膨大な要求の一環であった。その基本的な方策とは、一方では連邦政府による法的な規制（EEOC による勧告、大統領命令 11375 によるアファーマティブ・アクション、さらには合衆国憲法修正案 ERA の可決など）を求めつつも、他方では、妊娠、出産、そして育児という、従来は家庭という私的な領域の問題として、特に女性の研究者への支援政策の中には入らなかった問題までにまで踏み込んだものであった。これは、心理学における女性連合がまずもって、フェミニストたちのグループであったことを意味していた。しかしながら、少なくともタスクフォース成立の時点においては、この後者の問題認識は、アメリカ心理学会理事会やカウンシルに共有されるものではなく、心理学における女性連合にとっては以降の課題として残った。

　心理学における女性連合にはもう一つ、アメリカ心理学会に対して、マイノリティとしての女性という立場をいかに認めさせるのか、という困難な課題を負わされていた。本章第 2 節で見たように、心理学における女性連合はアメリカ心理学会理事会の声明に対して受け入れを拒否したが、その反論書の冒頭には、「理事会と私たちの議論は、一般的な差別についてもなければ、特定の女性たちに対する差別でもなければ、むしろ、性に基づく差別

についてであった」と述べている。これは、クラーク会長の発言——差別の問題を「細かく仕切られたやり方で取り扱いたくない」「白人女性へ向けられた残酷な仕打ちの共犯者であった」——への直接の反論であるが、同時にここには、「フェミニズムの第二の波」の中での思想的そして理論的な難題となる問題が露呈していた。すなわち、女性への差別が、差別一般の問題として扱われることへの危惧である。1970 年代初頭では、差別の問題は、まずもって階級差別、人種差別のそれなのであり、女性差別はその特殊な系とする立場——ここからはたとえば、階級差別が解消されれば、おのずと女性差別も解消されるという議論が導出される——がむしろ一般的であった[34]。ここで史的併置を導入して、本書第 1 部で見た、1920 年代の女性研究者の事例と並べてみるならば、より明確になろう。以前より（圧倒的な）マイノリティとして存在しなければならなかった彼女らは、1970 年代に至って初めて、たんなるマイノリティではなく、「男性とは異なった声を持ったマイノリティ」として、女性という声を上げ始めたのである。これが、女性差別を階級差別の一位相として捉える議論の無効性を宣言したのである。ちなみに、公開討論会がおこなわれる直前に出版されたアメリカ心理学会の機関誌 *American Psychologist* の 1970 年 6 月号には「マイノリティ集団と心理学におけるキャリア」と題された論文が掲載される[35]。この論文は前年の大会でおこなわれたコンファレンスの記録であったが、その冒頭で断っているように、ここでのマイノリティ集団とは、人種的なマイノリティであり、しかも、プエルトルコ系でもなければヒスパニック系でもなく、まずもってアフリカ系アメリカ人であって、女性をマイノリティ集団と認識していない。さらにはこの論文の中には、「より多くの黒人大学生 (black college students) を心理学へとリクルートすることへマイナスとなるもう一つの影響とは、黒人カレッジでは女性が不均衡なほど大集団であるという事実である。これらの女性たちの多くが、何年もの大学院での学習を必要としないキャリアを選択してしまうのである」[36] といった記述が見られる。これは当然、心理学における女性連合が強く抗議するものであった。

　新たに発足した、そして、アメリカ心理学会にとっては、本格的な女性研

究者支援政策の開始となるタスクフォースは、以上のような心理学における
女性連合が提起した課題を踏まえつつ、「25％を占める会員にこれほど僅か
な関心しか払われない」状況の根本的改革を模索していくことになる。

注

1　アメリカ心理学会の歴史、とりわけ、1970年代における変貌については、David C.
Devonis. *History of Psychology 101*（New York: Springer Publishing Company, 2014）, 133-
159. および David B. Baker and Ludy T. Benjamin Jr. *From Séance to Science: A History of the
Profession of Psychology in America* 2nd Edition（Akron, Ohio: The University of Akron Press,
2014）. を参照。

2　*120 Years of American Education*, 75.

3　*120 Years of American Education*, 70.

4　Imelda Whelehan. *Modern Feminist Thought : From the Second Wave to 'Post-Feminism'* Edinburgh
University Press, 1995.

5　American Psychological Association Committee on Women in Psychology Women's Pro-
grams Office. *CWP Two Decades Of Change 1973-1993*. Retrieved June 21, 2013 from http://
www.apa.org/pi/women/committee/decades-of-change.pdf.

6　American Psychological Association. Proceedings of the American Psychological Asso-
ciation, Incorporated, for the year 1968: Minutes of the annual meeting of the Council of
Representatives. September 1, 1968, San Francisco, California and October 5 and 6, 1968,
Washington, D.C. *American Psychologist* 24（1）, 19-41.

7　"Psychological Protest." *The Janesville Gazette*. Thursday, September 4.1969, 18.

8　"Psychological Revolt." *Washington Post*. September 4, 1969, C1.APA は心理学関係大学・
大学院に対して、いわゆるプログラム別認証評価をおこなっている。

9　1972年にアン・アナスタシ（Anne Anastasi, 1908-2001）が第三番目の女性会長と
なった。

10　American Psychological Association Committee on Women in Psychology. Annual Report
of the Committee on Women in Psychology Submitted by Tena Cummings, Chairperson.
Box 523 Folder Committee on Women in Psychology, Correspondence, November-Decem-
ber 1976. American Psychological Association Records, Library of Congress.

11　このグループの元々の名称は「女性心理学者連合 Association for Women Psy-
chologists.」であったが、本論でも後に言及するように、（1）専門職としてのサイ
コロジストだけの組織を目指すのではないこと、（2）最初から、男性会員を認め
ていた、という二つの理由で、1970年2月の全国大会終了後、名称を変更した。

12　Resolutions and Motions Regarding the Status of Women. Presented to the American Psychological Association. By the Association for Women Psychologists, September, 1970. Box 128, Folder Subject File--Association of Women Psychologists, 1970. American Psychological Association Records, Library of Congress.

13　Robert Reinhold. "Women Criticize Psychology Unit: $1-Million in Reparations Is Demanded at Convention," *New York Times* September 6, 1970, 28.

14　"First 'Town Meeting' Focuses on APA Discrimination of Women," *APA Monitor* 1 (1), October 1970, 1,7.

15　Association for Women Psychologists. National Organizing Conference of Association for Women Psychologists. February 6-8, 1970. Box1 [91-M219], Folder Association for Women in Psychology. Association for Women in Psychology Records. Schlesinger Library, Radcliffe College.

16　American Psychological Association. Proceedings of the American Psychological Association, Incorporated, for the year 1968: Minutes of the annual meeting of the Council of Representatives. September 1, 1968, San Francisco, California and October 5 and 6, 1968, Washington, D.C. *American Psychologist.* 24 (1), 1969, 19-41.

17　Jo Ann Evans Gardner to the APA Board of Directors, 7 September, 1970. Box 522, Folder Committee on Women in Psychology Correspondence, 1965, 1970-1972. American Psychological Association Records, Library of Congress.

18　Memorandum, September 7, 1970. Box 522, Folder Committee on Women in Psychology Correspondence, 1965, 1970-1972. American Psychological Association Records, Library of Congress.

19　Association for Women in Psychology. Resolutions and Motions Regarding the Status of Women in Psychology Presented to American Psychological Association by the Association for Women Psychologists, September 1970, 1. Box 522, Folder Correspondence, 1965, 1970-1972. American Psychological Association Records, Library of Congress.

20　Association for Women in Psychology. Resolutions and Motions, 1.

21　Association for Women in Psychology. Resolutions and Motions, 1.

22　Association for Women in Psychology. Resolutions and Motions, 3.

23　Association for Women in Psychology. Resolutions and Motions, 3.

24　Association for Women in Psychology. Resolutions and Motions, 3.

25　Association for Women in Psychology. Resolutions and Motions, 2.

26　Association for Women in Psychology. Resolutions and Motions, 2.

27　Association for Women in Psychology. Resolutions and Motions, 2-3.

28　Memorandum Re: Appointment of Task Force and Commissions, 14 October, 1970.

Box 281, Folder Task Force on the Status of Women in Psychology, Oct 1970-Feb 1972. American Psychological Association Records, Library of Congress.

29　American Psychological Association. Proceedings of the American Psychological Association, Incorporated, for the year 1970: Minutes of the Annual Meeting of the Council of Representatives. September 6, 1970 Miami Beach, Florida and October 3 and 4 1970 Washington, D.C. *American Psychologist* 26 (1) , 31.

30　Gloria H. Blanton to Kenneth Clark, 25 October, 1970. Box 281, Folder Task Force on the Status of Women in Psychology, Oct 1970-Feb 1972. American Psychological Association Records, Library of Congress.

31　*The Woman Doctorate in America: Origins, Career, and Family.* Russell Sage Foundation, 1969.

32　"Astin Appointed to Chair Task Force on Women." *APA Monitor.* February 1971, 8.

33　Notes from December Meeting of Association for Women in Psychology, Chapel Hill, N, C. [December 1970]" Box 1, Folder Association for Women in Psychology, 91M-219, Association for Women in Psychology Records. Schlesinger Library, Radcliffe College.

34　Whelehan. *Modern Feminist Thought*, 4,13.

35　J. A. Bayton, S. O. Roberts, and R. K. Williams. "Minority Groups and Careers in Psychology," *American Psychologist* 25 (6) , 1970, 504-510.

36　Bayton ET. AL., "Minority Groups," 508.

第7章 アメリカ歴史学会(AHA)における 女性委員会の成立とその意義

1. はじめに —— 問題の所在と本研究の課題

1969 年 12 月末のワシントン DC でのアメリカ歴史学会 (American Historical Society, AHA) の年次大会の総会は、学会の構造改革 (主要課題は、学会憲章の改訂、実質的な会長選挙、さらにベトナム戦争反対決議) をめぐって、学会執行部を激しく批判するラディカル・ヒストリアンズとこれに同調する歴史家たち、彼らを罵倒するマルクス主義歴史家、さらに学会分裂の危機を憂う会員たちと、1,800 人余がつめかけ、複数の勢力が文字どおり激突する舞台となり、12 月 29 日夕刻の 8 時 40 分から開始された討論を真夜中の 1 時まで延長せざるをえなくなり、マスメディアに格好の記事を提供することになった[1]。

1960 年代末から 70 年代初頭は、アメリカ歴史学会にとっては未曾有の改革の時代であった。その会員数の急増にもかかわらず、執行部であるカウンシルによる排他的な学会支配は、ラディカル・ヒストリアンズと呼ばれるようになる改革派 —— リンド (Staughton Lynd, 1929-)、ジン (Howard Zinn, 1922- 2010)、ワスコウ (Arthur Waskow, 1933-) ら —— によって根本的な見直しを迫られるようになっていたのである[2]。

しかしながら、改革を望んだのは上記のグループだけではなかった。一群の女性歴史家たちもまた、アメリカ歴史学会における女性歴史家の、さらには歴史学全体における女性の地位をめぐる問題に、さらには歴史研究における女性という問題について思いをめぐらしていたのである。

本章では、アメリカ歴史学会の女性委員会をケーススタディとして取り上

げる。本研究のケーススタディとして取り上げる学術学会の中で、もっとも
創立が旧く、かつ、恐らくいちばん保守的であったのがアメリカ歴史学会で
あろう[3]。当然、予想されるように、この学会における女性委員会は、その
誕生がもっとも難産であった。しかしそのことは、当時のアメリカ合衆国の
学術学会が温存していた性差別の問題を検討するには、アメリカ歴史学会は
欠かせないケースということになろう。以下に、三つの研究課題を設定する。

1. アメリカ歴史学会が女性委員会 (Committee on the Status of Women in the Pro-
   fession、最初は暫定 *ad hoc* 委員会) を設立するにいたった直接の契機とは何で
   あったのか、

2. そこにはどのような団体・人物が、どのように関係していたのか、

3. そこでは、女性歴史家の支援と学会内における性差別の撤廃という点で、
   まず何が主要な課題や問題として認識されることになったのか、

　アメリカ歴史学会の女性委員会の創設時期を扱った先行研究は、関係者
の回想を除いて存在しない[4]。主要一次史料として、AHA. The Records of the
American Historical Association.（議会図書館マニュスクリプト部門所蔵、以下 AHA
Records と略記）、および、CCWHP. Records of the Coordinating Committee on
Women in the Historical Profession, 1966-2009.（ハーバード大学シュレッシンジャー
図書館所蔵、以下、CCWHP Records と略記）を使用する。

2. アメリカ歴史学会におけるフェミニスト女性歴史家のグループ

　1969年10月20日、キャロル (Berenice A. Carroll, 1932-2018)、ラーナー (Gerda
Lerner, 1920-2013) らの女性歴史家のグループがアメリカ歴史学会のカウンシル
へ、女性歴史家が直面している問題について調査し報告するための委員会を
つくるように請願書と決議文を提出した。この請願書には、マール・カーティ
(Merle Curti, 1897-1996)、ルイス・モートン (Louis C. Morton, 1913-1976) 等の男性歴
史家も名前を連ねていた[5]。アメリカ歴史学会会員の署名を集めるためにキャ

ロルが有志会員たちに送った書簡は、「歴史学における女性差別に反対する
だけでなく、歴史学論文における『女らしさの神話（feminine mystique）』にも反
対するために、歴史学研究に集う女性たちが団結するときが今まさに訪れま
した」[6]という宣言で始まる。キャロルによれば、現在、必要とされるのは、「ア
メリカ歴史学会が設立する公式の委員会やアメリカ歴史学会が採用する決議
とは完全に独立した女性会派（Women's Caucus）」[7]なのであった。

　では、この請願を先導したキャロルとラーナーとは、どのような人物であっ
たのか。

　キャロルは、クィーンズ・カレッジで B.A. を、ブラウン大学で Ph.D. を取
得している。学位取得以前の 1956-1957 年にはフルブライト基金を得てドイ
ツに留学（フランクフルト・アム・マインとゲッティンゲン）している。きわめて
本格的なドイツ第三帝国の経済史家であったが、アメリカ歴史学会における
フェミニスト女性歴史家のグループの一員（あるいはコーディネータ）として活
動するうちに、平和学、さらには女性学の研究を進めることになる。当時は
イリノイ大学講師であったが、彼女は実は本書ではすでに 1 度、登場してい
ることになる。第 4 章で、「アメリカ大学教授連合の最高決議機関であるカ
ウンシルは 1970 年 4 月 23、26 日の両日の会議にて、イリノイ大学支部から
提出された、アメリカ大学教授連合内に『女性の地位についての常設委員会』
を新たに設立することの要望を審議した。ところが、事務局長が調査したと
ころ、アメリカ大学教授連合内にはすでに、同種の委員会が設立されている
ことが判明した」とある箇所で、イリノイ大学支部所属の会員として、「女
性の地位についての常設委員会」設置の要求をしたのは、キャロルなのであ
る。すなわち彼女は、アメリカ大学教授連合と同時に、アメリカ歴史学会に
おいてもまったく同様の目的で、請願書を提出したことになる。

　ラーナーは、オーストリアに生まれ、ナチスの迫害を逃れ、一家で渡米する。
苦学の末、1960 年、ニュー・スクール・フォー・ソーシャル・リサーチで B.A.、
1966 年、コロンビア大学にてグリムケ姉妹の研究で Ph.D. を取得する。後に、
ウィスコンシン大学教授、そして、アメリカ合衆国を代表する女性史家とな
る。当時はサラ・ローレンス・カレッジ講師であった。

　請願書と決議文を受理したカウンシルは、1969年10月30日の会議で、女性歴史家の地位に関する暫定委員会の設立を決定し、以下の5項目の課題の調査、さらには、上記の女性歴史家たちの決議文の取り扱いについて、カウンシルへ報告と勧告をおこなうことを同委員会に要請した[8]。

(1) 全段階（入学、奨学金、授与学位、教員雇用、給与、昇任など）での歴史専門職における女性数、地位、その処遇についての統計・情報を収集・調査を委託すること。

(2) 他の歴史専門職内のメンバーが証言あるいは意見を述べることができるよう、委員会の調査あるいは他所でおこなわれた調査を公表し、1970年度の年次大会中に（さらに必要であれば以降の年次大会で）、部会あるいは公聴会を設定すること。

(3) 上記年次大会で発表された調査結果等を出版し広く流通させること。

(4) 歴史専門職における女性の地位に影響を及ぼす事項について、1970年度中あるいは次年度以降にアメリカ歴史学会が取るべき活動について勧告をおこなうこと。

(5) 差別の事例に関する情報を収集あるいは提供の要請をおこなうこと。

3. アメリカ歴史学会女性委員会の成立

(1) 暫定女性委員会の成立

　アメリカ歴史学会のカウンシルが任命・設立した女性委員会のメンバーは以下のとおりであった[9]。

- ウィリー・リー・ローズ（Willie Lee Rose, 1927-2018）委員長。当時はバージニア大学准教授であり、南部史が専門である。1964年、*Rehearsal for Reconstruction.* でパークマン賞受賞。さらに同書は1966年、南部歴史学会（Southern Historical Association）のチャールズ・シドナー賞を受賞。メアリ・ワシントン・

カレッジで B.A.、ジョンズ・ホプキンズ大学で Ph.D. 取得。後にジョンズ・ホプキンズ大学教授、オクスフォード大学ハムズワース記念講座教授を歴任。

- ハンナ・グレイ（Hanna H. Gray, 1930- ）当時はシカゴ大学准教授。ルネサンス、宗教改革史が専門。ブリンマー・カレッジで B.A.、イェール大学で M.A.、ハーバード大学で Ph.D. 取得。後に、イェール大学学務部長（1974-77）およびシカゴ大学学長（同大学最初の女性学長、1978-93）を歴任。

- カール・ショースキー（Carl E. Schorske, 1915-2015）当時はプリンストン大学教授。ドイツ・オーストリアの文化史が専門。コロンビア大学で B.A.、ハーバード大学で M.A. と Ph.D. 取得。後に、*Fin-de-Siècle Vienna: Politics and Culture.* (1980)［邦訳は、安井琢磨訳『世紀末ウィーン―政治と文化』（岩波書店、1983 年）］でピューリッツアー賞受賞。

- ペイジ・スミス（Charles Page Smith, 1917 -1995）当時はカリフォルニア大学サンタクルーズ校教授。ダートマス・カレッジで B.A.、ハーバード大学で Ph.D. 取得。1962 年、ジョン・アダムズの伝記でバンクロフト賞およびケネス・ロバーツ記念賞を受賞。

- パトリシア・グレアム（Patricia A. Graham, 1935- ）当時はコロンビア大学バーナード・カレッジ准教授。アメリカ合衆国教育史が専門。パデュー大学で B.A.、コロンビア大学で Ph.D. 取得。後に、ハーバード大学ラドクリフ・カレッジ副学長、ハーバード大学教育大学院院長、スペンサー財団理事長等を歴任。

　この委員会のメンバーについて、いくつかの特徴を指摘することができよう。第一に、このメンバーは、アメリカ歴史学会内の他のどのような委員会のメンバーとして選ばれても不思議ではない、それぞれが確固とした業績をもつ歴史家――その学歴を見ても、アメリカ歴史学の"エスタブリシュメント"出身――であった。年齢的には中堅以上を集めたバランスが取れた人選となっている。反面、このメンバーの中には、この時点で、学術研究における女性の問題、あるいは女性史関連の問題の専門家はいなかった[10]。そして

もうひとつ、前出のアメリカ歴史学会カウンシルへ請願を提出したキャロル
とラーナーは、広い意味での社会改革運動に関与した経験があり、女性歴史
家の置かれた状況への問題意識は、このような社会改革運動と切り離しては
考えられないものであったが[11]、この点、アメリカ歴史学会女性委員会メンバー
は、活動家ではなく典型的な歴史学者であった。

(2) 基本方針の決定

　発足した女性委員会は前記の5項目の課題を達成すべく、1970年2月21
日に最初の会合を開き、基本方針、たとえば、上記の5項目の課題の達成の
ための役割分担などが討議される[12]。この第1回会合のためにアメリカ歴史
学会会長秘書は関連学術学会に情報を求める書簡を送るが、同時に、当時、
ラッセル・セイジ財団の補助金によってPh.D.取得女性について史上初の大
規模調査をおこなっていた社会心理学者アスティン（Helen S. Astin, 1932-, 前章を
参照）と接触したあと、出版間際であった報告書の入手を試みる[13]。続く第2
回の3月21日の会合では、以降の情報収集の方針、調査票の設計、1970年
大会におけるセッションのもちかた、具体的なパネリストの人選が討議され
る[14]。この会合までに、類似の調査をおこなっていたアメリカ政治学会
の事例が着目されるが、すぐにそれは大規模すぎるものであり、期限であ
る1970年大会にまでには、到底、達成しうるものではないことが判明した。
何よりも、女性委員会にはこの種の社会学的な調査の専門家は皆無であった。
そこで女性委員会は、前述のアスティンからの全面的な支援を受けること
を決定する[15]。さらには、教員・大学院生に面接調査する必要性も認識され、
アメリカ歴史家協会（OAH）大会に出席する際、近辺の大学を手分けして訪
問するスケジュールなどが話し合われる。

　次回7月25日の第3回女性委員会会合が開かれる前に、ローズはパーマー
会長と以降の活動について協議している。パーマーは4月7日付の書簡で、
女性委員会の仕事の重要性はカウンシルとしても認識しているが、今は大規
模な予算が取れない状況であることに理解を求めている。特に、およそ良識
のある人であれば、女性歴史家の置かれた状況についてはすでに認知してい

るはずであり、「歴史専門職の女性の地位に改善がなされるとしても、それが、統計表のパーセンテージのわずかの変化にかかっているとは思えない」[16] として、詳細な定量的調査には消極的である。数量的データよりもむしろ、歴史学教育・研究で代表的な大学を訪問しての教員・大学院生への聴き取りを勧めている[17]。これに対する6月9日付の返書でローズは、女性歴史家の置かれた状況への一般的認知はすでになされているというパーマーの意見を認めつつ、次のように指摘する。

　　私たちは、現状についての真実を、現在、あちらこちらで急速に組織されつつある女性会派が言うような明確な方法で提示すること（強調は引用者）を強く求められることになるでしょう。これらの人々は行動を切望しています。まさに今週のことですが、バークシャー女性歴史家会議から、アメリカ歴史学会が、アメリカ政治学会が実施したような調査をおこなうこと、さらに、アメリカ歴史学会の『ニューズレター』に毎号、私たちの活動報告を載せるようにとの決議文が届きました。明らかに、私たちは監視されているのです！[18]

4. 女性歴史家調整委員会の始動

(1) 女性歴史家調整委員会の結成

　一方、アメリカ歴史学会のカウンシルへ請願をおこなった女性歴史家のグループは、1969年の大会中に、女性歴史家調整委員会 (Coordinating Committee on Women in the Historical Profession, CCWHP) を結成する[19]。ここで言う「調整」とは、全米の各地域のさまざまな女性歴史家グループの傘としての組織——ただし、諸組織を「傘下に置く」ことはせず、あくまでもグループや会派の調整連絡役に徹する——という意味である。女性歴史家調整委員会は、(1) 歴史専門職へ女性をリクルートすること、また歴史専門職における女性の地位の向上、(2) 歴史専門職における女性差別への反対、(3) 女性史分野におけ

る研究と教育の振興、を目的として、前述のキャロルとラーナーが共同代表
（Co-Chairmen）となり、事務局長／会計担当にヒルダ・スミス（Hilda Smith, 1941-、
当時はシカゴ大学大学院生）、さらに執行委員として、ジョー・タイス・ブルー
ム（Jo Tice Bloom, 1933-、当時はメリーランド州のボーイ州立大学）、リンダ・K・カー
バー（Linda K. Kerber, 1940-、当時はサンノゼ大学）、イーディス・ルッツカー（Edythe
Lutzker, 1904-1991、著述家。当時、児童図書 *Women Gain A Place In Medicine.* を出版）、コ
ンスタンス・マイヤーズ（Constance A. Myers, 1936-2012、当時はジョージア州のオー
ガスタ・カレッジ）、シェリン・ウインジュス（Sherrin M. Wyntjes, 1943-、当時はタ
フツ大学）の五人を充てた。言うまでもなく全員がアメリカ歴史学会会員で
もあった。そして、アメリカ歴史学会の女性委員会における討議と並行する
形で、こちらも1970年度大会をめざして活動を開始する。

　前述のように、この女性歴史家調整委員会はアメリカ歴史学会の女性委
員会とは「完全に独立した女性会派」をめざしたわけであるが、このことは、
ラディカル・ヒストリアンズがそうであったように、アメリカ歴史学会ある
いはその委員会と最初から敵対関係にあったことを意味するものではない。
実際、アメリカ歴史学会カウンシルへの請願書提出にあたってキャロルがア
ドバイスを受けたのは、当のアメリカ歴史学会女性委員会の委員になる予定
であったショースキーであったのである[20]。キャロルは以降も、女性委員会
の委員たち、とりわけ、ローズ委員長とは書簡のやり取りを繰り返していく。

　この女性歴史家調整委員会がもともと、1969年の大会総会での議事にか
ける予定で提出してあった6項目にわたる決議文案——前述のように大荒れ
の総会となったため、時間切れで審議されなかった——を見ると、女性歴史
家調整委員会の優先的な関心が明らかになっている[21]。

(2) 女性歴史家調整委員会による決議文案

　女性歴史家調整委員会の決議文案の最初は「1.a. アメリカ歴史学会が、歴
史専門職の全段階において女性を積極的にリクルートすること、すなわち、
多数の女性の学生、とりわけ大学院生の入学を奨励し、女性への奨学金や
フェローシップの機会の拡大をはかり、女性に開かれた教員のポストの増大

を、さらには、その職階を上げる方途をさぐること」との文言で始まっている。すなわち、ここには、「女性に開かれた教員のポストの増大」という女性歴史家の利害関係に直接かかわる問題は、学士課程の女性の学生の問題にまで踏み込んでいかない限り解決できないという認識が示されている。さらに上記に続く 1.b. という項目で、大学院生にパートタイム就学を許容することが「現時点では多くの女性たちにとって家庭的な諸責任とキャリアを両立させる唯一の途であること」が述べられている。次の 1.c. では、当時、高等教育界での女性運動が揃って廃止を要求していた同族者雇用禁止規則 (anti-nepotism rule) への言及がある[※]。次の 1.d. では、「アメリカ歴史学会が、大学の託児所の発展を促進すること」が挙げられ、さらには 1.e. で「働く母親の保育費用を、全額、その収入にかかわらず正当な必要経費として免税対象とする連邦立法をアメリカ歴史学会が支持すること」が要望されている。

> ※たとえば、イリノイ大学での同族者雇用禁止規則の廃止運動について、アレンは次のように指摘する。「委員会 (注：1970 年に設立された、イリノイ大学の女性委員会) は、大学の同族者雇用禁止規則に終止符を打つのにも貢献をした。この規則は、婚姻関係にある者あるいは三親等にあたる者を雇用することを妨げてきたのであり、それまで長きにわたって、なぜ、教授の妻 (博士号を所持) が、期限の定めのないテニュア・トラックにいる教員としてではなく、講師あるいは非常勤としてしか雇用されないのかを説明するために使われてきたのである」(Kristen Allen. "Beyond Women's Studies," Frederick E Hoxie. (Ed.). *The University of Illinois: Engine of Innovation* (University of Illinois Press, 2017), 110.)

　次項目の 2 では、これまでアメリカ歴史学会が学会としての活動の多くの側面において女性を排除してきたことを指摘し、「任命あるいは選挙によるオフィス、委員会への配属、大会でのパネル、その他学会の他のプログラムや活動において、女性歴史家のより公正な参加をアメリカ歴史学会が提供すること」を、これに続く項目 3 では、アメリカ歴史学会の出版するジャーナルや報告書、年次大会の部会等で、歴史専門職の女性の地位に関する情報を広報すべく、アメリカ歴史学会が任命した委員会、他の独立した女性グループにしかるべき施設やスペースを提供することを要望している。

　項目 4 は、「アメリカ歴史学会は、入学・奨学金・学位授与・教員への雇用・

俸給や労働条件・昇進の条件に関して、女性差別への反対（opposition）を公式に表明すること、そして、このような差別の特定の事例に関連した情報を受理・要望・広報すること」が求められている。

項目5は、「女性歴史家の地位に関する委員会に対して、特定の差別の事例について、これを調査するための、さらに、十分な根拠があると認められた事例については、それに対する法的制度的な支援をおこなうための手続きを開発するよう指示すること」が勧告されている。

決議文案最後の項目6では、女性が歴史の研究対象としてこれまで正当に位置付けられてこなかったことが指摘され、「女性史という分野が疎かにされてきたことに歴史家の注意を向け、女性史の諸トピックの議論、調査、学問を奨励するように」アメリカ歴史学会に要望している。この項目は女性歴史家調整委員会が創立時から重視していたもので、その出版広報活動において　謄写印刷の『ニューズレター』には附録（Bulletin と称した。カーバー執行委員担当）として女性史研究の動向が掲載されていた[22]。

キャロルは、アメリカ歴史学会女性委員会が第1回会合を開く直前に、ローズに対して長文の書簡を送る。それは、アメリカ歴史学会女性委員会が進めるべき情報収集についての具体的な方策の提言、女性委員会に大学院生を入れるべきであるとの提案、その候補者名、女性歴史家調整委員会としての今後の活動計画、さらには、次のアメリカ歴史学会年次大会で女性歴史家調整委員会が主宰する予定の部会のテーマについて例示するなど、詳細多岐にわたっている[23]。しかも、情報収集については、現在自分自身が Dictionary of American Scholars 掲載の女性歴史家名を抽出する作業をしているので、このリストを提供する用意があるなど、きわめて具体的である。しかしながらこの書簡の重要性は、女性歴史家調整委員会として、最初にどのような戦略をとるべきかを説明しているところにある。キャロルは言う。6項目の中で優先順位をつけるならば、まず1a、4、6である。残りの項目については、同じく女性歴史家といっても、その立場によって優先順位がさまざまであろう。ただし、

　大多数の女性にとって、とりわけ、より若い女性（強調は原文のまま。
以下同じ——引用者注）にとって、1b から 1e にわたる項目は残りの項目
よりもはるかに重要性が高いと思われます。したがって、これら（1b か
ら 1e）が他の項目に比べて、一見するとアメリカ歴史学会の考慮の対象
外に思えても、貴委員会では全項目を真剣な考察の対象としていただき
たい。

　と言うのも、長い目で見れば、これらこそがまさに、女性が今日ある
よりもずっと多数、専門職に入れるかどうか、そこにとどまり賞賛を勝
ちうるにたる業績を上げられるかどうかを決定するものだからです。私
たちが重要な関心をもっているのは、普通の女性が何を必要としている
のかであり、彼女らが普通の男性には開かれている同じ機会を勝ち得る
かどうかなのです[24]。

　この書簡に対してローズは、第 1 回会合終了後、返信を送る。そこでは、
今後も二つの委員会の仕事について連絡を続けられることへの謝意の後に、
アメリカ歴史学会女性委員会と女性歴史家調整委員会の間には「最初の戦略
について（ささいな）意見の相違がありますが、自分たちの委員会の究極の
目標については満足していただけるものと確信しております」としている[25]。
「（ささいな）意見の相違（原文は some difference（minor）of opinion）」とは何である
のか、ローズはここで、その詳細は語っていない。しかしそれが、女性歴史
家調整委員会が決議文の 1a、4、6 を優先させつつも 1b から 1e も「残りの項
目よりもはるかに重要性が高い」とする評価に関係していることは間違いな
かろう。果たして、「ささいな」意見の相違と言えるものなのか。事実、こ
れが後に議論になってくるのである。

5．報告書作成過程と女性歴史家調整委員会との関係

(1) 女性委員会による報告書草案骨格の決定

　女性委員会第 3 回目の会合の直前の 7 月 20 日、ローズは、前述のパーマー

会長とのやり取りを受け、メンバー宛てに同報を送り、予定された調査について彼女自身の見解を述べている。ローズは言う。アスティンをはじめとする調査専門家の何人かと議論した結果、現状では大規模な調査は無理ではないかと考えるようになった。私たちが必要とするデータは、既存のさまざまな調査、とりわけ、膨大なカーネギー報告からやがてもたらされるのではないか[26]。他方で、このように外部の種々の調査に頼るというやり方は、「私たちがそこからどのような結論を導き出したとしても、会員のある人々からは（強調は引用者）、私たちが政治学者に比べて問題の解明に最善の努力を傾けていないと思われる危険性がある」[27]との懸念を表明している。

　7月25日の第3回会合は一日がかりでおこなわれたが、その議事録の冒頭に、「残された仕事について相当な進展があった」と記されているように、12月に提出すべき報告書の内容の骨格がここでほぼ決定されている[28]。とりわけ、後述のように三部構成となる予備報告書の最初を構成するアメリカ歴史学会カウンシルへの具体的な提言（前出の5項目の課題の(4)）の文言までもが討議されている。そしてローズは、次回9月19日ワシントンDCでの会合までに自身が予備報告書草案をつくるという委員長一任を取り付ける。この時点では質問票による調査が未着手であることを考えるとこれで報告書草案を作るというのは不可解であるが、カウンシル同様、女性委員会としても、詳細な調査による現状分析を踏まえた上で提言を行うという手順を放棄したことを意味する。事実、女性委員会が行った調査とは、(1)30大学（研究大学、女性カレッジ、リベラル・アーツ・カレッジそれぞれ10大学ずつ）の歴史学科における女性歴史家雇用の経年パターン（教授／准教授／助教授それぞれに占める女性の数）の調査、(2)1939年から69年までの10年ごとで、アメリカ歴史学会年次大会への参加者の女性比率、(3)1900年から1970年までの10年ごとで、女性のM.A.およびPh.D.取得者の比率という三つ——文献調査によって容易に達成可能——に加えて、(4)1969-70年度歴史学Ph.D.取得者に対する質問票調査（大学院在籍中の被差別体験や現在の雇用状況についての調査）という四つの調査に、(5)小規模な定性調査（教員や大学院生への面接調査）であったが、このうちもっとも手が掛かり、かつ現状分析には必須であるはず

の (4) については 12 月になってから着手しており、当然、年次大会に提出される予定の予備報告書には間に合わなかった[29]。

　第 3 回会合で新たに議論になったのは、女性歴史家調整委員会との関係である。委員の一人であるグレイから、「女性会派もまたフェミニズムについての公開討論会を計画している」[30] という報告があり、これが委員会の報告書草案についての公開討論会と内容が重複してしまうのではないかとの議論が、さらには、「(アメリカ歴史学会大会プログラム委員会の——引用者注) ミスター・レイモンド・グリューは、二つの公開セッションを混同している」[31] という報告がなされている。

(2) 予備報告書とその取り扱いをめぐる問題

　9 月 19 日の第 4 回の女性員会会合で、ローズが執筆した予備報告書草案は、若干の修正を経た上で、ただちにアメリカ歴史学会カウンシルに送られる。第一部が勧告、第二部が委員会に付託された課題とその解釈、第三部が調査結果の概要、それに文献目録と付表によって構成される予備報告書は、その順序からも推察されるように、まずはアメリカ歴史学会が歴史専門職における女性の地位の向上のために何をすべきなのかの「勧告」を議論するための、いわばたたき台であった[32]。

　「勧告」は三つに分かれており、まず、アメリカ歴史学会が採るべき立場 (I. Positions) では、(1)「アメリカ歴史学会は、大学院入学・奨学金・学位授与における女性差別、ならびに、教員採用・俸給・昇任・雇用条件に関して、女性差別への不同意 (disapproval) を公式に表明すること」、(2) では、そのために、アメリカ歴史学会がみずから、さらには、全米の大学の歴史学科と協調することで、「女性への機会のいっそうの拡大によって、歴史専門職の女性数の拡大に積極的に関与すること」[33] が掲げられている。次にそれを具体化すべく、アメリカ歴史学会は四項目の方針 (II. Policies) を、すなわち、(1) 資質のある女性の訓練・採用・昇任に関する当該機関の政策や慣習を継続して監視すること、(2) 個々の女性が、学者として教員としての自身のキャリアを開発する援助をおこなうこと、(3) さらに多くの女性が、学会の正規の活動へ参

加するよう促すこと、(4) 差別的慣習から生じた苦情を仲裁する手段を開発すること、を掲げるべきとしている。そして最後に、そのための制度的方策 (III. *Institutional Measures*) として、(1) 8人のメンバーから成る常設女性委員会の設立（メンバーには大学院生を含むこと、また、専任の事務局長を置くこと）、(2) アメリカ歴史学会が、個別の女性差別の事例に対処しうる効果的な機構として機能するように、他の学会・機関の女性の地位および学問の自由に関する委員会と連携して活動すること、(3) 年次大会プログラム、常設委員会、さらにはカウンシルの中に女性の代表をより多く確保すること、そして最後に、(4) 全米の歴史学科と共同して取り組むべき課題として、①同族者雇用禁止規則の廃止、②より柔軟かつ正規のパートタイム雇用の促進、③パートタイム就学および単位の互換制度の促進、④女性の大学院生および教員への産児休暇制度の採用を促すこと、の四項目が挙げられている[34]。

　この予備報告書草案と前出の女性歴史家調整委員会の決議文とを比較すると、キャロルが優先的事項とした 1a、4、6 のうち、1.a.（歴史専門職の全段階における女性の積極的なリクルート）および 4（女性差別への反対表明。ただし、ローズの予備報告書では「反対」ではなく「不同意」になっている）はほぼ満たされているが、6（女性史研究の振興）にはまったく言及がない。さらには、若い女性にとっては「残りの項目よりもはるかに重要性が高い」とした 1b から 1e については、1.b.（パートタイム就学）、1c（同族者雇用禁止規則の廃止）は盛り込まれているが、1.d.（大学の託児所の発展）と 1.e.（働く母親の保育費用への免税措置政策への支持）は完全に欠落している。他方で、制度的方策については、予備報告書がより詳細な規定となっており、特に、大学院生を含むメンバーで構成される常設女性委員会の設置だけでなく、そこに専任の事務局長を要求している。

　女性委員会としてはカウンシルに報告書を提出し、これを大会前に全会員に郵送した上で公開討論会での議論を深め、さらに総会での決議にもっていくつもりであった。しかし、報告書草案を受け取ったカウンシルは、予算緊縮という理由で全会員への郵送を拒否したのである[35]。

　委員の一人であったスミスは委員会を代表してパーマー会長に書簡を送り、

再考を強く要求する。結果としてこの要求は受け入れられ、事前配布は実現する[36]。このスミスの書簡は、この女性委員会がアメリカ歴史学会内でどのように見られていたのかを覗わせる証言となっている。スミスは言う。

　　貴殿も御承知かと思いますが、すでに本委員会を、専門職の女性たちが置かれた不利な状況に対する「体制側の隠蔽工作（an establishment white-wash）」であると非難する者がおります。この非難については、本報告書が明快に反論しているものですが、（全会員に事前配布することによって——引用者注）報告書が最終の形を整える前に完全で公正な議論がおこなわれることは、こうして二重の意味で重要になるわけです[37]。

　女性委員会を困惑させたさらなる問題は、前述のように万全の準備をおこない12月28日の午後4時30分開始を予定していた公開討論会が、会員に郵送配布された大会プログラムでは印刷されずに脱落してしまったことであった。ローズ委員長は直ちに、プログラム委員会のグリュー委員長に書簡を送り善処を求めている[38]。ローズは同時に、ルンバーガー副事務局長、さらにはウォード事務局にも書簡を送るが、それらは女性歴史家調整委員会との関係を強く意識した内容になっている。ルンバーガー副事務局長宛書簡でローズは次のように指摘する。今回の脱落問題は事務上の単純ミスから生じたものであろうが、他方でグリューが、「女性を研究対象にしたプログラムがあまりにも多いことに神経をとがらせている」[39]という事実も見逃せないであろう。しかし、それらのプログラムの大部分はキャロルのグループが提出したものである。これに対して、公開の場で報告することを私たち女性委員会に要請したのはカウンシルではなかったのか[40]。
　ウォード事務局長宛の書簡は、以下のようにさらに一歩踏み込んだ内容となっている。

　　私自身の推測は、ミスター・グリューがベレニース・キャロルのグループに圧倒され、女性歴史家調整委員会が出してくる会合のアナウンスや

時間という多数の要求に屈服しそうになりブレーキをかけようとした時に私たちが出てきた、というものです。遺憾ながら彼は、圧力団体（このようなグループがいかに必要だとは言え）と本学会の委員会——指示されたことをおこなおうと努力している委員会——との区別ができていなかったと言わざるをえません[41]。

6．年次大会総会——何が最終的に問題になったのか

(1) 内部批判への対応

　プログラム脱落問題への対応の渦中の11月29日、ローズ委員長は、女性委員会の委員たちに長文の書簡および関連資料を送付する。ここではまず、前述のようなプログラム脱落問題への対応が説明され、その次に、ボストン大会を一ヶ月後に控えて、委員会全体として考えておかねばならない問題が率直に述べられている。

　ローズは指摘する。公開討論会で会員たちの間に報告書草案への意見の不一致や反対があまりに多く見られることが明白になったら、総会での報告書の審議そのものを中止せざるを得ない。「取り下げ」の可能性はウォード事務局長に伝えてある[42]。さらにローズは言う。キャロルは協力的で、女性歴史家調整委員会がその決議文をアメリカ歴史学会の『ニューズレター』に公表した際にコメントを募集したが、彼女の元に届いた書簡一式を送ってくれた。コピーをつくり親展扱いで送るので、よく研究して総会に備えてほしい。特に、テイラーという教授の反対論を論破する最善の議論を各自考えてほしい[43]。「彼女の議論はむろん、女性歴史家調整委員会の決議文への反論を代表したものであり、彼女が論難する決議の多くは、彼女と同じ立場の人々からは過激と言えましょう。しかしながら、私たちの提案のいくつかもまた、同じく過激と見なされる可能性があると思われるのです」[44]と。

　ローズが危惧する上述の反対論とはどのようなものであったのか。テイラー書簡は、「自分は昔からのフェミニストであるが…」[45]という書き出しに

始まるが、①アメリカ歴史学会が歴史専門職に女性を「リクルートする」必要は無用。人はおのれの内的で知的な欲求にしたがって歴史家になるのであり、すでに過剰になっている歴史専門職に参入するよう勧める必要はない。②大学院学修要件に関して、女性に対しては柔軟な姿勢でのぞむことには賛成しがたい。女性が求めているのはえこひいきではない。要件の緩和は、女性であろうとなかろうと同一であるべきである。③大学院は、女性の学生あるいは教員のために託児所をつくる何らの義務も負っていない。家庭的な義務というものは大学院が関知すべきものではない。④同族者雇用禁止規則の見直しは、夫妻という関係だけにとどまらず、兄弟姉妹、親子にまで及ぶべきである、とした上で、⑤女性歴史家の不満の原因は、歴史専門職がこれまで女性に対して、恩着せがましい見下した態度をとってきた——女性はひとたび大学院に入ると「自分たちが大目に見られている」ことを痛感してきた——ことにある。女性歴史家は他の人々と同じ専門職的基準に固執すべきであり、「パフォーマンスとメリットにもとづいて評価されるべきである」と結んでいた[46]。

　この書簡を読んだローズは恐らくきわめて困惑したことであろう。というのも彼女は、この書簡を書いたテイラー（A. Elizabeth Taylor, 1917-1993）とは同じく南部史を専門とする旧知の仲——ローズがチャールズ・シドナー賞を受賞した際の選考委員会の委員長がテイラー——であっただけでなく、テイラーこそ、女性史などまだまったく認知されていなかった 1943 年に、テネシー州の女性参政権運動史の研究によってバンダービルト大学で Ph.D. を取得、それを 1957 年に出版した、いわば斯界の草分けであったからである[47]。それだけではない。彼女たちが共に属する南部歴史学会でもまたアメリカ歴史学会と同じように、1970 年、同学会の女性派である「女性史家のための南部史学会（SAWH）」が結成され、テイラーはその創立メンバーであったのである。その彼女が、女性歴史家調整委員会の決議文を手厳しく批判しているのである。

　テイラーの論難は、後にリベラル・フェミニズムの思想として位置づけられる立場からの議論と言えよう[48]。この立場では、私的領域と公的領域とで

はそれぞれが異なった規則・態度・行動によって統制されており、両性の不平等は公的領域における様々な機会への平等なアクセス保証によって解消できるとする。したがって、公的領域に属する学術研究では、機会への平等なアクセスへの徹底がなされるべきであり、大学院教育において「女性に対しては柔軟な姿勢でのぞむ」こと、すなわち、女性に特別な配慮をすることは、この原則に抵触することになる。ましてや、私的領域に属する育児は「大学院が関知すべきものではない」ということになる。

　ちなみに、後年（1992年）、テイラーに対しておこなわれたオーラル・ヒストリー・プロジェクトのインタビューで、彼女は自身が南部史研究を開始した時代の模様を次のように語っていた。

　　1940年代（南部歴史学会には――引用者注）女性グループなどは存在していませんでした。エラ・ロンが次のように言っていたのを想い出します。「さて、まずは女性の朝食会でも開きましょうか」と。しかし、当の女性たちは関心を示しませんでした。というのも、自分たちだけ隔離してはいけないと皆が思っていたからです。ということで、私たちは開きませんでした。自分たちだけの集団を創ることには誰もさほど関心がなかったのです。彼女は確かに提案をしたのですが、それに従うものは誰もいなかったのです[49]。

　このオーラル・ヒストリーの内容が史実であったとすれば、テイラーは一貫して、「自分たち（女性）だけの集団を創ること」を拒否してきたわけである。私たちは、このテイラーの基本的問題関心に、本書第1部で検討した、当時の女性研究者たちのそれが色濃く反映されていることを確認できよう。前章で使用した比喩を再び使えば、「男性とは異なった声を持ったマイノリティ」という位置づけを拒否したのである。

　しかしながらこの議論は、まさに当時、アファーマティブ・アクション政策によって、挑戦を受けつつあった。この政策は、上記のリベラリズムにもとづく差別是正という議論に重大な修正を加えた。それは、「現実に機会

の利用を妨げているものは何か」という論点を導入し、さらには、「機会の平等が結果の平等となっているのか」という論点をも導入した[50]。ここから、「(人種にせよジェンダーにせよ) 差別是正のためには特別な配慮が必要」という議論が導出されたのである[51]。この点、ローズ自身もテイラーの議論に無条件に賛成したのではなかった。その証拠に、テイラーの書簡の右肩に「たいへん重要な書簡」という書き込みをしつつも、結びの文 (「パフォーマンスとメリットにもとづいて…」) の下には、「しかし、どうすればこれが実現できるのか」とのコメントを書き入れていたのである[52]。すなわち、「差別是正のための特別な配慮」を理論的に説明し、かつ、それを実践プログラムとして立案するという仕事は、ようやくその緒に就いたばかりであった。

　この書簡が書かれたすぐ後の 12 月 4 日、ローズはキャロルから予備報告書についての問題点を指摘した書簡を受け取る。「貴委員会の勧告のいくつかは基礎的 (basic) なものであると思われ、私たちにとっては、もっと付け加えることを希望するかもしれない事項 (未だ決まっていません) があります」[53] (強調は原文のまま) と。さらにキャロルは、ルンバーガーと折衝した経緯を述べている。ルンバーガーが言うには、大会で託児サービスをおこなうとしてもそれは 4 歳児以上のみとすれば、比較的安く済むことになろう。「なぜならば、学部の女子学生 (co-eds) を使うことができるので」ということであった。キャロルは憤懣を隠さない。「あきれた話ではありませんか。女性歴史家に専門職上の貴重な機会を提供するために女子学生の労働を搾取しようというのですから！」(強調は原文のまま)[54]。これに対してローズは次のような返書を送る。託児所を 4 歳児未満にも開放して施設があふれてしまったら、元も子もなくなってしまうから、現時点ではこれが最善であり、あまり立場に固執すべきではない。また、女性委員会を常設化し、専任の事務局長を置くことは財政的な問題を伴うので、改めてカウンシルを説得する予定である[55]。

(2) 女性委員会の立場と報告書の基本的方向性

　キャロル宛て書簡でも明かされていたように、アメリカ歴史学会ボストン

大会まで二週間弱となった12月17日、ローズ委員長はパーマー会長ならびにカウンシルの全メンバーに書簡を送り、女性委員会の立場および報告書の基本的方向性を説明している。この中でローズは、女性委員会の将来を決定づけることになる重大な勧告について、きわめて説得的な説明をおこなっている。

　まず、この暫定委員会を常設委員会にすること。メンバーは8名で、歴史家としてのキャリアの諸段階を考えて若手・中堅・ベテランの各2名に大学院生2名を加える。さらにローズは「専任の事務局長の貢献がなければ、報告書の精神と内容の大部分が失われてしまうと当委員会は考えています」[56]とする。ではどうして、専任の事務局長が必要なのか。それは、この事務局長が以下の意味できわめて複雑で時間がかかる仕事をしていかなければならないからである。

　　　私たちは学会を、（全国の大学の歴史学の――引用者注）学科長や学科主任に敵対する立場に置くようなアプローチを弱めることを選択しました。この（敵対的な――引用者注）アプローチは、女性の雇用と昇進に対する新しい態度を創り出しそれを確固たるものにするのではなく、意見を二極化させてしまうものです。私たちの報告書が目指すのはまさに前者であり、これこそが、有能で機知に富む人物が専任でこの課題にあたるのが不可欠であると思う理由なのです[57]。

　すなわち、女性歴史家の雇用の促進は、対立を前提として、ある種の強制力――たとえば、連邦政府による法律や大統領令、あるいは法的な執行命令[58]――を持っておこなう以上に、雇用する側の意識改革とコンセンサスづくり、さらにそのための基本的情報の提供をもっておこなうべきであり、これは、現在の暫定女性委員会のメンバーがまさにおこなっているようなパートタイムの仕事ではとても不可能である、ということなのである。「過去8カ月以上の間、この委員会の仕事は私にとって主要な関心ごとであり、その仕事は、委員会が個別の（性差別に関する――引用者注）ケースの報告に直接関

与しなかったにもかかわらず、また、報告の上がった個々の会員の困った問題を精査することを一切やらなかったにもかかわらず、膨大な量になってしまっている」[59]。このように述べた後、ローズ委員長は任命されるべき専任事務局長の仕事を列挙している[60]。それらは、博士号所持者の女性の人材パイプラインの漏れ（学士課程から修士課程、さらに博士課程へと段階が上がるにつれて、女性の比率が激減していくこと——引用者注）に関する質問紙調査から始まり、女性の学生の大学院入学に関する個々の差別や紛争の事例の調査と対応、連邦厚生教育福祉省委員会が要求するようなアファーマティブ・アクション政策に関係した女性人材の活用への学会としての対応まで、どのひとつをとっても難問山積の状態であった。

　こうして、ローズ委員長は、これまでアメリカ歴史学会内の常設委員会では置かれることがなかった専任の事務局長を要求する。女性委員会がこのような要求をおこなったら、アメリカ歴史学会内の他の委員会も同等の権利がある、という反論は形式論からはそのとおりであろう。しかしながら、

　　女性は依然として、他の少数集団が経験しない困った問題に直面しており、本学会が提供するサービスの多くは、それを利用するため融通が十分きかない女性にとってはほとんど役に立たないものです。女性は、彼女らを歴史学という仕事に合理的に引き入れるメカニズムがまったく存在しないゆえに敗れることになるだけでなく、歴史学そのものもまた、高い教育を受けた女性が仕事を見つけられないことで、専門職として敗れることになるのです[61]。

　すなわち、女性研究者は、「他の少数集団が経験しない困った問題に直面」しているがゆえに、特別な配慮を必要としており、そのために専任の事務局長を必要としているのである。

7．総会における修正動議の提出——基本的対立の構図

　1970年12月28日、前年に引き続きマスメディアが注目する中、ボストンにおける第85回アメリカ歴史学会年次大会は幕を開けた。女性委員会が主催した公開討論会も無事終了し、翌29日の学会総会を迎える。4時45分から始まった総会の第一部では、ウォード事務局長から、11月9日付で女性委員会から提出された予備報告書について、その第1部に掲げられている「立場」と「政策」については、前々日の27日のカウンシル会議で原則として同意するという票決をおこなったが、これ以上のアクションは最終報告書が出るまで保留するという報告がなされた[62]。8時30分から再開された総会第二部では、ローズ委員長から勧告について趣旨説明がおこなわれた。続いてこれを採決に持ち込もうとしたところ、女性歴史家調整委員会のキャロルが議事進行に異議を唱え、以降、女性歴史家調整委員会のメンバーから、次々と修正動議が提出される。

　この修正動議の中で最大のものは、女性歴史家調整委員会のラーナーが提出したものであり、元の報告書では女性大学院生および女性教員の産児休暇について述べた一条項が、ラーナー修正案ではより詳細で包括的な三節からなる条項（妊娠・出産によって不利な扱いを受けてはならないこと。産児休暇は病気休暇と同じ扱いにすること。出産後の休暇も追加で認められるべきであること）に書き改められることになったことである。この結果、原案が産児休暇を取りやすくするという勧告であったが、修正案は、その結果生じる恐れのあるあらゆる差別的扱いを禁止するという内容になった。特に修正案では産児休暇を「男性大学人の兵役のための休暇」と対置させているところが注目されよう[63]。

　ローズ報告での勧告案が修正可決された後に続いたのが、キャロルによる「大学における託児所の発展」に関する決議である。「大学生活における女性の地位はより大きな社会で女性に割り当てられた役割の一機能である。女性は子どもを産むという生物学的機能を持つが、社会は女性に、育児の唯一あるいは主要な責任を割り当てている。このような役割定義が続く限り、女性

の地位は目に見える形で変わることはないであろう。したがって、アメリカ歴史学会は教員・学生・職員のための大学・カレッジの託児所の発展を促進するように決議する」[64]。この決議では、その実現のための勧告を作成する責任を、常設委員会となる予定の女性委員会に負わせている。この決議も賛否両論が提出された後、可決されるが、この討論の中で、女性委員会に対して、なぜ、託児所のことが報告書に盛り込まれなかったのかという質問が出された。ショースキー委員の答弁は、委員会が扱ったのは歴史専門職にいる女性にとっての平等を保障するのに絶対的に必要な問題のみであり、託児所は女性の地位を改善する可能性のある多数の社会サービスのほんの一つに過ぎないのであり、「ボーダーライン上の事項（a borderline matter）であった」というものであった[65]。

　この総会から10日余りが経過した1月11日、ローズは、病気のためボストン大会を欠席した学会次期会長ポッター（David Potter, 1910-1971）に書簡を送り、その報告をしている。彼女は言う。私たちの報告書およびその決議は上出来であった。しかしながら、

　　　私たちがあまり取り上げたいとは思わなかった修正決議がありましたが、基本的に無害なものであり、私たちはこれらに反対しないことにしました。反対したところで無益であったでしょう。というのも、あのような総会に現れた特定の"利害集団"の結託は、何に対してでも――すべての歴史家にクリスマス・ボーナスを支給すべきであるといった決議にも――賛成票を投じるからです。カール・ショースキーが、託児所に関する修正動議を削除しようと雄々しい努力をしたのですが、助けにはなりませんでした[66]。

　この後、ローズは、自身が本当に失望したことは、「本来は、実態を研究したことがない人々からの質問があってしかるべき」[67]なのであったが、報告そのものに対する質問が提出されなかったことであったとしている。とりわけ、「男性がたは、ただただ、神そして母に敵対する（あるいは敵対している

ように見える）ことには発言を控えたいようであった」[68] として、学会総会の運営が一般会員ではなく特定のグループに左右されてしまったことに遺憾の意を表している。

8. 結論 —— 女性委員会の成立とその意義

　以上見たように、アメリカ歴史学会女性委員会の成立の直接の契機は、女性会派である女性歴史家調整委員会からのカウンシルへの請願であった。女性委員会、女性歴史家調整委員会という二つの組織は、双方とも歴史学の研究・教育における女性歴史家の支援を目的にしていたが、その優先的な関心が異なっていた。しかしながら、この優先的な関心の相違は、女性委員会の原勧告が女性歴史家調整委員会の修正動議を経ることで、かえって充実したものに結果することとなったのである。暫定女性委員会が常設となることで、アメリカ歴史学会女性委員会は真の意味でここに成立することになった。

　では、女性歴史家調整委員会の委員たちは、なぜあれほどまでに、女性の妊娠や出産という事項により関心を示したのか。それは第一に、これこそが、この時代の女性運動とそれ以前の時代の女性運動とを分かつ大きな特徴の一つであったということ —— 後にリプロダクティブ・ライツの論争へと発展していく性と生殖をめぐる問題 —— であり、したがって、およそ女性解放運動に関係していた者たちにとっては、それは「ボーダーライン上の事項」として処理することは絶対にできないものであったからである。第二には、女性歴史家への支援は、両性への機会の平等は当然として、このようなリベラル・フェミニズムにもとづく議論だけでは不十分であり、女性への「特別な配慮」が必要とするという、リベラル・フェミニズムを超えた議論を必要としたからである。その代表的事例が、妊娠・出産への配慮という事項であった。この点では、女性委員会、女性歴史家調整委員会それぞれがとった立場は興味深い。ローズは、「パフォーマンスとメリットにもとづいて評価されるべきである」という議論へは、「しかし、どうすればこれが実現できるのか」とこれを論破することを試みている。専任事務局長の要求の際にもアファー

マティブ・アクションについて肯定的に言及している。しかしながら、産児休暇の必要性は十分に認めたものの、大学の託児所が女性への「特別な配慮」であるとは考えなかった。これに対して、女性歴史家調整委員会の側が、女性教員の産児休暇政策を充実させるためにとった戦法は、これを「男性大学人の兵役のための休暇」と対置させ、むしろ女性への「特別な配慮」の色彩を弱めた議論に —— 女性も男性もともにある場合には「特別な配慮」を必要とするというという議論に —— することで、最終的に支持を獲得したのである。

　結局は漏れてしまった女性史研究の振興もまた、女性歴史家調整委員会としては譲れないものであった。これは、本論文の冒頭で引用した、キャロルの女性会派創立「宣言」にも、また、女性歴史家調整委員会の出版広報活動でも最初から明確に規定されていた。その理由とは、研究の主体としての女性 (女性歴史家) への支援は、研究の客体としての女性 (歴史学における女性研究) への支援と表裏一体であり、この二重の支援機能を同時に包括的組織的に果たすことができるのは学術学会を措いて他にはない、とする認識に支えられたものであった。

　ローズ委員長の方針は、女性委員会が「可能な限り広い関心を集約すること」であり、その勧告が「全会員を横断する意見」となることであった。「私たちは監視されている」とはまさにローズが肝に銘じていたことであったであろう。スミスも認めたように、よりラディカルなアメリカ歴史学会構造改革を主張する会員は、女性委員会を「体制側の隠蔽工作」であるとみなしても不思議ではなかった。他方で女性歴史家調整委員会の側は、ともに改革を志向するラディカル・ヒストリアンズに共感しつつも、そこには一定の距離を置いていた。アメリカ歴史学会の『ニューズレター』に掲載された女性歴史家調整委員会の一会員の投書は指摘する。「ラディカル・ヒストリアンズのグループがアメリカ歴史学会に結成され始めた時、われわれの一部は彼らを迷惑な輩だと見なしていた。しかし数年が過ぎ、今や (歴史学という —— 引用者注) 専門職の将来をより憂いているのは、学会の自称指導者たちではなく、ラディカルズたち —— さらには女性歴史家調整委員会 —— であることは明らかである」と[69]。しかし、女性歴史家調整委員会の立場と女性委員会の

立場を同一視されることは、ローズ委員長としてはともに避けるべきことであった。とりわけ、カウンシルの中には女性委員会と女性歴史家調整委員会とを混同していると思われる者も存在したからである。最終的にローズは、女性歴史家調整委員会とは絶縁することなく一定の距離を取ることで、女性委員会の勧告案を修正の上、成立させることに成功する。

1971年5月のカウンシル会議では、ローズ委員長が強く訴えた、女性委員会の常設委員会化は難なく承認され、新たな常設委員会である女性歴史家委員会 (Committee on Women Historians) となったが、専任の事務局長の任命についてはやはり強い難色が示され、わずか六ヶ月という有期の特別補佐の任命が承認される[70]。しかしながら、この特別補佐の任命は、女性歴史家委員会のその後の活動に決定的な浮揚力をあたえたと言ってよい。一例を挙げるならば、女性歴史家委員会は1971年12月から、女性歴史家登録簿の作成を開始する。最初はカードファイルによって、次にこれがコンピュータ・ファイルによる形式に発展することになるが、2,000名を超える女性歴史家が登録することになった。1972年10月にはアメリカ歴史学会による季刊誌『雇用情報広報』が発刊される。この時点で、登録簿の当初の目的であった女性歴史家の雇用促進よりもむしろ、学術的な目的 (たとえば、シンポジウムでの登壇者や委員会メンバーの特定) がより重要になっていく[71]。これら一連の作業はこの特別補佐なしにはとうてい実現できないものであった。

常設の女性歴史家委員会の最初の委員長は、グレアムが就任した。8名に増員された新委員の中には、女性歴史家調整委員会の委員であったカーバーの名前も見える[72]。グレアムは、ローズ委員長とは異なり、女性歴史家調整委員会をも含むアメリカ歴史学会内のさまざまな女性会派と積極的に連携をしていく方針をとり、1971年のアメリカ歴史学会ニューヨーク大会では、これらのグループの代表とともにオープン・セッションを開催する。この委員会は以降、暫定委員会の仕事を引き継ぐだけでなく、この委員会が敢えて封印していた、差別の事例の (情報収集にとどまらない) 仲裁にも関与することになる。さらに1972年になりグレアムが在外研究のために委員長を辞すると、カーバーが女性歴史家委員会の第二代委員長となり、女性歴史家調整委

員会が提起した課題は、「女性史研究の振興」も含め全面的な検討への展開を見せるようになるのである。

　すでに第5章で確認したように、女性委員会が創設されると、その活動は、一方では、女性が学術研究の主体である（女性の研究者としての自立と成長を支援）と同時に客体でもある（女性についての学術研究、あるいは女性という視点を導入した学術研究を支援する）という問題を十分意識し、その双方を支援することで、その活動が推進されたわけである。そして、この両面での女性研究者支援を、21世紀の初頭から見れば、やはり、一定の成果というべきものが随所に見られることを否定できないであろう。恐らく最大の成果は、リンダ・カーバーを筆頭に、文字どおり「女性史」を専門とする次世代の研究者たちが、この組織から、あるいは、この組織がおこなった、研究助成を足がかりにして育っていったことであった[73]。

注

1　"'Radicals' Plan to Run Lynd for President of Historians." *Washington Post.* December 22, 1969, A6; "Radical Candidate Fails in Bid to Head Historical Association." *New York Times.* December 29, 1969, 24. "Historians' Vote Defeats Lynd." Boston Globe. December 29, 1969, 1.; "Historians Reject War Resolutions," *Washington Post* Dec 30, 1969, A3.

2　Carl Mirra, *The Admirable Radical: Staughton Lynd and Cold War Dissent, 1945-1970*（Kent State University Press, 2010）, 158-162.

3　むろん、学術学会保守度を評価する指標などはあるはずもないし、本章での評価は、あくまでも5つの学術学会を併置して関係史料を調べた筆者の素朴な感想ということになるのかもしれない。しかしながら、やはりアメリカ歴史学会は特別と言えよう。この学会は、1884年に結成され、1889年には連邦議会からの設立認可状を得ている（学術学会をつくるための設立認可状は、他の法人と同じように、本来、州から取得すればよい。連邦議会の設立認可状はやはり象徴的な意味がある）。19世紀という時代、一般に、歴史学には「偉大な国民の物語を書く」ことが、当然とされていたわけであり、ましてや、「偉大なる歴史の節目（建国百周年）」を迎えたアメリカ合衆国では、このような"使命"を感じていた歴史家は多かったはずである。他方で、アメリカ歴史学会が設立された時代は、歴史をロマンではなく、科学的な実証性に裏付けられたものにすべく、特にドイツからの歴史学の影響を強く受けた新たな世代の歴史家が育ちつつあっ

たわけであり、この意味では、歴史学会設立は時宜を得たものであった。ただし同学会はその後も、学術学会としての保守的な運営は変わらなかった。一例を挙げれば、ラディカル・ヒストリアンズが「カウンシルによる排他的な学会支配」を象徴するものとして激しく攻撃し根本的改革を要求した「実質的な会長選挙」がある。アメリカ歴史学会では長きにわたって会長が"禅譲"とでも表現すべきものによって決まっていたという事実——複数の立候補者についての決選投票などはいっさい、行われず、いつの間にか候補者がひとり立ち、その候補者が信任されて会長になるという慣習に支えられていたのである。なお、ラディカル・ヒストリアンズたちは、リンドを会長候補者として推薦し、彼が会長選挙に出馬したが、予想されたように敗北した。リンドは、「ミドルタウン研究」できわめて著名な学者夫妻ロバート・リンド（1892-1970）とヘレン・リンド（1896-1982）の息子であり、ここに至るまで、大学教員（スペルマンからイェールへ）および社会活動家として広く知られていた（詳細は、Carl Mirra, "Guerrilla Historians Combat the American Historical Association," Mirra, *The Admirable Radical: Staughton Lynd and Cold War Dissent, 1945-1970*, （Kent, Ohio: The Kent State University Press）, 150-165.）。なお、当日、学会出席のためにワシントン DC を訪れた会員は約 7,000 名であり、このうちの約 4 分の 1 が総会に出席したことになる。

4　Eileen Boris and Nupur Chaudhuri（Eds.）, *Voices of Women Historians: The Personal, the Political, the Professional*（Indiana University Press, 1999）; Noralee Frankel, "Remembering the Rose Report," *Perspectives on History* 48（8）（November 2010）: 48.

5　カウンシルに送られた請願の原本（請願の下に賛同の証として名前と所属を書き入れる一種の署名簿）は Folder Committee-Status of Women in the Profession（ad hoc）1970-1971, Box 762, AHA Records. に保存されている。

6　Berenice Carroll to Sandi Cooper et. al., 18 September, 1969. Folder 9 Correspondence of Berenice Carroll, 1969-1972, Box 2, CCWHP Records.

7　Ibid.

8　"Minutes of the Meeting of the Council of the American Historical Association," October 30, 1969. *Annual Report of the American Historical Association for the Year 1969, Volume I, Proceedings*, 32.

9　"Minutes of the Council Meeting," April 4, 1970, *Annual Report of the American Historical Association for the Year 1970*, 48

10　スミスはアメリカ合衆国女性史 *Daughters of the Promised Land*（Little Brown , 1970）を執筆中であったが、これは彼の歴史啓蒙家としての仕事であった。またグレアムは、当時、AAUP の Committee W の委員であり *Science* 誌上には "Women in Academe" を発表していたが（*Science* Vol.169, No. 3952,（September 25, 1970）: 1284-1290）、

これは、学術における女性問題に関する彼女の最初の仕事であった。

11　キャロルについては、Berenice A. Carroll, "The Historian in a Time of Crisis: A Memoir of Peace History," *Peace & Change* 30 (1), (January 2005): 21-29. ラーナーについては、Gerda Lerner, "A View from the Women's Side," *The Journal of American History* 76 (2) (September, 1989): 446-456. における、それぞれの証言を参照。

12　Committee on the Status of Women in the Profession, Summary of the first meeting, 21February. Folder Committee on the Status of Women in the Profession *ad hoc* 1969-1971, Box 761, AHA Records.

13　Nancy Gillingham to Basic Books, Inc., 27February, 1970. Folder 4 Ad Hoc Committee 1969-71, Box 761, AHA Records.

14　Nancy Gillingham to various associations, 13May, 1970. Folder 3 Reports other Associations, Box 761, AHA Records.

15　Helen S. Astin, *The Woman Doctorate in America; Origins, Career, and Family* (New York, Russell Sage Foundation, 1969).

16　Robert R. Palmer to Willie Lee Rose, 7April,1970, Folder Committee on the Status of Women in the Profession *ad hoc* 1969-1971, Box 761, AHA Records.

17　Ibid.

18　Willie Lee Rose to Robert R. Palmer, 9 June,1970, Folder Committee on the Status of Women in the Profession *ad hoc* 1969-1971, Box 761, AHA Records.

19　AHA. *Newsletter* (5), June 1970, 12-14.

20　Berenice Carroll to Friends and Colleagues, 3 November, 1969, Folder 12, Box 2, CCWHP Records.

21　RESOLUTIONS of the Temporary Co-ordinating Committee on Women in the Historical Profession, to be submitted to the Business Meeting of the American Historical Association on December 28, 1969. Typewritten MSS. Folder Committee on the Status of Women in the Profession ad hoc 1969-1971, Box 761, AHA Records. 以下の引用はすべてこの文書からのものである。

22　CCWHP. *Bulletin* #1 Current Research on the History of Women. *Newsletter* の最初の出版日付は Spring 1970 となっている。

23　Berenice Carroll to Willie Lee Rose, 17 February, 1970, Folder 11, Box 2, CCWHP Records.

24　Ibid.

25　Willie Lee Rose to Berenice Carroll, 11March, 1970, Folder 11,Box 2, CCWHP Records.

26　Willie Lee Rose to Committee members, 20July, 1970, Folder Status of Women, 1970-71, Box 762, AHA Records.

27　Ibid. カーネギー報告とは、カーネギー教育振興財団が創設した委員会（1967-1973）と審議会（1973-1979）がおこなったアメリカ合衆国高等教育全体にわたる政策研究と勧告のための一連の報告書を指す。全部で 37 冊の政策報告書、137 冊の委託研究報告書を出版した。この中には、女性の高等教育を直接扱ったものだけでも三冊を数えることができる。

28　Committee on the Status of Women in the Profession, Report, 25 July, 1970（Hanover, New Hampshire）, Typewritten MSS.

29　大会で議論された予備報告書は以下の注 35 を参照。最終報告書の原本は、Folder Council-Agendas & Rough Minutes 1963-71, Box 615, AHA Records. に保存されている。

30　Committee on the Status of Women in the Profession, Report, 4.

31　Committee on the Status of Women in the Profession, Report, 4.

32　[Draft] *Report of the Committee on the Status of Women in the Profession*, November 9, 1970. 以下、この報告書草案は Draft Report と略記する。

33　*Draft Report*, 1.

34　*Draft Report*, 2-5.

35　"Minutes of the Meeting of the Council of the American Historical Association," 26 September, 1970, *Annual Report of the American Historical Association for the Year 1970, Volume I. Proceedings*, 39.

36　"Minutes of the Meeting of the Council of the American Historical Association," 27 December, 1970, Ibid, 41.

37　Page Smith to Robert Palmer, 3November, 1970. Folder Status of Women, 1969-71, Box 761, AHA Record.

38　Willie Lee Rose to Raymond Grew, 27 November, 1970, Folder Status of Women, 1969-71, Box 761, AHA Record.

39　Willie Lee Rose to John J. Rumbarger, 27 November, 1970. Folder Status of Women, 1969-71, Box 761, AHA Record.

40　Ibid.

41　Willie Lee Rose to Paul L. Ward, 27 November, 1970, Folder Status of Women, 1969-71, Box 761, AHA Record.

42　Willie Lee Rose to Committee members, 29 November, 1970, Folder Status of Women, 1969-71, Box 762, AHA Records.

43　Ibid.

44　Ibid.

45　A. Elizabeth Taylor to Berenice A. Carroll. 3 June, 1970. Folder Status of Women 1969-

1971, Box 761, AHA Records.

46　Ibid.

47　テイラーについては、"Historical News and Notices." *Journal of Southern History* 60（1），（February, 1994）:193-194. および Constance B. Schulz and Elizabeth Hayes Turner（Eds.），*Clio's Southern Sisters: Interviews with Leaders of the Southern Association for Women Historians.*（University of Missouri Press, 2004），21-29. 参照

48　Whelehan, *Modern Feminist Thought*, 34-39.

49　Schulz and Turner（Eds.），*Clio's Southern Sisters*, 26.

50　この二つの論点については、Nicholas C. Burbules and Anne Sherman, "Equal Educational Opportunity: Ideal or Ideology?" *Proceedings of the 35th Annual Meeting of the Philosophy of Education Society* 1979: 105-114. を参照。なお、言うまでもなく、1970 年初頭というこの時代、この論点を構成する諸概念（「平等」「機会」「結果」）は未だ十分な精緻化がなされていなかったわけであり、この点をめぐり、以降、論争が続けられるわけである。

51　アメリカ経済学会は前年の 1969 年大会で一部会を使って人種についてのアファーマティブ・アクションを検討していた。AHA は 1971 年度総会において、全米の歴史学科が女性へのアファーマティブ・アクション政策を採用するよう決議を採択している。*Annual Report of the American Historical Association for the Year 1971*, 54-55. 提案者は CCWHP 会員であった。

52　A. Elizabeth Taylor to Berenice A. Carroll. 3 June, 1970.

53　Berenice Carroll to Willie Lee Rose, 4December, 1970, Folder Status of Women, 1969-71, Box 761, AHA Records.

54　Ibid.

55　Willie Lee Rose to Berenice Carroll, 7 December, 1970, Folder Status of Women, 1969-71, Box 761, AHA Records.

56　Willie Lee Rose to Robert R. Palmer, 17 December, 1970, Folder Status of Women, 1969-71, Box 761, AHA Records.

57　Ibid.

58　1970 年代初頭は、1965 年の大統領令 11246（この中で affirmative action という用語が初めて使用された）、1967 年の大統領令 11375、1969 年の大統領令 11478 を引き継ぐかたちで、1972 年の改正雇用機会均等法、同じく 1972 年の改正教育法（Title IX of the Education Amendments）などが次々に成立していった。Oltman, "Women in the Professional Caucuses," 282.

59　Willie Lee Rose to Robert R. Palmer, 17 December, 1970, Folder Status of Women, 1969-71, Box 761, AHA Records.

60   Ibid.

61   Ibid.

62   *Annual Report of the American Historical Association for the Year 1970 Volume I, Proceedings*,65.

63   Ibid.

64   *Annual Report of the American Historical Association for the Year 1970 Volume I, Proceedings*, 68.

65   Ibid.

66   Willie Lee Rose to David Potter, 11January, 1971, Box 762, Folder Status of Women, 1970-71. AHA Records.

67   Ibid.

68   Ibid.

69   Sister M. Adele Francis Gorman. "To the Editor." AHA *Newsletter* 10 (3) (May 1971) : 14.

70   "Minutes of the Meeting of the Council of the American Historical Association." June 5, 1971, *Annual Report of the American Historical Association for the Year 1971. Volume I. Proceedings*.40-41. この任期はさらに後継者の任命によって延長される。"Minutes of the Meeting of the Council of the American Historical Association." April 7, 1972. *Annual Report of the American Historical Association for the Year 1972. Volume I. Proceedings*.40-41.

71   Joyce Allen Justice (Comp.) , *Directory of Women Historians* AHA, (October 1975) .

72   *Annual Report of the American Historical Association for the Year 1971. Volume I. Proceedings*.140.

73   本稿では詳細に論じることができなかったが、この、「女性研究者支援」の二重性は、特に本章で登場した女性歴史家調整委員会のような小規模組織としては、運動上、両立がたやすくない。事実、女性歴史家調整委員会は 1974 年、一度は分裂（「主体としての女性研究者」を支援する組織と「客体としての女性研究者」を支援する組織）するが、その後、1995 年に再統合して、現在の「歴史における女性のための調整審議会（Coordinating Council for Women in History）」という元の鞘に収まることになった。Nupur Chaudhuri and Mary Elizabeth Perry. "Achievements and Battles: Twenty-five Years of CCWHP," *Journal of Women's History*, 6(3), Fall 1994, 97-105.

第8章　アメリカ社会学会（ASA）と女性のための
専門学会の設立

1．はじめに——三つのケーススタディの示唆するもの

　本章に至るまでに、筆者は、アメリカ教育研究学会（AERA）、アメリカ心理学会（APA）、アメリカ歴史学会（AHA）の三つをケーススタディとして、1970年代初頭、学術学会がどのような契機から女性研究者への支援活動を開始するようになったのかを明らかにしようとしてきた。本章では、学術学会の中から誕生した、女性のための専門学術学会における女性研究者支援政策の特徴を分析する。

　筆者は、研究を進めているうちに、それぞれの学術学会でおこなわれた女性研究者支援政策の背後にある、各学術学会に共通した、「学術研究とジェンダーをめぐる問題」の方により注目するようになった。

　それはどのようなことか。いくつか具体例を挙げて説明したい。

　三つの学会とも、1970年代初頭の女性研究者支援政策は、学術学会内に、女性研究者の現状と直面する諸問題を調査し勧告をおこなう女性委員会の設立を待って開始されることになる。しかしながら、この女性委員会は、学術学会——とりわけ、その運営の基本方針に重要な意思決定をおこなう学術学会のカウンシル——が積極的に設立を推進したのではなく、当の学術学会の対応はおしなべて保守的であり、まさにそのような学術学会の変革を求める女性研究者たちの要求に応じるかたちで実現したものである。さらには、この、変革を求める女性研究者たちの要求は、学術学会の根本的な改革を、とりわけ、当のカウンシルによる排他的支配の是正を求める潮流の一つであっ

たのであり、さらにこの潮流の背後には、より広範囲にわたる社会改革運動が——たとえば、反戦運動や少数民族の権利主張など——が存在した。換言すれば、学術学会は社会改革運動の一翼を担おうとしていたのであり、そのような改革志向は、今度は学術学会そのものの改革をも要求したのであった。アメリカ歴史学会(AHA)の事例はもっとも示唆的であろう。ラディカル・ヒストリアンズを代表して、アメリカ歴史学会の憲章の根本的改革を求めていたリンド、ジン、ワスコウらがカウンシルに提出した憲章改訂案に定められた会の目的(第二条)は以下のような文章で始まっていた。「本会の目的は、これまでアメリカ人民に対して、民主的で満ち足りた社会を創造しようとするその努力を束縛し、その力を弱めてきた歴史的神話から彼らを解放することであり、この目的を達成するために、職業的な歴史家だけでなくアメリカ公衆一般による歴史研究を促進し…」[1]。容易に想像されるように、この憲章改訂案は当時のアメリカ歴史学会が絶対に受け入れるものではなかった。しかし、学術学会内に女性委員会の設置を要求した女性研究者たち——その代表はキャロルとラーナー——が共通して抱いていた社会改革の思想であるフェミニズム(より正確には、第二波フェミニズム)もまた、その実施には、すでに見たような、これに匹敵するラディカルな変革を要求するものであった。

　次に、学術学会年次大会出席者への託児サービスという事例を挙げてみたい。これもまた、上記の三学会すべてが、1970年代初頭から取り組みへの模索を開始した政策であった。しかし、先に挙げた事例と同じように、いずれの場合も、カウンシルが当初から熱心に取り組んできたというよりもむしろ、託児サービスを求める女性研究者たちの要望に押されて実現したといってよい。もっとも不熱心であったアメリカ歴史学会から、年次大会会場での託児サービス提供から一歩進めて、託児サービスへの補助金支出まで進んだアメリカ教育研究学会(AERA)まで、実現したその内容には濃淡があった。

　しかしながら共通するのは、年次大会での託児サービスは、大会出席者への便宜を図るひとつのサービスというだけではなく、より重要な意味があった、ということである。

　第一に、すでに何度も指摘したように、上記の第二波フェミニズムにとっ

て、性と生殖をめぐる問題は、もはや家庭という私的な領域に属するものではなく、学術学会の女性研究者支援政策に組み込んでいくべきであるとの認識で貫かれていたのである。すなわち、女性研究者のキャリアの中でもきわめて重要な、妊娠や出産をめぐる問題も、従来のように「それぞれの家庭に属する私的な問題」として処理されるのではなくこれは公的領域に属する問題であり、社会全体、とりわけその女性研究者が属する学術学会がまず考えるべき課題であると認識されるようになったわけである。

　第二に、そのサービスの内容も、学問的な検証に耐えられるものでなければならなかったのである。たとえば、アメリカ心理学会（APA）から派生した研究者・活動家のグループである「心理学における女性連合（Association for Women in Psychology）」が学会に要求した託児サービスとは、「通常の保育施設の大多数に、有害な性役割のステレオタイプが導入されている」という問題認識を踏まえた上で、これを克服する努力をも求めたものであった[2]。これは、さすがに心理学を専門とする女性研究者たちの着眼点は違うと、賞賛すべきところであるが、1970年代初頭にはすでに、幼児の保育環境においてジェンダー役割が刷り込まれる契機について、さまざまな研究が開始されており、およそ学術活動をおこなうすべての者たちが、有害な性役割のステレオタイプへの関心を共有すべきであった。

　さて、先に挙げた「学術研究とジェンダーをめぐる問題」に中でも、筆者の優先的関心は二つある。

　その第一は、すでに指摘したように、女性研究者支援のために専門学会の創設は、フェミニズムの運動（より正確にはアカデミック・フェミニズムの運動）とは無縁ではない――むしろ、その中から誕生した――がゆえに、この、より広範囲にわたる社会運動と女性研究者支援との関係はどのように考えられたのか、という論点である。

　筆者の優先的関心の第二は、専門学会がおこないうる女性研究者支援の二つのモード――すなわち、研究の主体としての女性（女性社会学者、女性歴史家、女性心理学者等）の支援と、研究の客体としての女性の研究（社会学・歴史学・心理学等における女性の研究）の支援――がどのように連関しておこなわれ

たのか、という論点である。

　以上の二つの論点のそれぞれを、本章では、「社会の中の女性を支援する社会学者たち（Sociologists for Women in Society, SWS）」の設立をケーススタディとして見ていくことにしたい。この「社会の中の女性を支援する社会学者たち」は、以下に詳しく見るように、アメリカ社会学会の（ASA）中に創られた女性会派（Women's Caucus、1969年）を起源としており、この女性会派の働きかけによって、1970年、学会内に新設の、社会学における女性の地位に関する委員会（Committee on the Status of Women in Sociology、以下、女性委員会と略記）が設けられた。さらにこの女性会派は、この女性委員会とは別に、今度はアメリカ社会学会の外に自分たちの専門学会である「社会の中の女性を支援する社会学者たち」を立ち上げる。ちなみに、この専門学会「社会の中の女性を支援する社会学者たち」は順調に拡大を続け、1987年には専門ジャーナル *Gender & Society* を開始し、名実ともに、社会学分野の専門学会として認知を受けるようになり現在に至っている。「社会の中の女性を支援する社会学者たち」の創設時におこなわれた、会の位置づけをめぐる議論は、先に挙げた二つの論点を考察するにあたって、きわめて参考になると考えられるからである。

2．アリス・ロッシと女性会派成立の意義

(1) フェミニスト社会学者アリス・ロッシ

　前述のように、「社会の中の女性を支援する社会学者たち」の創設はアメリカ社会学会内に1969年に創られた女性会派が起源であったが、この女性会派が結成される時点で、アメリカ社会学会内にはすでに、ラディカル社会学者の会派（Radical Caucus）が、さらにはアフリカ系アメリカ人の会派（Black Caucus）が結成されており、いずれも、学術学会内部だけでなく、広くジャーナリズムの関心をも集めていた[3]。

　女性会派の結成にあたって、その発起人のひとりとなったのは、アリス・S・ロッシ（1922-2009）である。「社会の中の女性を支援する社会学者たち」が、本章で明らかになるような活動方針をとりえたのは、ロッシの存在を抜きに

しては考えられない。

　それはどのようなことか。ロッシは、ブルックリン・カレッジ（B.A.,1947年）を経て、1957年、コロンビア大学にて（旧）ソ連研究で Ph.D. を取得（学位論文は"Generational Differences in the Soviet Union."）した。1959年、ボルチモアのガウチャ・カレッジを振り出しに、ハーバード、シカゴ、プリンストン等で教える。また、1970年、アメリカ大学教授連合（AAUP）の女性委員会（Committee W）の委員長に就任する。1983年にはアメリカ社会学会会長に就任している。最終的に、マサチューセッツ大学アマースト校にて20年近く（1974年から1991年まで）教鞭をとってから引退という経歴から、まぎれもなく女性大学人であるわけであるが、これまで本書で取り上げた女性大学人の中では恐らく、もっとも著名人ということになろう。それは、1966年、ベティ・フリーダンらとともに、全米女性機構（NOW）の創立者のひとりとなったからである。ロッシの死亡追悼記事にも、まずは、「社会学者であってフェミニスト学者」[4]（『ニューヨーク・タイムズ』）という評価がなされているのもこのゆえであろう。筆者の知る限り、本一冊に及ぶ伝記は書かれていないようであるが、それに十分、値する人物ということになろう[5]。

　さて、上述のように、ロッシは全米女性機構（NOW）の創設に参加したわけであるが、彼女の名前を一躍有名にしたのが、その3年前にアメリカ学士院（American Academy of Arts and Sciences）の年次大会にて発表した論文「両性間の平等：穏当ならざる提案」（1963年）であった[6]。本論文は、翌年、アメリカ学士院のジャーナル Daedalus が「アメリカの女性」という特集を組んだ中で掲載された。異例の長文（全46頁）の論文であり、その論旨は多岐にわたっているが、現在もなお、その価値を失っていない。

　本論文の中で、社会学的におそらくもっとも興味深い論点が、男女の性別（当時はジェンダーという学術用語はまだ使用されていなかった）についての、社会学者としてはむしろユニークな見解である。すでに本書でも何度も言及したように、時代は、ジェンダー・フリーを支持し、かつ、男女の性別とセックスを峻別するという方向に進んでいたわけであるが、ロッシは、以下のように、両性具有という概念を導入しつつ、男女の性別から生理学的な性差を

完全に排除することをむしろ否定するのである。

　　　私が主張する性的平等とは、男性と女性の役割については社会的に両性
　　具有であるという考え方であり、知的・芸術的・政治的・職業的な関心
　　と参加という点では両性は平等あるいは類似しているが、両性間の生理
　　学的差異が関係する領域のみ相補的であると考えるのである。この考え
　　方では、伝統的な男性性・女性性の考え方が、20世紀の後半に私たち
　　が生きるであろう世界には不適切であると仮定する。性役割について両
　　性具有であるとする考えでは、両性はともに、伝統的な性役割の定義か
　　ら言えば反対の性に属するとされる特性を獲得できるということを意味
　　する[7]。

　ある意味では、本論文は、フリーダンの著書である *Feminine Mystique*（1963年）
のロッシ版ということになろう。というのも、この二人が、全米女性機構を
立ち上げるには、それぞれなりの、女性と男性の関係をめぐる、近未来にわ
たる、あるべきグランド・デザインを示す必要があったはずである。*Feminine
Mystique* の方は、多くの論者によって、「アメリカ合衆国における第二波フェ
ミニズムの開始を宣言するもの」という評価がなされているわけであり、こ
の評価は筆者もまた賛成するものである。

　しかしながら、一般には、「穏当ならざる提案」が、「男女両性の政治的・
社会的平等の実現の最大の障害とは、女性がフルタイムの母親になっている
ことである」と主張したことだと受け取られ、これが物議をかもしたのであ
る。だが、女性がフルタイムの母親をやめるためには、当然、妊娠、出産か
ら育児へとつながるマザリングの過程を男女が共同で遂行することがなけれ
ばならない。これを可能にするための理論的装置こそ、ロッシが導入した両
性具有性であった。さらにはそれを実現するために社会は何ができるのか、
あるいは、男女共同参画社会の実現とそのためのワーク・ファミリーバラン
スの実現といった、きわめて今日的な課題が、アメリカ合衆国という限定は
あるものの、また、基本的に異性愛を前提に議論しているなどの歴史的な限

界はあるが、歴史的な展望もきちんと押さえた上で分析されている。ちなみに、ここで言う「穏当ならざる提案」（と当時は思われた）の多くは、教育にかかわるものであった。

(2) 女性会派の誕生へ

　ロッシは、年次大会の会場となったサンフランシスコ近郊のカリフォルニア大学バークレー校の研究者たちと緊密に連絡をとりつつ、同時に、社会学分野の性差別の一端を実証するべく、アメリカ合衆国の社会学関連大学院に対する調査に着手して、アメリカ社会学会年次大会に備える[8]。当時、彼女が記録した女性会派設立の模様を見ると、その概要は次のようになる[9]。

　アメリカ社会学会の年次大会は 1969 年 8 月 31 日から 9 月 4 日までサンフランシスコで開催されたが、女性会派もこれに合わせて結集した。事前準備をおこなったのは主にカリフォルニア大学バークレー校およびプリンストン大学の女性たちであった。中でも、バークレー校の女性大学院生・研究者たちへの呼びかけである「解放された社会学の中の解放された女性たちのための提言（Proposed Recommendations for Liberated Women in a Liberated Sociology）」を起草したのがアン・スウィドラー（Ann Swidler, 1944-）であった。これは、「女性は教員のすべての職階で、十分な数の雇用が達成されるべきである」といったように、学術界における性差別の克服への訴えから始まるが、以下に見るように、この時代の同種の文書にはない興味深い内容を含んでいた[10]。

- すべての人に仕事と家庭生活の両立が必須である。現在の大学の職業構造は、女性の犠牲の上で男性には両立が可能になっており、このような現状は、男女双方にとって人間性を失わせる。これを改めるためにはハーフタイム雇用が必要である。これは、教授・准教授・助教授のそれぞれで、男女両性のためのポジションとして用意されるべきなのである。
- 女性は、現行の"科学的"で"実証的"な社会学という動向をそのままよしとすべきではない。この動向は、女性の社会学の開発にほとんど寄与するところがない。さらに、社会学における"生産性"の強調は、逆に、

非生産的な政策に――真正の意味での知識の進歩とはかけ離れた論文出版の強調に――つながっていくと思われる。

- 私たちは、教える能力によって誰かが雇用されるべきであるとは思わない。そこには、つまらぬことでも教えることには価値があるとか教育と研究とは切り離せるのだとかいう仮定が潜んでいるからである。しかしながら、その独創的な思考が、論文の中ではなく教室の中で飛びぬけて展開されるような創造的教師は、学生の訓練という点でも、また、所属学科の同僚たちへの刺激という点でも、学問への真の貢献をなすことができるのである。

　この文書の特徴は恐らく二つ挙げることができよう。第一に、前述のように、家庭の問題を私的な領域に属するものではなく、学術学会の女性研究者支援政策に組み込んでいくべきであるとの認識を示したうえで、これを女性研究者だけでなく男性研究者にも密接にかかわる問題として捉えていること、第二に、女性研究者の問題を考えていくことが、学術の研究・教育そのものの変革につながっていく――逆に、それを前提としない限り、変革は不可能であること――を示したことである。

　ところで、女性会派は未だアメリカ社会学会の中では認知されていない存在であったので、事前に会場ホテル内に集会のための部屋をあたえられなかったが、交渉の末、ようやく部屋を確保し、ここには約 500 名が集結、ロッシが議長となり、最初に、女性社会学者のキャリア形成の課題をテーマに、大学院生から初任者、さらには中堅に至る三つの段階について、それぞれ二名ずつ、プリゼンテーションがおこなわれた。中堅の研究者を代表してプリゼンテーションをおこなったのが、ロッシとディクソン（Marlene Dixon, 1936-）であった。

　ここまでに登場した三人の女性社会学者――ロッシ、スウィドラー、ディクソン――は、この時点においても、また、その後の経歴においても、フェミニズムと社会改革への信奉という以外に共通のものを見出すことが困難である。しかも、そのフェミニズムをめぐる思想的立場もまた大きく異なって

いた。

　ロッシは、すでに紹介したとおりであるが、彼女がアメリカ社会学会内に女性会派を立ち上げたのは、プリンストンからガウチャ・カレッジに准教授として赴任した直後のことであった。

　スウィドラーはハーバード大学を経て、1957 年、カリフォルニア大学にて Ph.D. を取得（学位論文は " Organization without Authority: A Study of Two Alternative Schools."）する。後に、文化社会学の研究者として知られるようになり、また、バークレーの宗教学者ロバート・ベラーの『心の習慣』(1985 年) および『善い社会』(1991 年) の共著者となる。さらには、ハーンスタインとマレーによる『ベル・カーブ』(1994 年) への反論書である *Inequality by Design: Cracking the Bell Curve Myth* (1996) の著者のひとりでもあった。

　ディクソンは、UCLA を卒業後、1967 年、同大学で Ph.D. を取得（学位論文は "Professionals, Experts and Managers: Student Career Orientations in Engineering."）する。カリフォルニア州立大学ロング・ビーチ校を経て、1966 年、シカゴ大学の助教授となるが、1969 年にその再任を拒否されたことが契機となり、シカゴ大学では学生による抗議と座り込み事件が惹起し、全米的な注目を浴びる[11]。当時は、マッギル大学に移ったばかりであった。1972 年、マッギル大学においてもひとたびは再任を拒否され、抗議活動の結果、再任されるが、間もなく辞任する。1974 年、サンフランシスコでマルクス＝レーニン主義にもとづく政党 Democratic Workers Party を立ち上げる。この政党は、1986 年、ディクソンを党代表から解任することで消滅する。*Women in Class Struggle* (1978) その他の著作がある。

　女性会派がアメリカ社会学会内で認知を受けるためには、学会内のカウンシルの了承を取り付けると同時に、学会年次大会での総会 (Business Meeting) での承認を経なければならなかった。ロッシはアメリカ社会学会との仲介役——とりわけ、会派結成にもっとも熱意を示したカリフォルニア大学バークレー校およびプリンストン大学の女性研究者たちと、アメリカ社会学会カウンシルの事務局長であったピーター・ロッシ (Peter H. Rossi, 1921-2006.) との仲介役——を引き受けることにより、以降、「社会の中の女性を支援する社会

学者たち」の設立へとつながる一連の活動のためのキーパーソンとなる。事実、1969年9月3日のアメリカ社会学会の年次大会総会で、ロッシは、女性会派の設立、さらに女性会派への一般的な支持を訴える声明と決議文を読み上げる[12]。この声明と決議文は、この直前にロッシらがおこなった、アメリカ合衆国の社会学関連大学院に対する調査が明らかにしたデータ――たとえば、社会学専攻の女性の大学院生の67％が、大学院のコースワークの過程で、ただの一人も女性教授からの指導を受けたことがないなど――に基づいており、きわめて説得的であった[13]。

　ところで、女性会派を結成した女性研究者たちには、アメリカ社会学会内の女性会派としてとどまることへは賛否両論があった。女性会派にとっては「もう一つの社会学」こそが重要であり、アメリカ社会学会というエスタブリッシュメントに取り込まれてその一員となることで、この志向性が衰退させられ、「男性が支配するプロフェッションのなかの付け足しとしての婦人部」になってしまう恐れがあるというものであった[14]。

　1970年9月のアメリカ社会学会の年次大会では、すでに学会内での認知を受けた女性会派が、この大会の総会で発表予定の決議文の起草、さらに以降の活動方針に関して、検討をおこなった。ここでは、組織として三つのモデル――学会内の委員会、独立した学会（Association）、学会内の会派――が提案される。最終的には、「ゆるい会派のまま残るか、それとも、『心理学における女性連合』をモデルにした、女性社会学者の学会に移行するのか」[15]が選択肢として残される。討論が終結しようとしていた時、前述のディクソンが"同志"を連れて登場、発言を求めた上で、女性会派を、「自分たちの仕事の保障とミドルクラスの特権の拡大を目論んでいる」「自分たちのキャリアを推し進めるために女性会派の中で画策する利己主義の女性たち」等と非難し、袂を分かつという事態も出来した[16]。

　総会にてロッシが公表した、女性会派からアメリカ社会学会カウンシルへの要求と決議は以下のとおりであった[17]。

A.1.　過去におこなわれた研究が一様に、高等教育制度内の性差別の存在

を指摘しており、とりわけ、女性の大学院生から、社会学というキャリア選択に、制度としてこれをくじく力の存在が報告されている。よって、アメリカ社会学会は、性差別と性的不平等はアメリカの高等教育界には存在してはならないという原則を承認し、差別的慣習を除去することに深く関与すべきである。そして、以下の勧告を承認したことを、全国の学士課程、大学院課程の社会学科の学科長に書簡で通知し、これらを承認し実行するよう働きかけること。

(a) 大学院入学、経済援助にあたり、女性を差別してはならない。年齢・婚姻状況・家族構成にかかわらずパートタイム修学を認めることで、資質ある女性の学生を受け入れ、また、女性に対する雇用を促進すること。

(b) 教員としての採用にあたって、またはテニュア付与や昇任、学科内予算や施設等の提供にあたって、女性を候補者として差別してはならないこと。

(c) 同一の職階と地位の男女で、俸給と賃金外給付金に差別があってはならないこと。

(d) パートタイム雇用の場合は、その労働時間に対して、フルタイム雇用の場合と比例して、俸給と賃金外給付金が支払われるべきであり、かつ、パートタイム雇用期間をテニュア付与や昇任のための時間に参入すること。

(e) フルタイム雇用とパートタイム雇用の間の移行を円滑にするために、男女双方に対して、柔軟な雇用と休職を認めること。

(f) 明文化されあるいは慣習となっている同族者雇用禁止規則はこれを廃止すること。

A.2.　以上の勧告を実現するための計画を作成するために、女性会派はアメリカ社会学会に対して、女性に地位に関する委員会を設置することを希望したい。さらに、この委員会には女性会派が提案するメンバー表からの数名の委員を含むこと。

B.1. 近年になって、性役割に関する研究の必要性および関心が、この分野

におけるコース数の増加に示されているように、徐々に明らかになってきている。よって、アメリカ社会学会は性役割の社会学を専門部会 (Section) として加えること。

B.2. 現代社会における性差別的前提は、何が社会学に固有の知識なのか、その定義についても影響をあたえている。よって、アメリカ社会学会はすべての社会学科に対して、「性差別」あるいは女性社会学のコースを置くように、また、社会学の一専門としての女性学の開発を支援するように要請すること。

B.3. アメリカ社会学会会員としての活動には年次大会への出席があり、この活動は親としての義務と両立不能であってはならない。よって、アメリカ社会学会は年次大会において 12 歳未満の子どもへの無償の託児サービスを提供する手配をすること。この託児サービスは、大会出席者に事前に通知すること。

この決議文は、女性会派が期待したような総会での質疑応答がおこなわれることなく、そのまま承認され、当日おこなわれたカウンシル会議でも以下のように承認されることになった。

まず、女性委員会の設置は難なく進められ、また、女性会派からの推薦を受け入れることも了承され、初代の委員長にはボールディング (Elise M. Boulding, 1920 - 2010) が就任する。

「性役割の社会学」の専門部会も実現する。

しかし、上記の決議の A.1. の各項目については、カウンシルとしては、その実現性について保障することは難しいという懸念が示される[18]。

3．「社会の中の女性を支援する社会学者たち」結成へ

(1) ジェシー・バーナードの警告

この決議を受けて女性会派は、翌 1971 年 2 月 12 日 -14 日の期間、イェール大学にて新組織への移行を検討する会議を開催する。開催されたこの会議

には 20 名が出席したが、議長役を引き受けたのが、当時、社会学関連分野での女性研究でもっとも著名であり、また、最年長のジェシー・バーナード (Jessie Bernard, 1903-1996) であった。以下に見るように、結果的にバーナードは、ともすれば分裂に走りがちな組織を一本化するのに最適任な人物であった。

　彼女は言う。「課題はいくつもあり、これらすべてを決める最重要な課題とは、組織の基本的な性格をどうするのかであり、あやふやではあるが実用的な常套句を使えば、ラディカルなのかリベラルなのか、ということであった」[19]。バーナードの文章は会議の直後に書かれたものであり、当時、同じような社会改革運動に携わっていた人々が共有し、あるいはそれをめぐって敵対していたいくつかの課題——たとえば、エスタブリッシュメントや官僚組織といった組織上の問題——について、当日、集結していた女性研究者たちの激論を彷彿とさせる内容になっている。そこでは、前章のアメリカ歴史学会のケーススタディでも見たように、「改革派」の中にも——むしろ、中にこそ——女性研究者支援をめぐる妥協しがたい立場の違いが存在し、これがともすれば、遠心力となって、運動・組織を分裂させる恐れがあったのである。

　「女性だけの組織とする」という提案はただちに否決された。女性会派そのものがすでに、男性会員を含む組織であったからである[20]。

　さらには、「ラディカル派が言うには、アメリカ社会学会に所属する女性メンバーたちだけという、ちっぽけな組織——せいぜい、500 名——のために、これほどの時間と思考とエネルギーを費やすのはたまったものではない」。なぜならば、新組織が、「すでに成功をおさめたエスタブリッシュメントの出世第一主義へと力を貸さねばならないのか」[21]と。

　他方で、「社会の中の女性を支援する社会学者たち」が求人市場における性差別の撲滅という難事業を一手に引き受けることは不可能である。むしろこれはアメリカ社会学会こそが大きな役割を果たすべきである。

　「社会の中の女性を支援する社会学者たち」が女性社会学者の専門職上のあるいはキャリア上の問題だけを取り上げているのであれば、組織は日の目を見ることなく終わってしまうであろう。会議の出席者が最終的に合意した

のは、「社会学はその貢献によって、われわれの世界を理解するより適切な手段となりうる」というものであった[22]。

(2) 社会の中の女性を支援する社会学者たちとその活動目標

　以上の諸議論の結果、新組織「社会の中の女性を支援する社会学者たち」の結成が決議されることになる[23]。ここに至ってようやく、私たちは、男性をも視野に入れた、女性研究者の支援のための理念とその政策を問う地平に到達したと評価することができよう。言い換えるならば、フェミニズムの第二の波の最重要課題である「生と生殖をめぐる問題」の解決は、それがまずもって女性に関係した問題であるとしても、その解決には、男性の参画が不可欠なのである。

- 社会学を専門とする女性たちに専門職上の機会を最大限に提供すること。
- 現在の性役割の研究とその人間化 (humanization) に対して、社会学にはどのような貢献が可能か、現実にどのような貢献をしているのか、またどのような貢献をなすべきなのか、これを探求すること。
- 人間の生活の質の改善。

　これらの目的のために、「社会の中の女性を支援する社会学者たち」は以下の活動をおこなう。

　(a) 女性および男性の役割およびその本質についての社会学的研究が前提とする仮説を検証すること。

　(b) 隣接分野の社会科学・生科学の研究者と共同で、性差研究をおこない、かつ、この研究が前提とする仮説を検証すること。

　(c) 現在のそれに替わる性役割に関する研究・実験・教育を促進し、かつ、人間の生活の質の改善をおこなうこと。

　(d) 女性が直面する社会的・政治的・経済的問題について、社会学という専門職さらには公衆一般に対して目を開かせ教育すること。

　(e) 社会学という専門職の中での女性と男性の機会の平等の実現に取り組むこと。

4．おわりに──社会の中の女性を支援する社会学者たちが提起した問題

　以上のように、アメリカ社会学会の中に結成された女性会派は、新たな組織としての「社会の中の女性を支援する社会学者たち」を立ち上げることになった。この、女性会派から専門学会へという発展は、以下のように評価することができよう。

　まず、女性会派はその名前のとおり、政治運動を目的としての組織であるから、当然、差別の克服と機会の拡大といった問題を主に扱うことになる。しかしながら、他面でこれは学術学会内の組織であり、学術活動とは無縁ではありえない。とりわけ、女性たちにとっては、女性についての新たな学問研究なしには、差別の克服と機会の拡大そのものも、新生面を拓くことは不可能であった。これが、たんなる女性会派ではなく、女性にとっての学術学会「社会の中の女性を支援する社会学者たち」を必要とした理由であった。

　しかしながらこの専門学会は、上記のまさに同じ理由で、たんなる専門の学術研究だけを引き受ける組織ではありえず、社会改革への意思を明瞭に示した。そこには、少なくとも理論的には、学術研究としての既存の学問の変革が、すなわち、既存の社会の変革に結びつく筋道が示されていた。この点が、「社会の中の女性を支援する社会学者たち」の特徴ということができよう。

　「社会の中の女性を支援する社会学者たち」の第二の特徴として記録されるべきことは、この組織が分離主義（separatism）を積極的に退けたことである。それは、組織として男性会員を認めただけでなく、組織の目的にも、女性、男性両性のための学問研究として、明確に書き込まれていたのである。

　この、分離主義の排除は、フェミニズムに対するロッシの基本的な考え方として当初から存在していた。すでに見たように、アメリカ社会学会内に「性役割に関する社会学」専門部会を設置するにあたって、そのための最初の研究発表パネルを企画したのがロッシであったが、その研究発表候補に関連して、彼女は次のように指摘している。

　　私は、男性と女性の双方に論文を出してほしいと思っていました——
女性に関する論文だけでなく男性に関する論文が必要なのです。こうす
ることで、この分野が前提としている仮説を批判的に検証することがで
きます。（中略）ケース・ウエスタンからのある若いカップル（結婚してい
るかどうか私は知りませんが）が、デュアル・キャリアのカップルを対象
に共同研究をやったところです。同じサンプルを用いて、彼女の方が妻
の側についての論文を、彼の方が夫の側についての論文を発表予定で
す[24]。

　この時代には分析概念としてのジェンダーは未だ広くは知られていなかっ
た。ジェンダーは、たんに女性あるいは男性ではなく、両性の関係性を問う
ことで、新たな研究の地平を拓くことになるわけであるが、ロッシのこの発
言は、すでにこのジェンダーという概念の採用をうかがわせるものとなって
いるわけである。

　「社会の中の女性を支援する社会学者たち」が提起した女性研究者支援政
策の特徴として、最後に挙げるべきものは、社会学研究の対象あるいは内容
だけでなく、その方法論もまた、女性・男性双方の経験を探求しうるよう
に、書き換えられなければならない、とする論点であろう。女性会派の立ち
上げの際にスウィドラーが起草した文書に現われた「女性は、現行の"科学的"
で"実証的"な社会学という動向をそのままよしとすべきではない」という主
張は、新たな社会学の構想を——それを、"女性（だけの）"社会学と呼ぶのは、
必ずしも正しくない——予見するものであったのである。

注

1　"Constitution." [Second Draft]. Box 696 Constitutional Amendments-Opposition. The Records of the American Historical Association, Library of Congress.

2　Association for Women in Psychology. "Resolutions and motions regarding the status of women in psychology presented to American Psychological Association by the Association for Women Psychologists," September 1970. Box 522, Folder Correspondence, 1965, 1970-1972. APA Records, Library of Congress.

3　"Young Radical Group Creates Tensions Among Sociologists." *New York Times*, September 3, 1967, 17. に拠れば、ラディカルたちは現代の社会学研究を「戦時体制国家のマーケットリサーチ」と非難していた。"100 Sociologists Walk Out on Cohen Talk; 1,400 Stay and Cheer." New York Times, August 27, 1968, 21. さらには、ASA 内でアフリカ系アメリカ人へ学術活動の正当な機会があたえられていないという抗議活動については、"Sociologists Get Negro Complaint: Black Caucus Lays Bias to Professional Bodies." New York Times, August 29 1968, 30. なお、『ロサンゼルス・タイムス』は、この年次大会では「女性の権利こそが、最大の問題であった」と報じて、ロッシとの長文のインタビューを掲載している。"'Woman Power' Major Issue for Sociologists: Female Group at ASA Meeting Seeks Equality with Men in All Areas," *Los Angeles Times* September 3, 1969, 3, 34.

4　Margalit Fox, "Alice S. Rossi, Sociologist And Feminist Scholar, 87," *New York Times* November 8, 2009, 34. なお、2010 年 1 月号のアメリカ社会学会のニューズレターに掲載された、多くの追悼記事も参照。*ASA footnotes*, 38 (1), January 2010.

5　筆者は、ロッシ自身のアーカイブズ文書に加えて、本章で登場する「社会の中の女性を支援する社会学者たち」のアーカイブズ文書の双方、さらに、全米女性機構のアーカイブズ文書（以上すべて、ハーバード大学シュレッシンジャー図書館所蔵）を調査した経験があるが、いずれの場合も、ロッシの膨大な書簡に圧倒された。書簡の数だけではなく、ひとつの書簡の平均的な長さが常識はずれであった（ワードプロセッサ以前の時代である。まさに、prolific というべきであろうか）。これらすべてに目を通してから、ロッシの知的バイオグラフィを書くことは至難の業であろう。

6　Alice S. Rossi. "Equality between the Sexes: An Immodest Proposal," *Daedalus*, 93 (2), Spring, 1964, 607-652.

7　Rossi, "Equality between the Sexes," 608. なお、両性具有という考え方は、1970 年代になってから、いわゆる性差心理学の興隆によって、多くの研究者がこれを使用するようになる。本書第 5 章で言及したベム（Sandra Bem, 1944-2014）はその代表であろう。

8　Alice S. Rossi to Elizabeth Cauhape, April 30, 1969. Carton 1, Women's Caucus 1969-70. Folder Women's Caucus -1970. Sociologists for Women in Society. (U.S.). Records, 1971-2003. Schlesinger Library, Radcliffe Institute, Harvard University.

9　この模様は、Alice S. Rossi and Arlie Hochschild. "Status of Women in Graduate Departments of Sociology, 1968-1969." *The American Sociologist* 5 (1), February 1970, 1-12. の論文末の後書きとして記録されている。

10　"Proposed Recommendations for Liberated Women in a Liberated Sociology." Carton 1,

Women's Caucus 1969-70. Folder Women's Caucus -1970. Sociologists for Women in Society. (U.S.). Records, 1971-2003. Schlesinger Library, Radcliffe Institute, Harvard University.

11　この事件については、たとえば、"U of Chicago Stomps Sparks: Dismissal Protested," *Christian Science Monitor* February 3, 1969, 3.

12　"Official Proceedings of the American Sociological Association," *The American Sociologist*, 5 (1), February 1970, 63-65.

13　Alice S. Rossi and Arlie Hochschild. "Status of Women in Graduate Departments of Sociology, 1968-1969." *The American Sociologist* 5 (1), February 1970, 1-12.

14　Kathryn Johnson to Alice S. Rossi, June 1, 1970. Carton 1, Folder Women's Caucus -1970. Sociologists for Women in Society. (U.S.). Records, 1971-2003. Schlesinger Library, Radcliffe Institute, Harvard University.

15　Arlien Daniels and Alice Rossi, Memorandum to Members of Steering Committee, Women's Caucus ASA, September 30, 1970. Carton 10, Folder SWS Newsletters, Sociologists for Women in Society. (U.S.). Records, 1971-2003. Schlesinger Library, Radcliffe Institute, Harvard University.

16　この事件も AP 電によってジャーナリズムの注目するところとなった。"Women Dissidents Walk Out," *The Bee* (Danville, Virginia), September. 2, 1970, 2C.

17　"Official Reports and Proceedings," *The American Sociologist* 6 (1), February 1971, 66-66.

18　決議文は前年の女性会派の声明と決議文と同じく、アメリカ社会学会の機関誌 *American Sociologist* に公表されるが、これに対するコメントや批判も寄せられる。たとえば、Cherry Carter Kinney. "Reflections on the 1969 Resolutions of the Women's Caucus," *The American Sociologist* 6 (1), February 1971, 19-22. なお。同誌への発表とは別に、前出のディクソンたちも "A Criticism of Woman's Caucus of the ASA" と題する批判文を発表する。予想されるように、「アメリカ社会学会総会を通過した決議は無価値であり、私たちの自由を確保する唯一の途は、行動と対決である」と、決議文を全面的に否定している。Folder ASA Women's Caucus Meeting, 1970, Washington, D.C.

19　Jessie Bernard. "Report of the Meeting," Sociologists for Women in Society. *Newsletter* 1 (1), 5. Carton 10, Folder SWS Newsletters, Sociologists for Women in Society. (U.S.). Records, 1971-2003. Schlesinger Library, Radcliffe Institute, Harvard University.

20　「社会の中の女性を支援する社会学者たち」のアーカイブズ文書の中には当時の会員名簿（年会費の支払い確認書）が残されているが、男性会員として、たとえば高等教育論の著名な社会学者バートン・クラーク（Burton R. Clark, 1921-2009）が記載されている。

21　Bernard. "Report of the Meeting," 6.

22　Bernard. "Report of the Meeting," 6.

23　*The American Sociologist* 6 (2) , May 1971, 193.

24　Alice Rossi to Anne-Marie Hensel, June 26, 1970. Carton 1, Folder Women's Caucus-1970. Sociologists for Women in Society. (U.S.) . Records, 1971-2003. Schlesinger Library, Radcliffe Institute, Harvard University.

終章　本研究の総括および残された課題

　本書第Ⅰ部のテーマは、最初に、女性大学教員職の成立を扱った。ここで筆者が採用したもっとも基本的な問題関心ないしは研究上の疑問は、米国高等教育史においては、女性大学教員職が成立する時期、よい大学教育とはどのようなものと定義されていたのか、そしてその中では、女性への配慮の問題がどのように考えられていたのか、ということであった。

　まず、女性大学教員職の成立について、述べたい。

　第1章で明らかにしたように、1920年代という、米国教育史において画期をなす時代、早くも、女性大学教員あるいは女性研究者が直面する問題を明らかにしようという本格的な学術調査が複数、行われており、そこには、これらの女性たちが直面している、大学教育におけるジェンダーの問題が——それらのいくつかは、時を超えて、1970年代まで引き継がれる——きわめて明白に映し出されていた。それは一方では、大学教員あるいは研究者であることと女性であることの矛盾という、かつて19世紀終わりの時代に、大学教育第一世代の女性たちにとって提起された問題が依然としてその残滓を留めているということ、他方において、ひとたび、教員あるいは研究者として大学あるいは学術の世界に参画することを得た女性たちが直面した新たな問題——研究を継続していくことの(男性以上の)困難さ——をも明らかにしていた。

　よい大学教育とはどのようなものなのかという大学教育の定義を制度として保証するという問題は、(ヨーロッパの諸国とは異なり中央政府の関与を嫌う)アメリカ合衆国では何よりも、大学教育をめぐる認証評価の理念と制度

づくりという形で歴史の中に登場することになった。本書で明らかにしたように、この、大学教育をめぐる認証評価の理念と制度づくりは、各地域認証評価団体が行ったと同時に、実はそれ以前の極めて重要な段階で、「全米的大学基準(スタンダード)」づくりが行われており、各地域認証評価団体は、この「全米的大学基準(スタンダード)」に準拠して、その実務を行うことになったのである。本書で明らかにしたこの史実を抜きにして、各地域認証評価団体の動きのみを追っても、恐らくは、米国の認証評価の歴史は正確には把握できないであろう。

　そして、この「全米的大学基準(スタンダード)」づくりに決定的な役割を果たしたのが、アメリカ教育審議会とそこに集った数人のキーパーソンたちであった。さらには、この、「数人のキーパーソンたち」の中には、連邦教育局の高等教育専門官たち――しかも、三代にわたる人脈を形成していた人々――が含まれていたのである。彼らは以前より、「全米的大学基準(スタンダード)」づくりに強い意志を示していたのであり、第一次大戦後というこの歴史的な画期に、全米の認証評価という、これまでにない、・実・務・に・使・用・できる「全米的大学基準(スタンダード)」づくりは、彼らにとって焦眉の課題であったのである。本書が明らかにしたように、彼らはこのために、「全米的大学基準(スタンダード)」づくりのイニシアチブを他団体から奪取すると同時に、彼らがディプロマ・ミルであると看做した"大学"に対しては、司法の力を借りてでもこれを亡きものにしようとした。

　では、この、「全米的大学基準(スタンダード)」と女性の高等教育との関連はどうであったのか。すでにこの時代、アメリカ女性大学人協会は、女性の学生・教員への配慮を掲げて、協会独自の会員校認定、すなわち、独自の認証評価を行っていた。これに対してアメリカ教育審議会は、一貫して、それは「必須ではない諸要件」であるとして排除し、アメリカ大学人協会の"認証評価"は、「政治活動であっても教育活動ではない」としたのである。

　アメリカ女性大学人協会独自の"認証評価"を論難して、アメリカ教育審議会のマンは次のように指摘している。ジョージ・ワシントン大学が貴協会の認証評価を受けられない唯一の理由は、大学における職階が上位の女性教員数か十分な比率に達していない、ということであった。では、どうすれば、ジョージ・ワシントン大学のファカルティの女性数の比率を、女性カ

レッジであるラドクリフ・カレッジの比率と比較できるのか。アメリカ女性大学人協会が要求する比率とはいくつなのか…（本書104頁）。すなわち、マンは、アメリカ女性大学人協会が、「講師より上の職階の女性教員は何人いますか」という認証評価のために女性への配慮に関する基準を定めたのであれば、それは、アメリカ教育審議会がまさにそのようにしたように、数値による達成基準として明らかにすべきであろう。「何人いますか」といった曖昧な“基準”で“認証評価”を名乗るのはおこがましいではないか――むろん、マンはそのようには発言してはいないが、彼の意図は前後関係からは明らかであろう。

　現在から見て興味深いのは、アメリカ教育審議会の認証評価におけるこの排除の論理に対して、アメリカ女性大学人協会の「女性への配慮」を規定した諸項目は、実は、認証評価のオールタナティブを提供しうるものではなかったか、ということである。

　それはどのようなことなのか。本書での研究の範囲を超えるものであるが（ただし、筆者はこれについて、すでに基礎的な史料調査を完了している）、1930年代中葉になると、数値で基準を掲げるという手法は、一転して採用されなくなってしまうのである。1920年代における認証評価の実務、あるいは、認証評価を経験した大学から、これでは到底、うまくいかないことが次々と明らかになったからである。第2章の最後にも若干、補足した、元アメリカ教育審議会理事長ケイプンの陥った“厄災”は、このことを雄弁に物語るものであった。

　これに対して、アメリカ女性大学人協会の認証評価は明らかに異なった方式を採用していた。「何人いますか」という規定は、当のアメリカ女性大学人協会の認定委員会でも問題になった（本書86頁）。しかし、実際の認定作業では、当該大学およびその大学が置かれた前後の状況を考慮して決定しているのである。たとえば、ウィリアム・アンド・メアリーのケース（本書90頁）がそうである。先に引用したマンの論難に答えるとすれば、ジョージ・ワシントン大学のファカルティの女性数の比率を、女性カレッジであるラドクリフ・カレッジの比率と同等に比較すれば――同一の数値目標や比率を厳格に

220

適用すれば──それはどちらの大学に対しても認証評価において不正義をおこなうことになるのである。もしも、ジョージ・ワシントン大学、ラドクリフ・カレッジのファカルティにおける女性への配慮を比べなければならなくなった場合、恐らく、アメリカ女性大学人協会の側は、数値ではなく、当該大学およびその大学が置かれた前後の状況を考慮して決めたことであろう。これもまた、明らかに、アメリカ教育審議会の認証評価方式とは異なったものになろう。

　ただし、では、バンダービルトの例はどうなのか。これは、「当該大学およびその大学が置かれた前後の状況を考慮して決めた」公正な事例であったのか。それとも、「政治活動であっても教育活動ではない」と非難される類のものであったのか。この点は、議論が分かれるところであろう。

　本書第Ⅱ部は1970年代初頭において、アメリカ合衆国の学術学会の中に成立することになる、女性の地位と役割に関する委員会（女性委員会）が、どのような歴史的文脈の中から誕生し、どのような提言をおこなったのか、この委員会はその役割と果たすにあたり、どのような困難な課題に直面したのかを、人文学・社会科学系の4つの学術学会をケーススタディとして明らかにしようとした。すでに述べたように、女性委員会の成立とは、筆者の考えでは、女性をただたんに学術学会に一会員として受容する段階から、積極的に支援していこうとする段階への転換を意味していた。筆者の関心は特に、この女性委員会の設立とその活動が、その後、現在に至るまでに残るようになる、女性大学教員支援政策に関連した、どのようなポリシーとプラクティスを提起したのか、そこでのキーパーソンはどのような人々であったのか、ということであった。

　本書第Ⅱ部が明らかにしたと筆者が考えるものを、大きくまとめると、以下のようになろう。

1. アメリカ高等教育史上の大きな転換期であり、同時に、アメリカ女性史上の転換期でもあったこの時代に、これら四学術学会がおこなった諸提言を比較してみると、そこには、共通テーマとでも呼ぶべきものがいく

つか存在する。第一に、史的併置という展望で言えば、すでに 1920 年代の女性大学教員職成立の時代に多くの女性たちが経験した、ポリシーやプラクティス上の差別的な取り扱いが、1970 年になっても依然として残っていた──ただし、かつては、たとえば質問紙調査への意見などで、その存在を公然と語ることができた差別的な取り扱いは、もはや、その解決を要求されるものという認識に変わった、ということである。その代表が、大学教員職階の分布に見るジェンダー・インバランスである。このようなジェンダー・インバランスについて、かつては、沈黙するか、俗用科学理論で説明するか──そのいずれもが、1970 年代は許されなくなったのである。第二に、当の学術学会の機構そのものが、ジェンダーという観点から高度なヒエラルキーをなしていることがあきらかであり、女性の代表性という点で、学術学会によっての程度の差こそあれ、理想にはほど遠い状況であったわけである（「25%を占める会員にこれほど僅かな関心しか払われない」という、アメリカ心理学会の状況（本書 157 頁）は示唆的である）。むろん、このジェンダー・インバランスの発生そのものを学術的に説明するという営為もまた、この時代から諸学術学会の中で急速に進められることとなったわけであるが、たとえば、アメリカ教育研究学会の女性委員会報告書に何度も登場するアファーマティブ・アクション政策への言及が示すように、差別的な取り扱いを根絶するための具体的政策が提言として盛り込まれるようになった。

2. 女性をマイノリティ・グループと見ることそのものは、さして重大な異議を挟むべきことではなくなったわけであるが、それは、アメリカ心理学会のケースが特に強く示唆しているように、他のマイノリティ・グループの指標である人種やエスニシティという問題と、いわば拮抗関係になる（と思われる）場合がありえた。マイノリティ・グループが受ける差別とそれへの対策が政策提言としてまとめられるようになると、このような拮抗関係はよりあらわになってくる。特に、1970 年代は、「ジェンダー」という概念が、いまだ広く、学術の共通用語として定着していなかった時代だけに、女性委員会を立ち上げあるいはそれを支援する人々にとっ

て、この事態を学術的にうまく説明することそのものが困難であったと思われるのである。

3. 「フェミニズムの第二の波」がその「第一の波」と峻別されるおそらく最大のテーマは、後者では「私的な領域」に属するものとして公然と語られることがなかった、性と生殖をめぐる諸問題が、女性への差別の根源にあるとの認識であった。換言すれば、この、性と生殖をめぐる問題を議論することなしには、女性を受容する段階から積極的に支援する段階への転換はありえないということである。しかし、1970年代初頭の学術学会では、性と生殖をめぐる諸問題は、議論として取り上げられることを躊躇する場合（たとえば、アメリカ歴史学会）がむしろ当然であった。ようやく、学術学会の年次大会への参加者に託児施設を提供することを当該学術学会の責務として引き受けることを、学術学会全体が共有するというポリシーの採用が検討されたところであった。

4. すでに前章の冒頭でも指摘したが、四つの学術学会における女性大学教員支援政策にはふたつのモードがありえるということである。すなわち、すなわち、研究の主体としての女性（女性社会学者、女性歴史家、女性心理学者等）への支援と、研究の客体としての女性の研究（社会学・歴史学・心理学等における女性の研究）の支援である。それぞれのモードにおいて――さらには、それぞれの専門学術領域において――ふさわしい支援のポリシーとプラクティスがありえるわけである。この点で、既存の学術学会から分派して成立した、女性の専門学会における女性大学教員支援政策のふたつのモードは特に興味深いケースを提供していると言うことができよう。なお、本書で見た女性の専門学会はいずれも、セパレティズムを拒否して、男性会員を受け入れている。このことも特筆すべきであろう。と言うのも、すでにこれも何回も指摘したように、「フェミニズムの第二の波」が提起した、性と生殖をめぐる諸問題への取り組みは、むろん、女性への差別の告発が契機になっていることは事実であるが、理論的には、これは、女性だけでなく男性にも等しく関係する問題――ここにおいて、女性の問題はもはや女性だけの問題ではなくなる――だ

からである。

5. しかしながら、セパレティズムへの拒否という問題は、やはりアメリカ社会学会から分派した「社会の中の女性を支援する社会学者たち」の方が、分析と考察がより深かったと判断せざるを得ない。組織として男性を排除しなかっただけでなく、組織の目的にも、「現在の性役割の研究とその人間化」を掲げ、「女性および男性の役割およびその本質についての社会学的研究」をめざしたことである。おそらくこれは、両性の平等をめぐるロッシの構想が反映していたのではなかったのか。全米女性機構の頭字語 NOW について、これを、National Organization *of* Women であるとするフリーダンに対して、そうではなく、National Organization *for* Women でなければならないとして譲らなかったロッシの面目躍如たるところであろう[1]。

本研究で、もともと、予定しており、筆者も微力ながら取り組みを開始した研究課題が、第二部の諸学術学会において、ジェンダーに関する政策（ポリシー）の変更が、プラクティスの変更に、さらにはクライメイトの変更にどのように結果したのか、という論点であった。クライメイトの一端を捉えようと、筆者は、何人もの女性研究者にインタビュー調査をおこなった。試行錯誤しているうちに、いくつかの興味深い経験をし、同時に、クライメイトの補足は一筋縄では行かないという、研究計画の当初に考えたことがそっくりそのまま当てはまることになり、改めて、困難さを思い知らされたのである。

　何人かの女性大学教員の研究室を訪れ、現在あるいはジュニア・ファカルティ時代に所属していた学術学会の女性支援政策について訊くという作業を繰り返したあと、筆者は、本書で扱った 1970 年代初頭の一学術学会の女性委員会の委員長であった、ある大学の名誉教授とインタビューする機会に恵まれた。本書でも言及したように、当時は、所属の学術学会は別であったとしても、実際には、同じく女性研究者ということで親交を重ねていた人々もいたわけで、この意味で、特定のキーパーソンたちが、複数の学術学会の女

性委員会をつなぎ合わせ、知見を交換・拡大する役割を果たしていたことが、インタビュー中で文字どおり生き生きと──「誰々から女性委員会の議題のことで急遽、電話で助言を求められたので、誰々を推薦した」云々──描き出されたことは収穫のひとつであった。

その名誉教授に、ERAをめぐる当時の学術学会の様子を尋ねていた時である。その学術学会はすでに、ERA非批准州での大会ボイコットに参加するというポリシーを掲げ、年次大会でも継続してERA関連の部会で活発に議論が進行していたようで、プラクティスとしても確立していたと思えた。その上で、当時の学術学会内のERAをめぐるクライメイトについて聴くのがこのインタビュー調査の目的のひとつであった。記憶再生の手掛かりとしてもらえるのではないかと思って、その名誉教授が当時の女性委員会のメンバー宛に書いた、「なぜ今、ERAを支持すべきなのか」を説いた回状（署名入りの同報の書簡）のコピーを示したところ、彼女はしばらく、自分の署名があるそのコピーを凝視した後、「これをどこで手に入れたのですか」と、私に尋ねた。私が、その学術学会のアーカイブズ文書の中で見つけたと答えると、恐縮であるがコピーを取らせていただけないか、という思いがけない答えであった。

むろん、今から50年近く前の出来事であるから、忘却の彼方に押しやられてしまったとしても何ら不思議はない。ただ、先述のように、一方では昨日の話のように描き出さされた事象との対照を考えると、なんとも不思議な気がしたのである。以前から、オーラル・ヒストリーでのインタビューをいくつか、経験したが、その際、痛感したのが、記憶は不規則に残る（あるいは残り難い）ものであるということであった。

本書では、アメリカ合衆国における女性大学教員支援政策を、二つの時代を併置させるという、史的併置（historical juxtaposition）を用いた。この方法は、今回のようなテーマでは恐らくあまり例がないのではないかと筆者は思うが、理論的にはもう少し、その有効性が説明できるように筆者自身が努力すべきであると考える。さらには、筆者自身が「中間者的パースペクティブ（middleperson perspective）」と呼ぶ分析の手法についても、もっと事例を積み重

ねることで、その有効性を実証していきたいと思う。

注

1　この逸話については、Jay Demerath, Naomi Gerstel, and Michael Lewis, "Alice Rossi (1922-2009): Feminist Scholar and an Ardent Activist," *ASA footnotes*, 38 (1), January 2010, 6.

あとがき

　アメリカ合衆国における女性大学教員をめぐる政策を歴史的に俯瞰してみたいと考えたのは、今から 15 年近く前のことであった。しかしながら、この場合、最初に浮かんだ疑問とは、そもそも「女性大学教員」そして「政策」とは、それぞれ、何を意味するのか。どこにそれを見るのか、ということであった。

　まず、アメリカ大学史の最初から、女性大学教員が存在したわけではないことは論を俟たないことであろう。さらには、男性大学教員職・女性大学教員職を問わず、今日、私たちが知っているような意味での大学教員職が成立するのは、やはり、20 世紀初頭になって、アメリカ合衆国における「アメリカ的大学」というモデルが一定の影響力をもって全米に浸透していった時代以降のことであろう。

　次に、ここで言う「政策」とは、連邦政府あるいは州政府による高等教育をめぐる政策ということなのか。しかし、アメリカ合衆国高等教育史を、このような視点から捉えても、その視野に入ってくるものはさほど大きなものではなかろう。それはまさに、「アメリカ的大学」というモデルそのものが、そのようなものではないからである。では、どうすればよいのか。

　今回の研究プロジェクトの構想にとりかかるための最初のフェイズは、このような二つの問いをめぐって、あれやこれやと、史料を渉猟していた——むしろ、読み漁っていたといってよい——時期であった。それがようやく、本書の序章に記した、「仲介者的パースペクティブ」を思いつくためには、さらに時間が必要であった。さいわい、いくつかの科研費をいただくことになり、ようやく、プロジェクトとしての研究がスタートした。筆者は、本研究を、いわゆる curiosity-driven な研究であると考えている。この意味で、このプロジェクトは永遠に未完であるが、これまでにずいぶんと知的に楽しい時間を費やすことができたと思う。

228

　もうひとつ、筆者にとってこの研究プロジェクトを楽しいものとしたのは、扱う時代の一方が 1970 年代であり、しかも、フェミニズムと高等教育いうテーマに集約できる研究であったことである。筆者はこの時代を、このテーマを考えつつ、生きてきた。むろん、まだ、学生であったから、考えるといっても底が知れたものであったであろう。しかしながら、当時は、不思議でどうしても分からなかったことが、今回、まさに思いもかけないところから、一挙に氷解したという経験を何度かした。この点では、まさに、自分の生きたある時代を追体験することができたわけである。

　筆者のそのような追体験は、アーカイブズに集約された関係文書なしには不可能であった。よくぞ残しておいてくれましたと、思わず歓声を上げたくなるような史料から、見てはならないものを見てしまったと、背筋がひやりとした文書に遭遇した経験が何度かあった。以前より日本では、各種のアーカイブズの整備が急務であることが言われているわけであるが、歴史研究者にとっては、それは肌身での実感である。アーカイブズでの快適な研究環境をあたえていただき、かつ、未だ整理中のコレクションの中に含まれる史料についてまでも、何度も筆者の照会に応じてくれた多くのアーキビストの協力に、改めて感謝したい。

　本書の出版は、最初の拙著を世に出していただいて以来、引き続いてお世話をいただいている東信堂にお願いして、今回も快くお引き受けいただいた。同社は今や、特に高等教育関係で定評ある学術出版社であるが、本書のような地味な書籍を出していただけることは、研究者にとっては学術界の明星ともいうべきであろう。改めて、東信堂代表である下田勝司社長に御礼を申し上げたい。

　2020 年 1 月

　　　　　　　　　　　　　　　　　　　　　　　坂本　辰朗

　本書は JSPS 科研費 JP18530630, JP21530855, JP24531024, JP18K02715 の助成を受けたものです。

事項索引

人名索引

著　者

坂本　辰朗（さかもと　たつろう）

1952 年生まれ。慶應義塾大学で博士号取得。創価大学教授。専門は、大学史、比較・国際教育学。近年の論文として、「ナショナル・リサーチ・フェローシップの創設とその大学史上の意義」（『アメリカ史研究』第 42 号、2019 年 8 月）、「大学アクレディテーションとアメリカ教育審議会」（『大学論集』50 号、2018 年 3 月）「アメリカ合衆国大学史におけるコミュニティ・ジュニア・カレッジ：『地域社会の短期高等教育機関』としての存在意義をめぐって」（『大学史研究』第 26 号、2017 年 12 月）などがある。

アメリカ大学史における女性大学教員支援政策

2020 年 2 月 28 日　　初　版第 1 刷発行　　　　　　　　　　　〔検印省略〕
定価はカバーに表示してあります。

著者 ©坂本辰朗／発行者 下田勝司　　　　　　　　　印刷・製本／中央精版印刷

　　　　　　　　　　　　　　　　　　　　　　　　　　　　　　　発 行 所

東京都文京区向丘 1-20-6　　郵便振替 00110-6-37828　　　　　株式
〒 113-0023　TEL（03）3818-5521　FAX（03）3818-5514　　　会社　東信堂
　　　　　　Published by TOSHINDO PUBLISHING CO., LTD.
　　　　　　1-20-6, Mukougaoka, Bunkyo-ku, Tokyo, 113-0023, Japan
　　　　　　E-mail : tk203444@fsinet.or.jp http://www.toshindo-pub.com

東信堂

大学の組織とガバナンス—高等教育研究論集第1巻　羽田貴史　三五〇〇円

｜2040年 大学よ甦れ—カギは自律的改革と創造的連帯にある　田中弘允・田原博人 著　二四〇〇円

｜検証 国立大学法人化と大学の責任—その制定過程と大学自立への構想　田中弘允・佐藤博明・田原博人 著　三七〇〇円

｜2040年 大学教育の展望—21世紀型学習成果をベースに　山田礼子　二八〇〇円

高等教育の質とその評価—日本と世界　山田礼子編著　二八〇〇円

国立大学職員の人事システム—管理職への昇進と能力開発　渡辺恵子　四二〇〇円

国立大学法人の形成　大﨑仁　二六〇〇円

大学は社会の希望か—大学改革の実態からその先を読む　天野郁夫　三六〇〇円

大学の管理運営改革—自立と格差のはざまで　江原武一　二〇〇〇円

学長リーダーシップの条件—日本の行方と諸外国の動向　両角亜希子編著　三六〇〇円

大学経営・政策入門　東京大学 大学経営・政策コース編　杉本和弘・江原武一編著　二六〇〇円

大学経営とマネジメント　新藤豊久　二五〇〇円

大学戦略経営の核心　篠田道夫　二四〇〇円

戦略経営Ⅲ 大学事例集　篠田道夫　二六〇〇円

大学戦略経営 経営論Ⅱ　篠田道夫　三六〇〇円

大学戦略経営 経営論—中長期計画の実質化によるマネジメント改革　篠田道夫　三六〇〇円

私立大学マネジメント　(社)私立大学連盟編　三四〇〇円

私立大学の経営と拡大・再編　両角亜希子　四二〇〇円

｜一九八〇年代後半以降の動態　両角亜希子　四七〇〇円

｜カレッジ（アン）バウンド　J・J・セリンゴ著 船守美穂訳　三四〇〇円

｜米国高等教育の現状と近未来のパノラマ　福井文威　三六〇〇円

アメリカ大学史における女性大学教員支援政策　坂本辰朗　三二〇〇円

アメリカ大学史とジェンダー　坂本辰朗　三六〇〇円

アメリカ教育史の中の女性たち　坂本辰朗　五四〇〇円

｜ジェンダー・高等教育・フェミニズム　坂本辰朗　三三〇〇円

アメリカの女性大学…危機の構造　坂本辰朗　三六〇〇円

　　二四〇〇円

大学の責務　D・ケネディ　立川明・坂本辰朗・井上比呂子訳著　三八〇〇円

〒113-0023　東京都文京区向丘 1-20-6　　TEL 03-3818-5521　FAX 03-3818-5514　振替 00110-6-37828
Email tk203444@fsinet.or.jp　URL:http://www.toshindo-pub.com/

※定価：表示価格（本体）＋税

東信堂

- ネオリベラル期教育の思想と構造 ―書き換えられた教育の原理 / 福田誠治 / 六二〇〇円
- 世界の外国人学校 / 福田誠治 編著 / 三八〇〇円
- アメリカ 間違いがまかり通っている時代 ―公立学校の企業型改革への批判と解決法 / D・ラヴィッチ著 末藤美津子訳 / 三八〇〇円
- 教育による社会的正義の実現 ―アメリカの挑戦（1945-1980）20世紀アメリカ教育史 / D・ラヴィッチ著 末藤美津子訳 / 五六〇〇円
- 学校改革抗争の100年 ―20世紀アメリカ教育史 / D・ラヴィッチ著 末藤・宮本・佐藤訳 / 六四〇〇円
- アメリカ公立学校の社会史 ―コモンスクールからNCLB法まで / W・J・リース著 小川佳万・浅沼茂監訳 / 四六〇〇円
- アメリカ学校財政制度の公正化 / 竺沙知章 / 三四〇〇円
- 現代アメリカの教育アセスメント行政の展開 ―マサチューセッツ州（MCASテスト）を中心に / 北野秋男 編 / 四八〇〇円
- アメリカ公民教育におけるサービス・ラーニング / 唐木清志 / 四六〇〇円
- ハーバード・プロジェクト・ゼロの芸術認知理論とその実践 ―創造的知性とクリエイティビティを育むハワード・ガードナーの教育戦略 / 池内慈朗 / 六五〇〇円
- 【再増補版】現代アメリカにおける学力形成論の展開 ―スタンダードに基づくカリキュラムの設計 / 石井英真 / 四八〇〇円
- ハーバード法理学アプローチ ―高校生に論争問題を教える / 渡部・溝口・橋本・三浦・中原訳 / 三九〇〇円
- 社会を創る市民の教育 ―協働によるシティズンシップ教育の実践 / 桐谷正信 編著 大友秀明 / 二五〇〇円
- 現代ドイツ政治・社会学習論 ―「事実教授」の展開過程の分析 / 大友秀明 / 五二〇〇円
- 現代教育制度改革への提言 上・下 / 日本教育制度学会編 / 各二八〇〇円
- 日本の教育をどうデザインするか / 村田翼夫・上田学・岩槻知也 編著 / 二八〇〇円
- 協働・対話による社会科授業の創造 ―授業研究の意味と方法を問い直す / 梅津正美 編著 / 三二〇〇円
- 社会科教育の未来 ―理論と実践の往還 / 西村・梅津・伊藤・井上編著 / 二八〇〇円
- 社会科教育の未来 ―理論と実践の往還 / 伊藤・梅津・井上編著 / 二八〇〇円
- 社会形成力育成カリキュラムの研究 / 西村公孝 / 六五〇〇円
- 社会科は「不確実性」で活性化する ―未来を開くコミュニケーション型授業の提案 / 吉永潤 / 二四〇〇円

〒113-0023　東京都文京区向丘1-20-6　TEL 03-3818-5521　FAX03-3818-5514　振替 00110-6-37828
Email tk203444@fsinet.or.jp　URL·http://www.toshindo-pub.com/

※定価：表示価格（本体）＋税

書名	著者	定価
東京帝国大学の真実 —日本近代大学形成の検証と洞察	舘昭	四六〇〇円
大学史をつくる —沿革史編纂必携	寺﨑昌男・中野實 編著	五〇〇〇円
国立大学・法人化の行方 —自立と格差のはざまで	天野郁夫	三六〇〇円
転換期を読み解く —潮木守一時評・書評集	潮木守一	二六〇〇円
大学再生への具体像【第2版】	潮木守一	二四〇〇円
フンボルト理念の終焉？ —現代大学の新次元	潮木守一	二五〇〇円
エリートの育成と教養教育 —旧制高校への挽歌	市川昭午	三四〇〇円
近代日本の英語科教育史 —職業系諸学校による英語教育の大衆化過程	江利川春雄	三八〇〇円
文字と音声の比較教育文化史研究	大森秀子	三二〇〇円
空間と時間の教育史 —アメリカの学校建築と授業時間割からみる	宮本健市郎	七〇〇〇円
アメリカ進歩主義教授理論の形成過程 —教育における個性尊重は何を意味してきたか	宮本健市郎	三九〇〇円
成瀬仁蔵の帰一思想と女子高等教育 —比較教育文化史的研究	添田晴雄	四八〇〇円
多元的宗教教育の成立過程 —アメリカ教育と成瀬仁蔵の「帰一」の教育	大森秀子	三六〇〇円
近代中国人日本留学の社会史 —昭和前期を中心に	周一川	六〇〇〇円
大正新教育の受容史	橋本美保 編著	三六〇〇円
大正新教育の思想 —生命の躍動	橋本美保・田中智志 編著	四八〇〇円
人格形成概念の誕生 —近代アメリカの教育概念史	田中智志	三六〇〇円
社会性概念の構築 —アメリカ進歩主義教育の概念史	田中智志	三八〇〇円
グローバルな学びへ —協同と刷新の教育	田中智志 編著	二〇〇〇円
学びを支える活動へ —存在論の深みから	田中智志 編著	二〇〇〇円
応答する〈生〉のために —〈力の開発〉から〈生きる歓び〉へ	高橋勝	一八〇〇円
子どもが生きられる空間 —生・経験・意味生成	高橋勝	二四〇〇円
流動する生の自己生成 —教育人間学の視界	高橋勝	二四〇〇円
子ども・若者の自己形成空間 —教育人間学の視線から	高橋勝 編著	二七〇〇円
文化変容のなかの子ども —経験・他者・関係性	高橋勝	二三〇〇円

〒113-0023 東京都文京区向丘1-20-6　TEL 03-3818-5521　FAX03-3818-5514　振替 00110-6-37828
Email tk203444@fsinet.or.jp　URL:http://www.toshindo-pub.com/

※定価：表示価格（本体）＋税